中国仲裁论丛（第一卷）

CHINA ARBITRATION SYMPOSIUM

杨建学/主编

法律出版社
LAW PRESS · CHINA

主　编

杨建学

副主编

卢荣荣　马占军　曾令健

卷首语

改革开放40年来,中国法治建设取得了卓越成效,中国仲裁事业也取得了不俗成绩。中国仲裁主动服务党和国家战略大局,回应经济社会发展需求,在多元化纠纷解决机制中发挥了重要作用,具有不可忽视和替代的地位,逐渐彰显大国仲裁风范。自1995年《中华人民共和国仲裁法》实施以来,尤其是2006年仲裁法司法解释实施后,中国仲裁取得了长足发展,仲裁机构蓬勃发展,受理案件数量逐年增加,案件标的总额持续攀升。党的十八届四中全会审议通过的《中共中央关于全面推进依法治国若干重大问题的决定》中提出"完善仲裁制度,提高仲裁公信力",为中国仲裁提供了发展新契机,仲裁事业进入快速发展时期。十九大进一步强调"加强预防和化解社会矛盾机制建设",进一步助推了仲裁事业繁荣发展。2018年是《仲裁法》实施23周年,经过仲裁界23年来的主动作为和不断创新,中国仲裁定分止争优势逐渐凸显,深受国内各方青睐,且越来越与国际仲裁界保持同步与对话,在国际仲裁中贡献了不凡的中国智慧。

23年来,仲裁法律制度逐渐完善,仲裁顶层设计不断优化。自1995年《仲裁法》实施以来,仲裁司法环境不断改善。最高人民法院于2016年12月30日就发布《关于为自由贸易试验区建设提供司法保障的意见》,提出鼓励运用仲裁等多元化机制解决自贸区民商事纠纷,规定了体现"支持仲裁"鲜明态度的仲裁司法监督政策;2017年9月1日,第十二届全国人民代表大会常务委员审议通过的《全国人民代表大会常务委员关于修改〈中华人民共和国法官法〉等八部法律的决定》,对仲裁员任职资格作了更加严格的限制,增加通过国家统一法律职业资格考试的要求,改曾任"审判员"8年为曾任"法官"8年;2018年最高人民法院连续密集出台关于仲裁司法审查、仲裁司法审查案件报核、仲裁裁决执行等多个司法解释,彰显出司法对仲裁的全面支持;特别令人鼓舞的是,2018年9月7日第十三届全国人大常委会将修订《仲裁法》列入立法规划,提出由国务院抓紧工作、条件成熟时提请审议,这将极大助力中国仲裁高速发展。

23年来,仲裁实践探索稳步推进,仲裁行业得到极大发展。仲裁法颁布以来中国仲裁事业发展变化翻天覆地,仲裁实践不断探索创新,仲裁逐渐成为一种重要社会治理手段,成为多元化纠纷解决机制中不可忽视的重要力量,为法治社会建设作出了巨大贡献。仲裁机构从小到大、从弱到强、从少到多,逐渐成长为独立、专业、可信赖的服务机构。截至2018年10月,全国商事仲裁机构已由重新组建仲裁机构时的7家发展至253家,仲裁行业得到巨大发展,迎来仲裁时代;仲裁形式逐渐推陈出新,呈现多元化趋势。2015年起,中国网络仲裁迅猛发展。2015年9月,中国广州仲裁委发起成立中国互联网仲裁联盟,并制定《中国广州仲裁委员会网络仲裁规则》;2018年7月31日人力资源社会保障部办公厅印发《"互联网+调解仲裁"2020行动实施计划》。中国国际经济贸易仲裁委员会2017年7月1日实施《中国国际经济贸易仲裁委员会香港仲裁中心担任指定机构的规则》,珠海市横琴新区管委会和珠海仲裁委员会于2017年3月23日发布《横琴自由贸易试验区临时仲裁规则》,中国互联网联盟于2017年9月19日公布《临时仲裁与机构仲裁对接规则》。

23年来,仲裁发展国际化快速提升,大国仲裁国际话语权逐渐彰显。中国现代仲裁与几千年传统文化融为一体,富含广泛应用和认可的中国经验,已逐渐成熟和自信,形成彰显中国特色的大国仲裁。在国际仲裁领域,我国仲裁机构的国际化程度也显著提高,如中国国际经济贸易仲裁委员会享誉国内外,已经成为世界上知名的国际商事仲裁机构之一,被誉为"中国仲裁的国际品牌,国际仲裁的中国经验"。2017年涉外案件争议标的额占全国涉外标的额总量的1/7,案件当事人涉及60个国家和地区。2015年3

月,《推动共建丝绸之路经济带和21世纪海上丝绸之路的愿景与行动》发布,中国“一带一路”发展战略的正式施行。2018年1月23日,中央深化改革小组审议通过《关于建立“一带一路”国际争端解决机制和机构的意见》,中国加紧探索“一带一路”国际争端解决机制和机构的建立。中国仲裁迎来国际化发展机遇,中国仲裁机构主动服务“一带一路”战略,逐渐得到国际仲裁界认可和当事人应用。2016年10月28日,武汉仲裁委成立首家服务“一带一路”战略的“一带一路”(中国)仲裁院。2016年新加坡国际仲裁中心(SIAC)、国际商会国际仲裁院(ICC)宣布在中国(上海)自由贸易试验区设立代表处。2017年12月25日,华南国际经济贸易仲裁委员会与深圳仲裁委合并为深圳国际仲裁院。2018年3月国际商会仲裁院(ICC)正式宣布成立“一带一路”委员会,响应中国“一带一路”倡议。上海国际经济贸易仲裁委员会(上海国际仲裁中心)与联合国国际贸易法委员会亚太区域中心共同于2018年3月20日在上海举办“2018亚太国际仲裁论坛”。2018年10月27日,中国(重庆)自由贸易试验区仲裁中心挂牌成立。

中国仲裁,正身处全面发展的关键时代。在逐渐由仲裁大国向仲裁强国迈进的过程中,全力助推中国仲裁专业化和国际化,建构新时代中国特色的仲裁制度理论体系,充分体现中国特色、中国风格、中国气派,已成为我国当下仲裁研究的重要任务。为此,西南政法大学中国仲裁学院于2016年6月20日在国务院法制办、重庆市人民政府的支持下成立,是我国首个从事仲裁学历教育与理论研究的学院。自成立以来,中国仲裁学院积极构建中国仲裁高等教育平台和研究平台,致力于中国特色仲裁理论研究,为中国仲裁实践发展提供思想源泉,为中国仲裁事业培养更多德才兼备的法治人才,为仲裁从业人员提供高质量、高标准的职业技能培训,推动仲裁理论界和实务界就仲裁理论与实践进行有效沟通,倾力宣传推广中国仲裁行业,大力提升中国仲裁知名度和美誉度。

《中国仲裁论丛》系西南政法大学中国仲裁学院主办的学术出版物,是共享国内外仲裁理论研究精品成果和交流仲裁实践前沿经验的重大阵地,是打造中国仲裁智库和中国仲裁品牌的重要载体,是荟萃中国仲裁理论研究和推动仲裁学术创新的重要平台。本论丛以习近平新时代中国特色主义法治思想为指导,聚焦于中国特色社会主义仲裁理论研究,着眼于中国仲裁实践发展前沿,致力于推动中国仲裁法治理念和仲裁理论的创新发展,以开放包容的姿态,不仅着眼于民商事仲裁研究与教学,亦关照中国特有的劳动争议仲裁与农村土地承包经营纠纷仲裁,旨在积极建构全面、系统的中国特色社会主义仲裁理论体系,奋力谱写中国仲裁事业蓬勃发展新篇章。

杨建学

2018年11月

目　录

专题研究

理论研究

实务研究

专题研究

多元纠纷解决视域下国内仲裁司法监督模式研究

吕　辉

（西南政法大学人工智能法学院　重庆　401120）

摘要：从应然层面看，基于仲裁在多元纠纷解决机制中的独立地位，司法与仲裁之间的关系应当侧重支持，限制监督。从实然层面剖析，不难发现仲裁司法监督明显过度，突出表现在实质审查、双重监督以及过度监督致使仲裁程序司法化倾向严重。笔者在借鉴域外限制仲裁司法监督和高度尊重当事人自治先进经验基础上，试图建构以“仲裁协议”为中心的仲裁司法监督机制，强调“仲裁协议”的设定和运用机制，增设“虚假仲裁”惩戒机制，并主张在监督方式上由不予执行仲裁裁决程序吸收撤销程序。

关键词：国内仲裁；司法监督；多元化纠纷解决

国内仲裁作为多元纠纷解决机制中极为重要的方式之一，其司法监督模式和限度不仅影响着国内仲裁制度的健康有序发展，也深刻影响着国内仲裁的国际化程度和与域外执行力，对仲裁制度的发展有着不可忽视的影响。随着国内仲裁实践的成熟和理论研究的深入，仲裁司法监督问题再次被理论界和实务界密切关注，成为仲裁司法改革的热点、难点和焦点问题。2017 年 5 月 22 日，最高人民法院发布《关于仲裁司法审查案件归口办理有关问题的通知》(法〔2017〕152号)。2017年9月1日第十二届全国人民代表大会常务委员会对仲裁法进行了修正。2017年11月20日最高人民法院法院审议通过《关于仲裁司法审查案件报核问题的有关规定》。同年12月4日审议通过《最高人民法院关于审理仲裁司法审查案件若干问题的规定》。2018年1月5日审议通过《最高人民法院关于人民法院办理仲裁裁决执行案件若干问题的规定》。前述司法解释成为近年仲裁改革的重要规范依据,均将仲裁司法监督作为主要内容,也使得仲裁司法监督成为学术研究的重要主题。2017年12月7日至9日在南京召开的中国仲裁法学研究2017年会员代表大会暨第十届仲裁与司法论坛将《对仲裁司法监督的新发展》作为"第一议题"深入讨论。2018年3月西南政法大学首届中国仲裁论坛及上海仲裁论坛周亦将仲裁司法监督作为研讨议题。可见,在新时代、新时期,如何建构科学、合理的司法监督模式,已成为深刻影响国内仲裁制度发展的关键要素。在此背景下,本文旨在从如何使仲裁成为独立的纠纷解决机制为视角,探析仲裁司法监督的新路径,以期有所裨益。

一、应然属性:多元纠纷解决视域下的仲裁独立地位

(一)仲裁作为纠纷解决机制的独立属性

近年来,仲裁作为独立的纠纷解决机制逐渐被党和国家各级机关高度重视。党的十八届四中全会对全面依法治国作出的重要部署,明确将仲裁作为多元化纠纷解决机制中的重要部分,与行政复议、诉讼等纠纷解决方式具有同等重要地位。《最高人民法院关于人民法院进一步深化多元化纠纷解决机制改的意见》(法发〔2016〕14号)强调积极支持仲裁制度改革,尊重商事仲裁规律和仲裁规则。从仲裁立法看,仲裁作为独立的纠纷解决机制也是《仲裁法》的应有之义。根据《仲裁法》第9条的规定,仲裁实行"一裁终局",仲裁裁决作出后,人民法院不再受理当事人就同一纠纷提起的民事诉讼。这种"或裁或审"制度,使得仲裁制度在顶层设计层面被确立为与诉讼并行的制度化和规范化的纠纷解决机制,已被国际社会所普遍认可。从司法实践的视角看,基于尊重当事人意思自治、快捷高效、一裁终局、保密等优势,仲裁制度深受商事主体青睐,自仲裁制度设立以来已受理了大量民商事案件,尤其是近年来通过仲裁处理的民商事争议逐年增加,仲裁已成为较

为重要的纠纷解决机制。如 2015 年,全国 244 家仲裁委员会共受理案件 136924 件,比 2014 年增加 23264 件,增长率为 20%。[①] 2016 年仲裁机构受理的案件已突破 20.8 万件,仅贸仲委一家仲裁机构受理的仲裁案件就达到 2181 件,涉案标的额达到 586.6 亿元人民币。[②] 从仲裁制度特点看,仲裁制度与诉讼性质不同,优劣不同,各有特色,是诉讼所无法取代的一种特殊纠纷解决机制。综上所述,仲裁并非诉讼的前置程序,也非诉讼的附属程序,应尊重其作为区别于诉讼的独立纠纷解决机制,使其与诉讼并存,共同发展。

(二)仲裁与司法的关系界定和合理调整

仲裁与司法的关系本质上是仲裁裁决权与司法权之间的关系,一般而言可以归结为支持和监督关系。支持关系主要表现两个方面:一方面个体现为对仲裁裁决执行的支持,即《仲裁法》第 62 条规定,在仲裁被申请人不履行仲裁裁决时,当事人可依照民事诉讼相关规定向人民法院申请强制执行仲裁裁决;另一方面主要体现为对保全的支持。根据《仲裁法》第 28 条、第 46 条和第 68 条之规定,在仲裁过程中,需要进行财产保全和证据保全的,可由仲裁委员会将当事人的申请提交人民法院。监督关系包括仲裁裁决的撤销和不予执行两个方面,《仲裁法》第 58 条至第 61 条对申请撤销仲裁裁决作出了规定,《民事诉讼法》第 237 条对不予执行仲裁裁决作了规定。支持与监督关系相辅相成,缺一不可。不难看出,从立法层面,仲裁处于司法的“阴影”之下,尤其是在“司法最终解决原则”观念下,使得司法在纠纷解决中处于毋庸置疑的中心地位,而仲裁制度的设计不得不向诉讼“看齐”,甚至沦为诉讼的翻版。司法实践中,仲裁裁决保全和执行不得不依赖于司法态度,且时常面临仲裁裁决被撤销的风险,导致难以实现“一裁终局”,不仅影响了仲裁公信力,也限制了仲裁效率优势。可见,过度强调司法中心地位,极易导致司法垄断,滥用司法对仲裁的监督权,不利于仲裁事业的良性发展。因此,在我国大力发展多元化纠纷解决机制的背景下,尤其是在“诉讼爆炸”和“案多人少”的压力下,人民法院必须着力解决“诉源

① 参见法制网:《2015 年全国受理仲裁案件 136924 件增 20%》,载 http://www.legaldaily.com.cn/Arbitration/content/2016-03/29/content_6545612.htm,最后访问日期:2017 年 12 月 10 日。

② 参见中国国际经济贸易仲裁委员会:《贸仲委 2016 年业务工作总结和 2017 年业务工作计划》,载 http://www.cietac.org/index.php?m=Article&a=show&id=14107,最后访问日期:2017 年 12 月 10 日。

治理”问题,应当着重凸显司法对仲裁的支持关系,健全良性、合理的司法监督机制,积极构建司法协助仲裁以及司法尊重和支持仲裁的大格局。

(三)多元司法中心结构下司法对仲裁的监督限度

在司法中心结构下,“一元论”观点逐渐被“多元论”观点取代。“一元论”观点否认或限制民间自治性纠纷解决方式,认为国家权力机关至高无上,对司法机关权威和能力有较高预期,排斥诉讼外纠纷解决方式的地位和功能。在这种观点之下,诉讼被视为唯一正统的纠纷解决机制,而仲裁仅仅是诉讼的补充。“多元论”则强调调解、仲裁等非诉讼机制有独特的地位,应在“诉讼阴影下”充分施展自己特有的功能,同时仲裁与诉讼相辅相成、缺一不可,而非仲裁仅是诉讼的补充。现有国内仲裁监督制度设计具有明显的“一元论”色彩,其监督后果也较为严厉。一旦仲裁裁决被裁定撤销或不予执行,则仲裁裁决丧失民事强制执行效力,当事人不得对撤销或不予执行裁定上诉或申请复议,只能重新仲裁或提起民事诉讼。在国家大力发展多元化纠纷解决机制和鼓励支持仲裁发展的背景下,“多元论”观点更加适合时宜,结合多元司法中心结构和“一裁终局”原理,应当将承认和尊重仲裁作为独立纠纷解决机制作为确定司法限度的根据和标准,也即对仲裁的司法监督必须限定在一定的限度内,至少不应涉及实体审查,包括认定事实的证据是否充分和适用法律是否准确等。

二、实然剖析:司法实践中国内仲裁司法过度监督痼疾

纠纷解决机制独立地位属性要求仲裁裁决应当终局且具有约束力,然而司法对仲裁的过度监督,极大限制了仲裁制度的发展,无论是在制度层面,抑或运行层面均存在严重的障碍。尽管近年来,我国对仲裁司法监督的严厉程度缓和,甚至开始整体呈现支持态势,如《最高人民法院关于仲裁司法审查案件报核问题的有关规定》(法释〔2017〕21 号)规定,拟认定仲裁协议无效,不予执行或者撤销我国内地仲裁机构的仲裁裁决,应当向本辖区所属高级人民法院报核,涉外的以及特定情形下应当向最高人民法院报核。最高人民法院通过统一各地司法监督的标准,总体确立了司法支持监督的原则,为仲裁发展提供了良好环境。需要注意的是,这种本末倒置的改革方式,本质上将仲裁裁决的权威性付诸于司法的态度,对仲裁本身发展独立性

的关注明显缺失,也未根本改变仲裁司法监督过度的问题。具体来说,主要表现在对仲裁司法监督采用实质审查,仲裁司法监督方式撤销和不予执行仲裁裁决在制度顶层设计上高度重合,以及过度监督致使仲裁程序高度司法化等问题。

(一)司法对仲裁监督进行实质审查

国内仲裁司法监督的两种方式——不予执行和撤销均涉及实质审查。《仲裁法》第 58 条第 4 款规定的撤销事由与《民事诉讼法》第 237 条第 2 款第 4 项规定的不予执行事由相同,即“裁决所依据的事实是伪造的”,其本质系仲裁庭对证据的认证权,尤其是对方当事人认为证据伪造后应当提出司法鉴定要求,《仲裁法》第 44 条规定是否鉴定是仲裁庭的权力;《仲裁法》第 58 条第 5 款规定的撤销事由与《民事诉讼法》第 237 条第 2 款第 5 项规定的不予执行事由也均为“对方向仲裁机构隐瞒了足以影响公正裁决的证据的”,本质系当事人依据《仲裁法》第 43 条规定承担的举证责任和仲裁庭对证明责任的分配问题。可见前述两个问题均是仲裁庭如何认定证据和适用法律的问题,司法对此进行审查,显然属于实质审查,系过度监督。综上所述,我国国内仲裁司法监督,不仅审查程序问题,也审查实质问题,形成系统全面的司法审查,从立法层面造成了司法权对仲裁的过度干预,使得法院审查沦为了仲裁的“二审程序”。尽管针对前述两种情形,《仲裁法》第 61 条规定了通知仲裁庭重新仲裁制度,《仲裁法司法解释》第 21 条进一步进行了完善,缓和了不予执行和撤销仲裁裁决的严厉程度,但根本上并未改变司法对仲裁实质审查和过度监督的本质。

(二)撤销与不予执行程序设计趋同化

1994 年《仲裁法》颁布之前,我国仲裁司法监督仅有不予执行程序。1994 年《仲裁法》引入“撤销程序”后,由于缺乏体系化的立法设计,尤其是撤销程序与不予执行的衔接,使得撤销程序与不予执行程序设计趋同化,被称为我国仲裁司法审查的双重监督,多年来饱受诟病。2012 年《民事诉讼法》修改时调整了不予执行仲裁裁决的审查条件,撤销仲裁裁决的审查范围与不予执行仲裁裁决审查标准实现了高度一致。通过条文比对,不难发现《仲裁法》第 58 条规定的撤销仲裁裁决事由与《民事诉讼法》第 237 条规定的不予执行仲裁裁决事由并无区别。为解决相同事由双重监督问题,《最高人民法院关于适用〈中华人民共和国仲裁法〉若干问题的解释》第 26

条规定,禁止当事人在申请撤销仲裁裁决被驳回后又以相同事由申请不予执行。《最高人民法院关于人民法院办理仲裁裁决执行案件若干问题的规定》(法释〔2018〕5号)第20条第1款规定:"当事人向人民法院申请撤销仲裁裁决被驳回后,又在执行程序中以相同事由提出不予执行申请的,人民法院不予支持;当事人向人民法院申请不予执行被驳回后,又以相同事由申请撤销仲裁裁决的,人民法院不予支持。"遗憾的是这并未根本解决双重监督问题。特别需要强调的是,两种救济程序中的事由不同时,仍存在因救济程序趋同而浪费司法资源的问题。是否属于相同事由仍需审查判断,若当事人在申请撤销后申请不予执行,人民法院仍应审查,显然仍在较大程度上拖延履行义务,严重影响了执行效果。可见申请撤销与不予执行仲裁裁决在程序设计上具有高度重合性,极大地折损了仲裁裁决的权威性,影响了仲裁解决争议的实效性,限制了仲裁事业的健康发展。

(三)被过度监督的仲裁庭审严重司法化

鉴于仲裁机构的民间性、仲裁程序的灵活性以及仲裁裁决一裁终局性等特征,加之仲裁与诉讼的价值截然不同,在公平与效率之间,诉讼侧重公平,而仲裁则侧重效率,仲裁程序的很多路径则是以效率为引导设计的,效率可以称得上仲裁的灵魂之一,因此,仲裁程序的设计必须区别于诉讼程序。需要注意的是,国内仲裁司法化趋势较为明显,在较大程度上,仲裁已成为诉讼的"翻版"。主要表现在以下几个方面:一是仲裁程序诸多方面与诉讼趋同。仲裁程序包括受理、开庭审理、缺席判决、证据规则、保全等基本与诉讼无异。二是驻会仲裁员呈专职化趋势。仲裁界有句名言:有什么样的仲裁员,就有什么样的仲裁。驻会仲裁员在仲裁委长期坐班,甚至参与大部分案件的仲裁,实际上与法官无异。三是仲裁文书形式诉讼化,导致仲裁裁决书趋同于民事判决书。前述仲裁诉讼化倾向使得仲裁程序较为僵硬,缺乏灵活性,其效率价值难以凸显,甚至动摇仲裁制度的根基。究其原因,主要在于过度的司法监督,人民法院在对仲裁进行监督的过程中经常提出与诉讼相同的要求,为仲裁制度的运行强行提供了"航标"。仲裁裁决需要借助国家司法系统中的法院来强制执行,而仲裁裁决是否能被法院裁定执行,决定权完全掌握在法院。另外,《刑法修正案(六)》第20条规定的枉法仲裁罪,也使得仲裁员为规避职业刑事风险,倾向严格按照司法程序仲裁。由此可见,仲裁监督过度是仲裁司法化的"罪魁祸首",如何革除这种弊病已经成为仲裁制度改革的关键。

三、他山之石:仲裁司法监督模式的域外经验

他山之石,可以攻玉。域外仲裁司法监督模式可以为我国仲裁司法监督改革提供充分的借鉴。综观世界各国有关仲裁司法监督的规定,不难发现,尊重仲裁一裁终局,限制仲裁司法监督已成为基本趋势,尤其是将司法监督限制在程序监督范畴,充分尊重当事人意思自治。

(一)世界各国普遍限制仲裁司法监督权

限制司法对仲裁的监督是世界各国仲裁制度普遍的特征。总体而言,仲裁司法监督的世界发展趋势为法院干预程度降低,仲裁独立性增强,司法对待仲裁的态度呈现出从严格监督到认可并良性支持态势。1958 年《纽约公约》和 1985 年联合国制定的《国际仲裁示范法》均明确法院对仲裁裁决的审查仅限于程序性事项。从国内立法看,如除少数国家外,大多数国家均未规定对国际商事仲裁进行法律错误审查。具体来说:

以英国和美国为代表的英美法系国家仲裁司法监督历经了从过度干预向适度干预转变的过程。英国自 1950 年《仲裁法》实施以来,分别通过 1975 年、1979 年及 1996 年三部《仲裁法》逐渐限制法院司法对仲裁的监督权。其中,1979 年《仲裁法》主要受《纽约公约》[③]影响,在公约约定范围内,对包括仲裁司法监督在内的相关仲裁制度进行了一定程度上的重塑,主要包括限缩仲裁司法监督权限(如排除法院因仲裁裁决表面存在事实认定错误或法律适用错误而发回重审等司法监督权),尊重仲裁独立性(如废除仲裁员将法律适用作为“个案陈述”程序提请法院决定制度)等。1996 年《仲裁法》在《联合国国际贸易法委员会国际商事仲裁示范法》的基础上进一步限制仲裁司法监督权限,保障当事人意思自治及仲裁独立。美国则通过 1925 年《联邦仲裁法案》将法院对仲裁裁决撤销及修改事由限缩至程序审查范围内。2000 年美国《统一仲裁法》进一步描绘了美国仲裁司法监督模式从实质审查到程序审查的路径演变过程,最终严格将仲裁司法审查限制在对仲裁协议异议、仲裁过程中不当行为以及超仲裁请求裁决等程序性事

---

③ 英国于 1975 年加入《纽约公约》。

项范畴。

大陆法系国家法院对仲裁的干预程度本身较低,但基于对公共秩序保护的重视,仲裁司法监督体例控制在程序监督的同时,诸如德国及法国等大陆法系国家均将违反公共秩序作为法院撤销仲裁裁决事由,其本质为程序审查之例外情形。以德国为例,德国仲裁程序主要规定见于德国《民事诉讼法》第十编仲裁程序编,该法第1059条规定,司法监督的唯一方式为申请撤销仲裁裁决,事由包括仲裁协议无效、未参与庭审无法陈述案情或超出协议范围等仲裁程序瑕疵,还有两种例外情形则为仲裁裁决损害公共利益或争议事项根据德国法无法解决。总体而言,德国民事诉讼法基本较为彻底地贯彻了"程序监督"原则。从法国《新民事诉讼法典》第四卷有关仲裁的规定可以看出,法国仲裁司法监督亦采取程序监督体例,如存在无仲裁协定或仲裁协定无效、过期等情形以及仲裁庭组成违法等程序违法,当事人可以向法院提出撤销动议。同时,与德国立法体例相似,该条规定亦将违反公共秩序作为仲裁司法监督的重要关注点之一予以列明。瑞典、韩国、日本等其他大陆法系国家有关仲裁司法监督的相关规定,也基本持"程序监督"立场。

(二)世界各国高度尊重当事人意思自治

契约自由在纠纷解决领域已经得到国际、国内立法和司法普遍尊重与认可,尤其是仲裁领域。仲裁是一种民间性质的法律冲突救助机制,决定了其自产生之日起就面临着代表国家行使审判权的法院的监督问题,同时也决定了仲裁相较于司法具有明显的高度自治性。在当事人意思自治与司法监督价值衡平之间,世界各国立法基本更加尊重仲裁契约性,强调当事人意思自治,将国家司法权对仲裁的监督严格限定在仲裁法律之内。以德国《民事诉讼法》为例,该法第1026条明确规定,除第十编另有规定之外,任何法院不得干预该法第1025条至第1061条(从仲裁适用范围到外国裁决等第一章至第八章全部内容)所涉事项。通过反向列举,将当事人意思自治原则扩大到了极致。与之类似,日本2003年《仲裁法》亦规定,关于仲裁程序,除仲裁法另有规定外,法院不得干预。甚至于历史上非常强调仲裁司法监督的英国亦在其1996年《仲裁法》中明确了除仲裁编另有规定外,任何法院不得干预仲裁编规定事项之规则。法国给予当事人仲裁契约最大自由,只要对仲裁程序的约定没有违背法国在国际公共政策方面的主张,当事人便可自行约定要遵从的仲裁规则或要服从的仲裁程序法(如果有)。

（三）各国仲裁法普遍力求设置合理仲裁司法监督路径

随着世界仲裁形势的发展，各国均在不断调整和改良仲裁司法监督体例设置。从当前情况看，各国仲裁司法监督机制主要规定仲裁裁决撤销程序和不予执行两种路径，并在此基础上进行衔接。法国的仲裁司法监督既包括仲裁裁决撤销，也包括不予执行，为了体现高效率的追求，其监督路径上设计了撤销审查和撤销监督“二择其一”机制，即撤销裁决的申请否决为仲裁裁决或未被法院否定部分的执行许可；德国也有类似规定，尽管德国仲裁司法监督存在仲裁裁决撤销和不予执行两种路径，但根据2011年德国《民事诉讼法》第1059条之规定，若法院已经宣告仲裁裁决可执行，则当事人不得再申请撤销仲裁裁决。《美国联邦仲裁法》既规定了撤销仲裁裁决制度也规定了仲裁裁决确认程序，在两者的关系方面规定，若仲裁裁决已被法院撤销或修改，则法院不得再进行裁决确认；反之，若法院在裁决确认时，已超出仲裁裁决撤销期限，当事人不得再对仲裁裁决进行异议。

四、完善进路：契合多元纠纷解决的国内仲裁司法监督模式

仲裁作为多元化纠纷解决机制的一部分具有独立属性，在当前仲裁新时代背景下，其发展定位应当是使其成为公正、高效、权威的纠纷解决机制，包括当事人程序选择自愿、程序契约自由以及裁决自觉履行。鉴于仲裁的本质为“私设公堂”，仲裁的良性发展根本路径在于实现“私人定制”，因此，笔者认为仲裁司法监督模式应当构建以“仲裁协议”为主的司法监督模式，并重新设计仲裁司法监督的技术路线，如废除“撤销仲裁裁决”路径，仅保留“不予执行”，同时完善相应的保障机制。

（一）构建以“仲裁协议”为主的司法监督模式

如前所述，仲裁是一种民间性质的法律冲突救助机制，且是当事人自愿选择进行的任意性程序，仲裁程序的本质是以当事人私权自治为核心的一种契约性安排，加之尊重当事人意思自治是仲裁法的基本原则，也是仲裁制度正当性的根基，因此仲裁合意应当是司法监督的关键，“仲裁协议”当然成为了司法监督的重要抓手。因此，笔者认为，在此背景下，对仲裁的司法监督应当聚焦于“仲裁协议”是否存在、适用范围、效力等问题，也即形成以“仲裁协议”为主的司法监督模式，具体可从如下几个方面理解：

首先,牢固树立充分尊重当事人意思自治的监督理念。仲裁协议具有排斥国家司法管辖权的效力,是仲裁权取得的根据,其本质系当事人合意授权仲裁机构对商事争议进行裁决,仲裁程序中的受案、审理、举证质证、裁决等阶段本质源自当事人的契约性安排。因此,契约性是仲裁的本质属性,是仲裁制度的基石,是司法监督必须尊重的依据。因此,仲裁合意应当是仲裁司法监督的重点,除有充分证据证明存在证据瑕疵外,遵循合意的仲裁裁决应当得到司法尊重和支持。

其次,仲裁程序去司法化,不再实质审查,将程序瑕疵监督纳入仲裁合意范畴。如前所述,基于仲裁的契约属性和效率价值追求,应当允许通过"仲裁协议"改造仲裁程序。仲裁程序的规则应当以当事人约定为创设和运作原则,充分保障仲裁的自治性,为当事人提供更大的合意空间。具体来说,当事人能够明确约定的,应当适用其约定,包括对仲裁立法规则的适当变通;不能明确的,默示适用仲裁立法和选定仲裁机构的仲裁规则。

再次,充分保护第三人合法权益,赋予第三人申请监督权。鉴于合同相对性,在仲裁结果涉及第三人利益时,仲裁协议不应对第三人具有约束力,因此应当允许第三人以此为由申请司法监督。我国2012年《民事诉讼法》第56条创设了第三人撤销之诉,允许有正当事由未参加诉讼认为损害自身权益的当事人向人民法院起诉。仲裁制度司法监督应当充分借鉴该制度,为具有正当利益的仲裁第三人提供有效的救济程序。《最高人民法院关于人民法院办理仲裁裁决执行案件若干问题的规定》(法释〔2018〕5号)引入了案外人申请不予执行制度,有力地保护了第三人合法权益,具有重要进步意义,但从可操作性视角看,仍需进一步细化。

最后,谨慎适用"损害社会公共利益"监督事由。《纽约公约》第5条第2款规定了执行地法院拒绝承认和执行外国裁决的事由。参照前述规定,仿照德日立法例,为防止仲裁结果损害社会公共利益,将"损害社会公共利益"作为人民法院依职权不予执行和撤销仲裁裁决的事由无可厚非。需要注意的是,在"公共利益"内涵模糊的情况下,极易导致司法监督滥用,需要加以限制,统一报省高级人民法院或最高人民法院核准方可适用较为妥当。

(二)完善"仲裁协议"的规则设定和运用机制

充分尊重仲裁作为独立的纠纷解决机制,就要尊重仲裁规律,充分尊重当事人意思自治,强化契约自由,尤其是尊重"仲裁协议"的达成、理解和适用。这就要求仲裁的司法监督最大限度维护“仲裁协议”的效力。从司法实践的情况看，川渝两地法院在中国裁判文书网登录的仲裁监督裁决文书显示，撤销仲裁裁决或不予执行的事由主要体现在仲裁协议不存在、仲裁合意瑕疵、仲裁机构约定瑕疵、仲裁范围约定瑕疵等方面，归根结底仍是双方当事人对“仲裁条款”约定不完善所致，尤其是多数当事人在签订合同时，通常仅简单约定“合同发生争议时，提交××仲裁委员会解决”，并无详尽的仲裁协议。这就要求充分借鉴国际仲裁和域外仲裁经验，完善国内仲裁“仲裁条款”的规则设定和运用机制。具体来说可以采取如下措施：

首先，应该健全释明机制，鼓励当事人明确仲裁条款内容。如香港国际仲裁中心仲裁协议分为基础协议和仲裁条款两大部分，且通常而言鼓励当事人约定较为详尽的仲裁条款。仲裁委会通常提供相应的示范条例，如“凡因合同所引起的或与之相关的任何争议、纠纷、分歧或索赔，包括合同的存在、效力、解释、履行、违反或终止，或因本合同引起的或与之相关的任何非合同性争议，均应提交由香港国际仲裁中心管理的仲裁，并按照提交仲裁通知时有效的《香港国际仲裁中心机构仲裁规则》最终解决。本仲裁条款适用的法律为香港法。仲裁地应为香港。仲裁员人数为3名。仲裁程序应按照中文来进行”。

其次，完善仲裁协议的理解与适用机制，允许概括约定和默示约定。完善的仲裁协议，包括提交仲裁的明确意愿、仲裁事项、仲裁地点、仲裁机构、仲裁规则和仲裁效力等基本内容。在当事人约定不明确或遗漏时，通过立法或惯例等方式明确理解和适用机制至关重要。如《仲裁法司法解释》第2条规定了当事人概括的“合同争议”可进行最大限度广义解释，如基于合同成立、效力、变更、转让、履行、违约责任、解释、解除等产生的纠纷。司法实践中，当事人约定的“合同项下争议”“合同相关争议”“基于本合同的所有争议”等笼统性约定均应适用前述理解。在前述规定基础上，还应当最大限度尊重当事人的契约自由，如超仲裁名册选任仲裁员、积极探索临时仲裁、友好仲裁等。

最后，完善禁反言规则。禁反言规则被认为是“诚实信用”原则在程序法领域的具体体现之一，在大陆法系往往被视为诚实信用原则下一位阶的原则或者规则。禁反言规则通过约束当事人对其在先行为或经过法庭确认行为的否认，以最大限度保障当事人双方在司法程序中言行的可靠性，进而保障司法程序的严肃性与过程的稳定性。相较于高对抗性的诉讼程序而言,仲裁作为一种非官方纠纷解决机制,其运行更应依赖当事人双方的诚实信用。因此,制定仲裁立法或相应规则时应将禁反言纳入相应规则中,通过设立"禁反言"制度,督促当事人遵守仲裁约定,确保仲裁程序有序进行。

(三)仲裁司法监督应废除仲裁裁决撤销途径

如上所述,基于撤销仲裁裁决与不予执行制度设计的重合性,出现了司法监督的双轨制,导致司法实践中同一仲裁裁决经历两次司法监督的情形较为常见,既浪费了司法资源,损害了仲裁公信力,也易导致不同法院之间的矛盾裁决。这种现状使得必须理顺两者之间的关系,即如何设计仲裁监督的实现路径,在"谨慎监督"改革论和废除"申请撤销仲裁裁决"或"不予执行"机制观点之间,笔者较为赞同废除"申请撤销仲裁裁决",仅保留"不予执行"作为仲裁司法监督的路径。具体阐述如下:

1. 当前"谨慎监督"改革论未根本解决双重监督问题

从近几年的司法实践看,尽管基本形成"鼓励诚信仲裁、不轻易撤销仲裁裁决、倾向于执行仲裁裁决"的仲裁司法监督格局。1995年仲裁法实施以来,全国仲裁机构累计受理民商事纠纷120多万件,标的额22600多亿元,司法监督纠错率始终不到1%;从近几年的立法变革看,我国基本上确立了"谨慎监督、强调支持"的仲裁司法监督理念。《最高人民法院关于仲裁司法审查案件报核问题的有关规定》(法释〔2017〕21号)实现了仲裁司法监督由省高级人民法院或最高人民法院归口管理,从根本上保障了司法监督尺度的统一,有利于避免各地法院滥用仲裁司法监督权,进一步巩固了近几年我国对仲裁裁决谨慎监督的理念,贯彻了不轻易撤销仲裁裁决的司法监督格局。《最高人民法院关于人民法院办理仲裁裁决执行案件若干问题的规定》(法释〔2018〕5号)也规定了仲裁裁决申请撤销和不予执行不得重复申请,仿照域外仲裁司法监督立法例,建构了撤销程序与不予执行"二选其一"的司法监督路径衔接机制,具有重大的时代意义。

当前仲裁司法和立法变革并未根本上解决仲裁撤销和不予执行双重监督的问题。从本质上看,前述立法变革,在仲裁与司法的关系方面,更加强调"监督",并未平等对待"支持"。同时,这种立法变革将对仲裁作为独立纠纷解决机制的尊重寄托于司法态度,各地法院根据国家政策进行调整宽严尺度,显然没有从根本上厘清如何进行仲裁司法监督。笔者认为,仲裁与司法关系的传统认知，即“支持与监督”，应当重新定位，即应以仲裁作为与诉讼平等的纠纷解决机制为基准，更加强调“支持”关系，弱化“监督”关系，可以定性为新型“协助”关系。因此笔者认为，改革仲裁司法监督，不应当仅仅调整监督宽严尺度，而应当厘清仲裁与司法的关系，重构仲裁司法监督路径。

2. 废除“仲裁裁决撤销程序”论具有充分实践需求和法理依据

鉴于前述因素，兼顾当事人对瑕疵仲裁救济程序的需求，应当整合仲裁裁决撤销和不予执行两种机制。对此学界争议较大，主要争论在于假如选择一种监督机制时，应当废止不予执行还是撤销机制。多数学者认为应当仿照域外立法例，由撤销程序吸收不予执行程序。笔者认为应当仅通过不予执行制度对仲裁瑕疵进行监督，具体阐述如下：

从法理视角看，主要依据为仲裁属性和仲裁作为纠纷解决机制的独立性。就仲裁属性而言，仲裁作为具有民间性的争议解决机制，其建立在市民社会基础上，本身并无司法强制力，仲裁的保全和执行必须依赖以国家公权力为基础的诉讼机制才能得以实现。从此视角看，仲裁与司法的关系主要通过“执行”进行衔接，可见“执行”行为体现了司法对仲裁的支持，“执行”时的必要审查也体现了司法对仲裁的监督，当事人可以申请人民法院不予执行仲裁裁决，只是这种监督仅仅是法院对仲裁合法性的底线保障，可见仲裁裁决“不予执行”作为司法监督路径已充分实现了相应的司法监督功效，也体现了对仲裁作为独立性纠纷解决机制的尊重。同时，鉴于仲裁作为独立于诉讼的纠纷解决机制，不应当通过诉讼撤销仲裁裁决，否则，不利于对仲裁独立地位的尊重。

从仲裁实践视角看，废除“撤销仲裁裁决”，仅保留“仲裁裁决不予执行”作为仲裁司法监督路径，有利于提升仲裁质效。首先，有利于提升执行效率。“仲裁裁决不予执行”使仲裁的司法监督主要通过执行程序实现，而“执行程序的主要目的是迅速实现债权人经过生效法律文书确定的债权，效率是其基本价值取向”，有利于仲裁裁决的及时执行。其次，仲裁裁决即便被不予执行，仅意味着仲裁裁决没有得到法院强制执行的支持，仲裁裁决仍具有法律效力，相比“被撤销”而言，仲裁机构的权威依然存在，更加有利于维护仲裁公信力。为解决仲裁裁决不予执行后，重新合意仲裁或提起诉讼与既有仲裁裁决效力冲突的问题，可以在废除人民法院通过司法途径撤销仲裁裁决机制后,应当允许仲裁机构自行撤销仲裁裁决,或由人民法院建议仲裁机构“重新仲裁”。

(四)健全仲裁司法监督刑事惩戒维度下的虚假仲裁及枉法裁判罪

在民事诉讼领域,虚假诉讼时有发生,为此,2012 年《民事诉讼法》增加专门条文进行规制,即第 112 条,不仅规定了在认定存在虚假诉讼时,应当驳回诉讼请求的民事法律后果,设置了罚款、拘留等司法行政处罚,还规定了构成犯罪的依法追究刑事责任。2015 年《民事诉讼法司法解释》第 190 条进行了细化规定,完善了前述规定。同时,《刑法修正案(九)》增设了虚假诉讼罪,上升至刑罚高度予以规制。前述虚假诉讼的规制机制为虚假仲裁的规制提供了良好的立法模式。在商事仲裁领域,虚假仲裁难免存在,既会削弱仲裁公信力,也会侵害案外人的合法权益,十分必要在本次仲裁法修改时强化对虚假仲裁的规制,同时,应当在通过刑事司法解释或立法修正的模式在刑法中设立虚假仲裁罪。

仲裁员枉法仲裁毋庸置疑会严重危害当事人的合法权益,充分发挥枉法仲裁罪的威慑作用,是对我国仲裁司法监督的有效补充和保障。我国 2016 年《刑法修正案(六)》第 20 条和 2007 年最高人民法院、最高人民检察院《关于执行〈中华人民共和国刑法〉确定罪名的补充规定》(三)对枉法仲裁罪进行了详细规定。由于在司法实践中,如何认定“枉法”,以及如何认定“情节严重”等尚缺乏明确具体的操作标准,被追究枉法裁判罪的现象较为罕见。尽管从域外考察看,大多数国家立法认为仲裁员应当免予刑事责任,国内学者对枉法裁判罪的设立也有诸多质疑,笔者认为,鉴于仲裁员滥用职权、徇私舞弊、收受贿赂等行为的危害严重性,应当充分认识到枉法裁判罪对仲裁监督的重要性,尤其是对维护仲裁公信力的保障作用。因此,有必要通过立法或司法解释完善追究枉法裁判刑事责任的操作细则,并充分运用相应的法律监督措施。

境外仲裁机构在内地裁决的司法审查问题研究

孙　健
（浙江凯麦律师事务所　杭州　310016）

摘要：国际商事仲裁的多元化多层次发展，使得商事仲裁早已突破一国范围，其中就包括境外仲裁机构在一国境内作出仲裁裁决的情况。但是因我国在加入《纽约公约》时作出商事保留，目前境外仲裁机构在内地作出仲裁裁决的诸多问题没有解决，如仲裁裁决的性质认定、仲裁协议的效力等。随着商事仲裁的公信力提升，从2015年开始，自贸区已有境外仲裁机构在内地仲裁的趋势，2017年最高人民法院出台的新司法解释却在一定程度上回避了该问题。

关键词：境外仲裁机构；仲裁地；非内国裁决；报核制度；承认执行

随着世界经济的发展和跨国争议解决的深入，国际商事活动中，当事人更加青睐于选择仲裁作为争议解决的方式，商事仲裁领域已出现诸多国家之间相互糅合相互交叉的现象。我国正处于经济深化发展的攻坚期，商事争议仲裁解决的国际化进程，已逐渐被提上日程，境外仲裁机构选择在我国仲裁的情况也越来越多。党的十八届四中全会决定明确指出，要健全和完善多元化纠纷解决机制，完善仲裁制度，提高仲裁公信力，我国内地当事人已日益广泛的参与境外仲裁,最高人民法院也于2013年开始逐渐改变对境外仲裁机构在中国内地仲裁的态度。

在涉及跨国跨境商事仲裁方面,让当事人既欣喜又无奈的当是对外国仲裁裁决的承认与执行问题。[①] 世界范围内大多数国家申请加入的《承认与执行外国仲裁裁决公约》(以下简称《纽约公约》),我国对其进行了一定的商事保留。目前,我国仲裁界呈现出纷繁复杂的情形,虽然最高人民法院先后于2005年出台《最高人民法院关于适用〈中华人民共和国仲裁法〉若干问题的解释》,2015年出台《最高人民法院关于〈民事诉讼法〉适用法律的若干问题的规定》(2012年《民事诉讼法》的修改事实上也有一部分是关于仲裁的),2016年出台《关于人民法院进一步深化多元化纠纷解决机制改革的意见》,2017年发布《最高人民法院关于仲裁司法审查案件归口办理有关问题的通知》等多部文件,但鉴于我国目前仲裁制度本身的缺陷,我国法院在承认、执行境外仲裁机构作出的裁决(外国仲裁裁决)时仍然没有明确统一标准。本文拟结合中国香港、英国、美国等国家或地区对仲裁裁决的最新处理实践,提出我国法院在对香港仲裁裁决、境外仲裁机构的裁决承认与执行的倾向性态度,并期待对《仲裁法》的修改有着一定推动意义。

一、案情概要与问题提出

(一)案情概要

Cruz City 1 Mauritius Holdings(毛里求斯公司)与 Arsanovia Limited(塞浦路斯公司)和 Kerrush Mauritius Holdings(毛里求斯公司)分别签订了一份《股东协议》,协议明确约定,Cruz City 公司和 Arsanovia 公司投资 Kerrush 公司,然后由 Kerrush 公司再投资印度的 Unitech 公司一个房地产项目。Cruz City 公司与其子公司 Burley 公司和印度公司 Unitech 公司签订了《友好协议》,Unitech 公司和 Burley 公司均在上述的《股东协议》上签字。而《股东协议》中约定:在符合一定条件时,Cruz City 公司有权要求 Unitech 公司和 Burley 公司以税后15%的比例购买 Cruz City 持有的 Kerrush 公司的股份。

---

① J. Paulsson, "International Arbitration Is Not Arbitration", *Stockholm International Arbitration Review*, 2008(2):1-20.

但是,因为房地产项目延误超过了规定时间,Cruz City 公司在伦敦国际仲裁院(LCIA)提起三起仲裁案,要求按协议约定行使看跌期权。[②] 伦敦国际仲裁院支持了 Cruz City 公司的诉求,根据最终仲裁裁决,Unitech 公司被命令向 Cruz City 公司支付包括其在关联企业股份款以及法律费用和仲裁费用等各项费用共计 3 亿美元。Cruz City 公司随后在塞浦路斯、毛里求斯、印度等多个国家和地区申请承认执行仲裁裁决。

在申请人 Cruz City 公司向印度德里高级法院申请承认与执行该仲裁裁决时,被执行人 Unitech 公司以该仲裁裁决违反印度外汇管理法(FEMA),损害公共利益为由提出异议。而且还提出案涉裁决款项汇到印度境外需要经过印度央行批准,在该案中印度央行不会批准款项汇出,因此案涉裁决应不予执行。另外,印度央行的规定禁止外国投资者就其在印度公司的投资取得固定收益。Unitech 援引此规定,认为 Cruz City 与其达成的协议目的就是使 Cruz City 获得投资的固定回报,因此违反了印度央行规定。如案涉仲裁裁决得到执行,则构成违反印度公共政策。

(二)法院裁判意见

2017 年 4 月 11 日,印度德里高级法院最终驳回 Unitech 公司提出的对申请承认执行仲裁裁决的异议。其中理由包括:(1)违反外汇管制法律不等于违反公共政策;(2)即便有不予承认的事由,法院仍有承认及执行仲裁裁决的自由裁量权;(3)执行程序中的禁止反言;(4)裁决款项汇到境外需要印度央行批准不足以构成违反公共政策。[③] 因此,最终法院支持了申请人 Cruz City 公司的诉讼请求,承认并支持了要求 Unitech 公司支付 3 亿美元。

(三)问题缘起

本案是印度法院在承认执行外国仲裁机构在境外做出裁决的一个最新案例,体现法院逐渐改变干预的做法,采取开明的仲裁友好政策。虽然法院最终承认和执行了伦敦国际仲裁院的仲裁裁决,但是被执行人提出的违反

---

② LEESZ 说法:《是否应以违反外汇管理为由不予承认和执行外国仲裁裁决?》,载 https://mp. weixin. qq. com/s? src = 11&timestamp = 1520303911&ver = 737&signature = zCYYjYv2Sf - aolRHYAQNQBl8npu9KLDQ1tIvVDJF8B4GzmXYV * j9p3BjEjy * h8G * GfZ2of9NsG5wtsA1AbxZf5cfc6PvKMLWRH6wjfKPF81 * yBAChbsum0J2iIGxchrb&new = 1,最后访问日期:2018 年 2 月 26 日。

③ CRUZ CITY VS. UNITECH Ltd,[2017]2NZLR 614,Para. 71.

公共政策、禁止反言、执行程序中的既判力等抗辩理由,在一国对境外仲裁机构的裁决承认执行时具有重要的借鉴意义。

事实上,实务中我国对境外仲裁机构做出的仲裁裁决进行承认与执行有着不同的做法。2017年8月,上海市第一中级人民法院审结了上海市首例不予承认和执行外国仲裁裁决案——“来宝公司与信泰公司仲裁纠纷案”。上海市第一中级人民法院认为,我国和新加坡均为《纽约公约》缔约国,该案仲裁裁决的承认执行应适用《纽约公约》的相关规定。④ 但是,境外仲裁机构是否能够在一国境内做出仲裁裁决,换言之,是否能够将仲裁地约定在一国境内,目前国际社会上大多数国家的趋势和态度都是明确的,而我国因特殊因素,目前仅在自贸区范围内逐渐放开对境外仲裁机构设立代表处的做法,对以后能否允许在内地作出仲裁裁决,最高人民法院的态度仍然留有一定空白。本文不区分境外仲裁机构是否在中国内地设立分支机构,而是统一论述其能否将中国内地作为仲裁地来管理仲裁案件和仲裁程序,在仲裁程序中能否得到我国法院的支持或受到监督,以及做出的裁决能否得到我国法院的承认与执行。

二、境外仲裁机构作出裁决的基础理论

(一)境外仲裁机构作出裁决的含义和方式

境外仲裁机构作出仲裁裁决,按照文义解释,可分为境外仲裁机构在我国境内进行仲裁并作出裁决和境外仲裁机构在境外仲裁并作出裁决。前者指的是,注册地在一国境外的仲裁机构,依据仲裁地在我国内地或在我国内地设立拥有分支机构而作出的仲裁裁决。后者从狭义上理解,即为外国仲裁裁决或涉外仲裁裁决,换言之,即注册地在境外,所做出仲裁裁决的依据也在境外。因我国现行法律体系中不存在“仲裁地”的概念和认识,为便于行文和理解,本文所称境外仲裁机构包括外国仲裁机构。境外仲裁机构在我国内地仲裁,是我国当下建立开放型市场经济的必然要求,也是我国加强已经建立的自由贸易试验区建设的重大课题。

---

④ Gary B. Born, International Commercial Arbitration 2627 - 2645 (3rd ed. Kluwer Law International 2009).

根据目前的商事仲裁理论和实践,境外仲裁机构在内地从事仲裁活动主要以两种方式进行,分别是境外仲裁机构直接将仲裁地设定在一国境内,以"仲裁地"作为判断标准之一;境外仲裁机构在一国境内设立分支机构(在我国多表现为代表处),作为独立商业主体提供仲裁服务。[⑤] 前者的操作方式在国际商事仲裁实践中比较常见,一方面是因为"仲裁地"是国际社会大多数国家和地区仲裁机构所青睐的方式,另一方面"仲裁地"标准也是国际商会仲裁院(ICC)2015 年的《ICC 仲裁规则》和斯德哥尔摩商会仲裁院(AISCC)《仲裁规则》中要求和使用的。同样,如果我国当事人与境外商事主体进行合作,在争议解决条款中可以约定选择境外仲裁机构,同时将仲裁地点选择在我国内地,比如上海自由贸易试验区。后者在国际商事仲裁领域并不多见,因为更多的是依赖于一国仲裁市场对外的开放程度,比较巧合的是,我国处于经济开放的特殊时期,要求争议解决市场的高度自由性,因此也逐渐放开对仲裁领域的管控。

(二)境外仲裁机构作出裁决的"仲裁地"认识

诚如上述所说,仲裁地越来越成为国际商事仲裁领域判断是否是纯粹国内仲裁或外国仲裁机构仲裁的重要标准,虽然截至目前我国尚未正式明确引进"仲裁地"标准,但是,作为国际上通行的做法,有必要对仲裁地法律化认识进行分析。

1. 法律意义上的"仲裁地"概念

仲裁地(Seat of Arbitration),有多种解释和定义,但法律意义上的"仲裁地"却至关重要。"场所支配行为"的古老法彦,恰恰说明了法律意义上的仲裁地决定了支配仲裁程序的仲裁地法的适用,关系到仲裁裁决效力及其司法监督。法律意义上的仲裁地不同于一般意义上的仲裁开庭地点和合议地点,它是将仲裁和特定法律制度联系起来的那个地点。[⑥] 如果确定了法律上的"仲裁地",即意味着仲裁裁决是在哪一个国家或地区作出的,哪个国家或地区的法院可以对商事仲裁裁决享有司法监督权。[⑦] 简而言之,

---

⑤ 赵秀文:《经济全球化条件下外国仲裁机构在中国仲裁及其影响》,载《仲裁研究》2005 年第 3 期。

⑥ 谢新胜:《国际商事仲裁程序法的适用》,中国检察出版社 2009 年版,第 147 页。

⑦ A. J. van den Berg. Should the Setting Aside of the Arbitral Award Be Abolished, ICSID Review, 2014, 29(2).

仲裁开庭地是物理性概念,仲裁机构所在地是确定性概念,仲裁地则是抽象概括性概念。

2. 国际商事仲裁的通行立法与实践

法律意义上的仲裁地主要取决于国际商事仲裁所适用的仲裁规则及相关国家的法律如何对此项地点作出界定,根据不同国家法律的规定,有的仲裁地即为仲裁机构所在地,有的则为其他地点。《2015 国际商会仲裁规则》第 14 条规定:“(1)仲裁地由仲裁确定,但当事人另有约定者除外。(2)经与各当事人协商,仲裁庭可在其认为适当的任何地点开庭和举行会议,但当事人另有约定者除外。(3)仲裁庭可以在其认为适当的任何地点进行合议。”《伦敦国际仲裁院仲裁规则》第 16 条规定:“仲裁庭得自由决定在任何地理上便利的地点举行庭审、会议和评议;如果该地点在仲裁地以外,仲裁应被认为在仲裁地进行,裁决应被认为在仲裁地作出。”《斯德哥尔摩商会仲裁院仲裁规则》(SCC2010)第 20 条规定:“(1)除非当事人已有约定,理事会应当决定仲裁地。(2)仲裁庭在经与当事人协商后,可以在其认为合适的任何地点进行开庭审理。仲裁庭可以在其认为合适的地点开会,对案件进行合议。如果庭审、会议或者合议在仲裁地以外的地点进行,仲裁程序仍应当视为是在仲裁地发生。(3)裁决应当视为是在仲裁地作出。”⑧

国际商事仲裁实践中,对法律意义仲裁地的认识也是如此。例如,在 Navier Amazonia Peruana SA v. Compania International de Seguros Peru 案中,巴黎上诉法院认为,在其他国家或地方召开会议或开庭通常是因为方便,这种基于方便的考量并不使得仲裁地随着国家的改变而改变,即使仲裁的实际地点会改变,但是法律意义上的仲裁地仍然是同一个,除非当事人约定更改。⑨ 因此,在商事仲裁领域,仲裁地的选择一般由当事人自由约定,境外仲裁机构在我国内地进行仲裁,则仲裁裁决的作出地是我国内地。

(三)境外仲裁机构在我国内地仲裁的现状

虽然我国法律未明确禁止境外仲裁机构在中国内地进行仲裁,但是现

---

⑧ Jean-Francois Poudret & Sebastien, Comparative Law of International Arbitration 518 (2nd ed. Sweet & Maxwell 2007).

⑨ [美]艾伦·雷德芬、马丁·亨特:《国际商事仲裁法律与实践》(第 4 版),林一飞、宋连斌译,北京大学出版社 2005 年版,第 90 页。

实中内地却是一个不受境外仲裁机构“欢迎”的市场。有数据统计,在国际商会仲裁院2000年至2004年共120起涉及中国当事人的仲裁案件中,仲裁院均没有选择中国内地作为仲裁地,而是香港和其他国家地区。[⑩] 这种情况一直延续到自贸区的成立。

2013年,上海自由贸易试验区建立后,我国开始不断探索商事仲裁新发展路径,鼓励国际商事仲裁机构进入中国仲裁服务市场。2014年,上海国际仲裁中心发布《中国(上海)自由贸易试验区仲裁规则》,上海市第二中级人民法院发布《仲裁案件司法审查和执行的若干意见解读》。2015年4月,国务院印发了《进一步深化中国(上海)自由贸易试验区改革开放方案》,在该方案中明确指出,要对接国际商事争议解决规则,优化自贸区仲裁规则,支持国际知名商事争议解决机构入驻,提高商事纠纷仲裁国际化程度。探索建立全国性的自贸试验区仲裁法律服务联盟和亚太仲裁机构交流合作机制,打造面向全球的亚太仲裁中心。

随后,2015年11月,香港国际仲裁中心(HKIAC)在上海设立代表处;2016年3月,新加坡国际仲裁中心(SIAC)在上海设立代表处;2016年2月,国际商会仲裁院(ICC)等境外仲裁机构在上海自贸区设立了代表处。2016年12月30日,最高人民法院发布《最高人民法院关于为自由贸易试验区建设提供司法保障的意见》,放宽对无涉外因素仲裁的要求和对临时仲裁的限制。但是,令人遗憾的是,2017年12月26日,最高人民法院发布的《最高人民法院关于仲裁司法审查案件报核问题的有关规定》及《最高人民法院关于审理仲裁司法审查案件若干问题的规定》,甚至是2018年2月发布的最新《仲裁裁决执行规定》都在一定程度上避开了对境外仲裁机构在内地仲裁的直接探讨和规定。

在《仲裁法》等法律尚未做全面修改的前提下,我国目前法律对仲裁裁决的性质认定仍然采取“仲裁机构所在地”标准,与国际上通行做法并不一致且对境外仲裁机构在我国内地做出裁决的性质认定也无统一标准,这就导致法院对境外仲裁机构在内地作出裁决的司法审查也是一个存疑问题。

---

⑩ 李霁、谭立:《论ICCA在中国内地仲裁的可行性及法律障碍——〈仲裁法〉司法解释施行后的审视》,载《商事仲裁》2008年第2期。

(四)允许境外仲裁机构在我国内地仲裁的必要性

1. 仲裁司法实务的正规化、完备化要求

商事仲裁作为私法自治领域,一直主张“当事人意思自治”原则,当事人有权选择任何一地区作为仲裁地。事实上,作为世界上重要的贸易大国,我国在众多民商事方面与其他国家或地区有着密切的联系,比如我国大陆与香港地区、大陆与澳门地区及大陆与台湾地区等,各国或地区之间往来不断密切加强,涉外民商事纠纷不断涌现。尤其是在“一带一路”倡议背景下,我国作为传统的陆地丝绸之路和海上丝绸之路始点,对中亚、东南亚甚至亚太地区的经济发展都有着至关重要的影响和作用,与此相联系的是,商事仲裁作为争议解决的重要方式,更易于被各国商事主体接受。因此,境外仲裁机构会越来越多的关注我国内地市场,跨国商事仲裁也将大面积的涌现。

2. 国际民商事仲裁制度的借鉴、效仿举措途径

我国现行有效的《仲裁法》是1994年全国人大常委会通过的,距离现在已有20多年,法治环境已经发生了翻天覆地的变化。因特殊历史国情,我国原先在建立仲裁制度时伴随着重大的行政色彩,仲裁机构从成立组建到仲裁程序到裁决的作出和执行都有着浓厚的政府角色成分,政府作为行政机关,在商事争议中往往处于垄断或强势地位,不利于商事争议解决领域的公平公正,而国际上商事仲裁更侧重于市场经济的灵活性,要求仲裁庭在裁决时保持着中立角色,不受行政机关的干扰。所以,在一定程度上开放仲裁市场,适当的允许境外仲裁机构在内地进行仲裁,不仅仅可以有效解决商事争议,也可以在某些程度上借鉴境外仲裁机构的做法,弥补我国仲裁制度本身的缺陷。[11]

3. 倒逼我国仲裁法律市场改革,推动仲裁法律体系调整

我国长期坚持并认可机构仲裁,临时仲裁只是近年来的仲裁热点,最新的司法仲裁实践也只是互联网仲裁联盟和广州仲裁委在各自的仲裁规则中加入并认可了临时仲裁,并没有上升到更高的层次,而且机构仲裁在我国历史悠久,境外多数国家或地区同时认可机构仲裁和临时仲裁,且在内地进行仲裁裁决的知名境外仲裁机构所在地往往国际化程度高,仲裁案件数量多,具备了丰富的跨国商事仲裁经验,因此,诸如允许香港国际仲裁中心、新加

---

⑪ 蔡元培:《仲裁机构去行政化的两种模式》,载《北京仲裁》2015年第1期。

坡国际仲裁中心等在内地进行仲裁裁决,可以作为仲裁体制改革的有效突破口,发挥境外仲裁机构在内地仲裁的优越性,倒推国内仲裁法的修改和完善。

三、境外仲裁机构作出裁决的定性问题

(一)“仲裁协议”效力认定问题

境外仲裁机构在内地作出裁决,首先涉及的即是仲裁协议的效力。从1996年的“诺和诺德案”不认可到2012年的“泰州浩普投资公司案”,再到2013年的“龙利得案”“北仑利成案”一定程度的认可,我国最高人民法院对待境外仲裁机构在内地仲裁的态度一直处于变化之中,比较巧妙的是,期间厦门和宁波地区甚至直接承认了ICC国际商会的《国际商会仲裁规则》在内地的仲裁协议效力。因此,对“仲裁协议”的效力问题逐渐采取承认有效已经是符合国际趋势的做法,因行文结构,下文会再谈及,此处不再赘述。

(二)境外仲裁机构在内地作出裁决的性质认定

我国现行的《仲裁法》第16条规定,仲裁协议必须明确选定的仲裁委员会,否则仲裁协议将被认定为无效。理论界有人认为,境外仲裁机构或其在内地的分支机构不属于我国现行仲裁法规定的“仲裁委员会”,因此当事人约定境外仲裁机构在内地仲裁的仲裁协议属于临时仲裁,而我国目前又不承认临时仲裁,所以该仲裁协议是无效的。⑫ 也有学者对此持开放性的态度,认为应当对《仲裁法》第16条做宽泛性的解释,因为当时《仲裁法》的立法环境和现在不同,当时立法只考虑针对国内仲裁机构,那种认为“仲裁委员会”特指在中国设立登记的仲裁机构的观点,只会导致一个荒谬的结论——所有选择外国仲裁机构仲裁的条款都会被《仲裁法》认定无效,因而将其作为临时仲裁协议处理,显然与国际商事仲裁的实践不符。⑬

笔者同意后者观点,根据《最高人民法院关于适用〈仲裁法〉若干问题的解释》中第3条和第4条规定(第3条规定:“仲裁协议约定的仲裁机构名称不准确,但能够确定具体的仲裁机构的,应当认定选定了仲裁机构。”

---

⑫ 陈力:《ICC在中国作成裁决的承认与执行》,载《法商研究》2010年第6期。

⑬ 宋连斌、董海州:《国际商会仲裁裁决国籍研究——从最高人民法院的一封复函谈起》,载《北京科技大学学报》(社会科学版)2009年第3期。

第4条规定:“仲裁协议仅约定纠纷适用的仲裁规则的,视为未约定仲裁机构,但当事人达成补充协议或按照约定的仲裁规则能够确定仲裁机构的除外。”),虽然表述上并未采用《仲裁法》的“仲裁委员会”一词,而是采用“仲裁机构”一词,但是该司法解释体现出来的“尽量使仲裁协议有效”的精神也符合商事仲裁理念。即便境外仲裁机构在内地进行仲裁作出裁决被认定属于临时仲裁的范畴,我国当下也逐渐接受并认可了临时仲裁。2016年12月,最高人民法院发布《关于为自由贸易试验区建设提供司法保障的意见》规定,“在自贸区内注册的企业相互之间约定在内地特定地点、按照特定仲裁规则、由特定人员对有关争议进行仲裁,可认定仲裁协议有效”。2017年3月,珠海市横琴管委会和珠海仲裁委发布《横琴自由贸易试验区临时仲裁规则》,2017年9月,中国互联网仲裁联盟正式发布《临时仲裁与机构仲裁对接规则》,2017年11月,广州两家公司发起了中国“临时仲裁第一案”等,说明临时仲裁在我国已经被进一步认可。此外,最高人民法院在“龙利得案”中表明了态度,认为双方当事人选择国际商会在内地进行仲裁的仲裁协议有效,即认可了仲裁委员会包括境外仲裁机构。

(三)“非国内裁决”属性的争论

1958年的《纽约公约》将仲裁裁决按仲裁地的标准分为外国仲裁裁决和非内国仲裁裁决,我国在加入该公约时对非内国裁决进行了保留,同时以“仲裁机构所在地”为标准将仲裁裁决分为《纽约公约》裁决、国内仲裁裁决、涉外仲裁裁决及港澳台仲裁裁决。境外仲裁机构在内地作出裁决,是否属于《纽约公约》的非内国裁决,理论界有两种声音。一种支持宁波中级人民法院在“德高钢铁案”中的做法,也就是无锡中级人民法院在“旭普林案”中的态度,认为“此裁决既不是由我国仲裁机构管理下适用我国仲裁规则作出的判决,也不是《纽约公约》第1条的承认与执行地国领土外作出的裁决,因此,不是我国裁决,也不是外国裁决,而是非内国裁决”。⑭ 持该种观点的学者,又对境外仲裁机构在内地的仲裁裁决属于非内国裁决,我国法院

---

⑭ 赵秀文:《从相关案例看ICC仲裁院裁决在我国的承认与执行》,载《法学》2010年第3期。

是否有义务进行承认与执行的问题存在争议。[15] 另一种观点认为,按照《纽约公约》的精神和我国加入时作出的保留,境外仲裁机构在内地作出的裁决应当属于我国仲裁裁决,但按照我国目前生效的2017年《民事诉讼法》第283条确定的以仲裁机构所在地决定国际商事仲裁裁决的性质,该裁决应当属于外国仲裁裁决。[16]

笔者认为,"非内国裁决"的标准本身不明确,在《纽约公约》项下留给各个国家自行确定。著名国际商事仲裁学者范登伯格教授指出:"非国内仲裁裁决问题,是《纽约公约》中最为复杂的问题之一。"[17]赵秀文老师认为:"境外仲裁机构管理下适用该机构的仲裁规则由仲裁庭作出的裁决,是机构仲裁,非临时仲裁。……确定国际仲裁裁决国籍的决定性因素,在于法律意义上的仲裁地位于哪个国家或地区,因此,对于境外仲裁机构在我国境外作出的裁决,应当视为外国仲裁裁决,而对于境外仲裁机构在内地作出的裁决,应当视为中国裁决。"笔者在一定程度上同意赵老师观点。仲裁地标准作为国际商事仲裁领域普遍适用标准,对境外仲裁机构在内地作出裁决的情形,不同于我国纯粹国内仲裁裁决,但也不是我国领域外的仲裁裁决,而是我国的"涉外裁决"(按照我国对仲裁裁决的分类,涉外裁决即是具有涉外因素的我国仲裁裁决),而且"龙利得案"中最高人民法院也认可了国际商会仲裁院属于我国《仲裁法》的仲裁委员会的观点。

四、其他国家对境外仲裁机构作出裁决的认定及司法审查实践

境外仲裁机构在一国内地作出裁决的事项,在世界其他国家已经越来越多,也越来越受到各国仲裁机构的青睐。作为当事人更为关心的当属该仲裁裁决能否被一国境内的法院承认与执行,如果争议当事人约定了有效的仲裁协议,并已作出仲裁裁决,却无法得到承认与执行,这不仅会使商事仲裁的国际性和公信力大打折扣,也会给当事人双方造成实际的利益损失。

---

⑮ 吕炳斌:《论外国仲裁机构到我国境内仲裁的问题——兼析我国加入〈纽约公约〉的保留》,载《法治研究》2010年第10期。

⑯ 王天红:《论国际商事仲裁裁决国籍的确定》,载《人民司法》2006年第9期。

⑰ Albert Jan Van Den Berg, "When is an arbitral award nondomestic under the New York Convention of 1958", *Pace Law Review*, Fall 1985, Volume 6, Issue 1.

以下就最新的国家或地区法院对境外仲裁机构在一国内地作出的仲裁裁决的承认与执行问题进行简单阐述。

(一)美国

《纽约公约》第1条第1款规定的仲裁裁决承认与执行,主要包括两类:执行地国以外的另一缔约国领土内作出的仲裁裁决和虽在执行地国领域内作出但执行地国不认为是本国裁决的仲裁裁决。对于前者美国法院争议较少,但是后者因为涉及"非内国裁决",美国《联邦仲裁法》第2章第202条规定,因纯粹的美国公民之间的法律关系而导致的仲裁协议和仲裁裁决,不适用《纽约公约》,如果该法律关系是涉外因素的,则仍能适用《纽约公约》。[18] 也就是说,美国法院不区分仲裁机构主体因素而以仲裁地来作为区别是否是"非内国裁决"的标准。

在涉及非纯粹国内仲裁裁决的承认与执行问题上,美国法院审查比较慎重。2017年3月2日,美国联邦第二巡回法院对"巴西公司团与SBT公司案"作出了终审判决。多家巴西公司(以下简称巴西公司团)与Primetrade AG的瑞士公司签订了一系列生铁采购合同,在合同履行过程中,由于Primetrade AG公司发生重大变故,Primetrade AG公司的资产以及其与巴西公司团的生铁采购合同由名为SBT的瑞士公司承继,SBT公司的管理层、办公地点都与Primetrade AG公司相同。2007年,AMCI International的美国公司收购了SBT公司及子公司。2008年,由于生铁价格下跌,SBT未能履行采购义务,巴西公司团于2009年11月向国际商会仲裁院申请仲裁。2010年4月,SBT公司向瑞士法院申请破产,2011年3月,SBT的破产管理人告知仲裁庭,SBT没有足够的费用参与仲裁并且SBT公司认可巴西公司团提出的仲裁请求。2011年11月,仲裁庭作出终局裁决,裁决SBT公司向巴西公司团支付4800万美元及相应利息与费用,但裁决中并没有任何关于由Prime Carbon公司或其他第三方向巴西公司团支付款项的内容。仲裁庭认为,巴西公司团提供的证据不足以证明SBT公司在破产程序中存在欺诈的行为。由于Prime Carbon公司又将其控制权转移至AMCI公司,巴西公司团遂于2013年4月向美国纽约南区联邦地区法院申请执行国际商会仲裁院裁决。

[18] N. Kaplan,"If It Ain't Broke,Don't Change It",*Arbitration*,2014,80(2):172-175.

纽约南区法院以"申请执行仲裁裁决前应先确认仲裁裁决""SBT 公司已破产注销"等事由驳回了巴西公司团的申请。但是,在巴西公司团上诉后,联邦第二巡回法院作出如下认定:(1)在承认与执行境外仲裁机构仲裁裁决时无须当事人提供"仲裁地法院对仲裁裁决合法有效的认定";根据美国《联邦仲裁法》第 2 章的规定,巴西公司团可以直接向美国法院申请承认与执行该国际商会仲裁院仲裁裁决。同时,联邦第二巡回法院还对美国"国内仲裁裁决""非内国仲裁裁决"和"外国仲裁裁决"进行了阐述,比如"国内仲裁裁决"和"非内国裁决而言",由于其仲裁地均在美国,故美国法院对仲裁裁决的效力拥有"在先审查"(primary jurisdiction)的权利,进而该等仲裁裁决只有在得到美国法院的 confirmation 的情况下,才能在美国其他法院得到执行。(2)在承认执行境外仲裁裁决时,"揭开公司面纱"的适用应当由执行地法院受理,因此将本案中的"财产混同"等发回纽约南区法院审理。(3)已经被仲裁庭审理并作出裁决的请求,当事人不能再提出与裁决相矛盾的请求。⑲

(二)加拿大

加拿大属于联邦制国家,各省和区都有独立的立法权,因而都有自己独立的仲裁法。加拿大本身在法系分类中属于混合法系,除魁北克省是大陆法系外,其他省和区均是普通法系。在普通法系的省和区,大多数都是以《联合国国际贸易法委员会国际商事仲裁示范法》作为蓝本制定本地区的仲裁法。

2017 年 3 月,加拿大安大略省颁布了《2017 年国际商事仲裁法》(International Commercial Arbitration Act,2017)⑳,正式将《纽约公约》通过国内法的形式予以承认实施,使其成为国内法或具备国内法效力。《2017 年国际商事仲裁法》第 1 章第 2 条第 1 款规定,"在本法下,本法附表 1 中援引的 1958 年由联合国国际商事仲裁大会在纽约通过的《承认和执行外国仲裁裁决公约》,将作为安大略省的法律,适用于因商事争议而产生的仲裁裁

⑲ Edward Brunet, *Arbitration Law in American-a Critical Assessment*, London, Cambridge University Press,2006,125.

⑳ 加拿大安大略省《2017 年国际商事仲裁法》,载 https://www. ontario. ca/laws/statute/17i02b,最后访问日期:2018 年 2 月 18 日。

决和/或仲裁协议的承认与执行”。第3条规定,“本法下依据《纽约公约》申请承认和执行仲裁裁决的,应当向安大略省上级法院提出申请”。

2016年12月3日,在涉及承认与执行中国仲裁机构作出的仲裁裁决“China Citic Bank Corporation Limited v. Yan”案件中,加拿大不列颠哥伦比亚省最高法院对被执行人提出的异议,作出维持胜诉方申请冻结被执行人的银行账户冻结令。不列颠哥伦比亚省最高法院认为,禁令的颁发将直接影响到外国仲裁裁决的执行,而加拿大法院已在之前的判例中确立了执行外国仲裁裁决的重要性与高要求,因此仲裁性质本身决定了该禁令不得被撤销。结合在Sociedade-de-fomento案中法院作出的关于《纽约公约》和加拿大国内法都要求不列颠哥伦比亚省高等法院承认和执行外国仲裁裁决、承认和执行外国裁决参考国内仲裁的相关规定的意见,加拿大仲裁法律对《示范法》和《纽约公约》法律框架的接纳体现了加拿大对于仲裁裁决的司法审查采取国际通行的立场,即偏向于亲仲裁、尊重仲裁庭管辖权、对拒绝承认与执行裁决采取限缩解释的克制立场。[21]

(三)巴西

2015年7月,巴西新修订的《仲裁法》正式生效。新法对外国仲裁裁决司法审查进行了一定的修正,并将仲裁地法律作为认定该仲裁裁决是否有效的重要指标,这在新法生效后的“EDFI诉ENDESA、YPF案”中体现的较为明显。

EDF International S/A(EDFI)与Endesa Latino América S/A(ENDESA)、Astra Compañia Argentina de Petróleo S/A(后并入到YPF S/A,以下简称YPF)签订了一份关于受让“Empresa Distribuidoray Comercializadora Norte S. A.”股权的《股权转让合同》。随后,各方因履行该合同产生了争议,EDFI在布宜诺斯艾利斯以Endesa与YPF为被申请人向国际商会仲裁院申请仲裁。[22] 在仲裁程序中,Endesa与YPF提出了仲裁反请求,仲裁庭经过审理,对EDFI的仲裁请求与Endesa、YPF的仲裁反请求都予以支持,并对双方互

---

[21] Lew, JDM; M istelis, LA. Comparative international commercial arbitration, Springer: Springer, 2007: 16 - 44.

[22] 上海国际仲裁中心:《巴西承认与执行外国仲裁裁决的最新实践》,载http://www.cietac-sh.org/SHIAC/arbitrate_informations_detail.aspx? id=233,最后访问日期:2018年3月5日。

负的债务进行了抵销，最终裁决 Endesa 与 YPF 向 EDFI 支付巨额款项。EDFI 遂向巴西高等法院（Superior Tribunal de Justiça "Superior Court of Justice"，以下简称 SCJ）申请承认与执行该份国际商会仲裁院的仲裁裁决。在承认执行外国仲裁裁决的诉讼程序中，两个被执行人即 Endesa 与 YPF 提出其已在阿根廷法院启动了"撤销该国际商会仲裁院仲裁裁决"的程序，并且随着时间的推移，Endesa 与 YPF 向 SCJ 提交了充分的证据证明阿根廷法院已作出了撤销该国际商会仲裁院裁决的决定。

最终，巴西高等法院组成的特别法庭认为，根据巴西仲裁法、巴西冲突规范以及巴西最高法院的内部规定，巴西法院承认与执行一份外国仲裁裁决的前提之一是该仲裁裁决在其作出地，即仲裁地是合法有效的。而本案中，双方当事人对于阿根廷法院已经于 2010 年将该国际商会仲裁院仲裁裁决撤销的事实均没有异议，而阿根廷法院撤销该国际商会仲裁院仲裁裁决的决定已经产生既判力。因此，法院最后拒绝承认执行该份仲裁裁决。[23]

五、我国对境外仲裁机构在内地裁决的态度及其司法审查思考

（一）我国司法机关对境外仲裁机构作出裁决的态度演变

1. 大陆地区法院的态度若隐若现

综观我国司法实践，我国未明确立法，但是法院对境外仲裁机构能否在内地仲裁以及执行过程中的问题一直处于"认可—不认可—不认可—认可"的混乱状态中，但总体上看，最高人民法院的态度还是趋向于认可的。

最初的厦门维哥木制品有限公司与台湾富源企业有限公司购销合同纠纷中，最高人民法院认可了在合同中约定适用《国际商会仲裁规则》条款的仲裁协议的效力。但是从 1996 年 12 月的"诺和诺德案"开始，最高人民法院认定当事人约定适用《国际商会仲裁规则》在英国仲裁的仲裁协议因无明确的仲裁机构而无法执行。随后就是著名的"旭普林案"，在江苏省高级人民法院的《关于德国旭普林国际有限责任公司与无锡沃可通用工程橡胶有限公司申请确认仲裁协议效力一案的请示》回函中，最高人民法院认为

㉓ Ingeborg Schwenzer, *Divergent Interpretations: Reasons and Solutions*, Cambridge, Cambridge University Press, 2015, International Sales La w: A Global Challenge, p. 142.

本案当事人在合同中约定了仲裁条款"Arbitration:ICC Rules,Shanghai shall apply"。在当事人没有约定确认仲裁条款效力准据法的情况下,根据确认仲裁条款效力准据法的一般原则,应当按照仲裁地的法律予以认定,即本案应当根据我国法律确认所涉仲裁条款的效力。根据我国仲裁法的有关规定,有效的仲裁条款应当同时具备仲裁的意思表示、仲裁的事项和明确的仲裁机构三个方面的内容。本案所涉仲裁条款从字面上看,虽然有明确的仲裁的意思表示、仲裁规则和仲裁地点,但并没有明确指出仲裁机构。因此,应当认定该仲裁条款无效。最终无锡市中级人民法院以裁决所依据的仲裁协议已被我国法院认定无效为由拒绝承认执行该仲裁裁决。㉔

步"旭普林案"后尘,在接下来的2006年"达利特案"、2009年"夏新电子案"、2011年"江苏外贸公司案"、2012年"泰州浩普投资公司案"等案件中,最高人民法院也都一一认定仲裁协议无效,甚至以仲裁协议未约定仲裁机构为由或仲裁协议不明等不予承认协议效力。

迎来转机的是,2017年国际商会ICC修改了《仲裁规则》规定,"国际商会仲裁院是唯一经过授权对《仲裁规则》项下的仲裁活动实施管理的机构","当事人同意按照仲裁规则进行仲裁的,即视为接受仲裁院对该仲裁进行管理"。

2013年,最高人民法院在《关于申请人安徽省龙利得包装印刷有限公司与被申请人BP Agnati S. R. L. 申请确认仲裁协议效力案的请示的复函》[(2013)民四他字第13号]及《关于宁波市北仑利成润滑油有限公司与法莫万驰公司买卖合同纠纷一案仲裁条款效力问题请示的复函》[(2013)民四他字第74号]中正式确认了当事人约定由ICC国际商会仲裁院在中国大陆仲裁的仲裁协议有效。这表明最高人民法院支持国外仲裁机构在境内仲裁,至少对境外仲裁机构在内地仲裁的效力持积极肯定态度。

有观点认为,上述最高人民法院的复函中仅仅是确认了仲裁协议有效,并未明确确认国外仲裁机构能否在境内开展仲裁业务。特别是在"龙利得案"复函中,最高人民法院对合肥市中级人民法院及安徽省高级人民法院

㉔ 万鄂湘、夏晓红:《中国法院不予承认以及执行某些外国仲裁裁决的原因——〈纽约公约〉相关案例分析》,载《武大国际法评论》2010年第2期。

少数意见所提出的《仲裁法》第10条的相关问题没有予以正面回应。[25] 对此,笔者抱着积极乐观的态度。

(1)虽然我国在加入WTO时未明确境外仲裁机构可以在内地进行商事仲裁,但是考虑到我国入世时的立法环境和时间,如今商事贸易的发展和改革已经实现全球一体化跨国商事仲裁的基础。

(2)仲裁作为与诉讼并列的同等重要的商事争议解决手段,其准司法性质在跨国仲裁裁决的承认与执行中有重要的作用和地位,裁决也常常得到一国法院的认可。

(3)我国经济对外开放程度日益提高,作为世界上最大的贸易大国,仲裁服务市场允许境外仲裁机构进入,是符合国际社会的潮流和趋势的。

2. 香港地区法院的态度疑虑重重

香港现行生效的2014年《香港仲裁条例》第八章第35条和第36条规定了对仲裁裁决的承认和执行,但是此处并未区分该仲裁裁决是否是境外仲裁机构的仲裁裁决。第35条规定,(1)仲裁裁决不论在何国境内作出,均应当承认具有约束力,而且经向管辖法院提出书面申请,即应依照本条和第36条的规定予以执行。(2)援用裁决或申请对其予以执行的一方当事人,应当提供裁决书正本或其副本。裁决书如不是以本国一种正式语文做成的,法院可以要求该方当事人出具该文件译成这种文字的译本。[26]

对于仲裁裁决不论是在何国境内作出,换言之,即便是境外仲裁机构在香港地区作出的仲裁裁决,仅在下列情形下才可拒绝予以承认或者执行:(1)(a)援用的裁决所针对的当事人提出如此请求,并向被请求承认或执行的管辖法院提出证据,证明有下列任何情况:(i)第7条所指仲裁协议的当事人有某种无行为能力情形;或者根据各方当事人所同意遵守的法律或在未指明何种法律的情况下根据裁决地所在国法律,该协议是无效的;或(ii)未向援用的裁决所针对的当事人发出指定仲裁员的适当通知或仲裁程序的适当通知,或因他故致使其不能陈述案情;或(iii)裁决处理的争议不是提交仲裁意图裁定的事项或不在提交仲裁的范围之列,或者裁决书中内

---

[25] 张建:《论香港〈仲裁条例〉视角下的仲裁程序适当通知》,载《仲裁研究》第39辑。

[26] 香港立法会:《香港仲裁条例》,载 http://www. hkiac. org/sites/default/files/ck_filebrowser/PDF/arbitration/CAP_609_c_gb. pdf,最后访问日期:2018年3月5日。

含对提交仲裁的范围以外事项的决定;如果对提交仲裁的事项所作的决定可以与对未提交仲裁的事项所作的决定互为划分,内含对提交仲裁的事项所作的决定的那部分裁决得予承认和执行;或(iv)仲裁庭的组成或仲裁程序与当事人的约定不一致;无此种约定时,与仲裁地所在国法律不符;或第609章—《仲裁条例》58(v)裁决对当事人尚无约束力,或者已经由裁决地所在国或裁决依据的法律的所属国的法院所撤销或中止执行;或(b)法院认定有下列任何情形:(i)根据本国的法律,争议事项不能通过仲裁解决;或(ii)承认或执行该裁决与本国的公共政策相抵触。(2)在已向本条第(1)(a)(v)款所指的法院申请撤销或中止执行裁决的情况下,被请求承认或执行的法院如认为适当,可以延缓作出决定,而且经主张承认或执行裁决的一方当事人申请,还可以裁定对方当事人提供妥适的担保。[27]

同样,如果对于香港仲裁机构在内地的仲裁裁决,仲裁所适用的是内地仲裁法而不是香港的仲裁条例,则香港法院就不能把它认为是本地仲裁裁决直接强制执行。如果是这样,对于香港仲裁机构在内地的仲裁裁决,香港法院能否认定为内地仲裁裁决,这也是一个问题,因为根据内地与香港的双边安排协议,可执行的仲裁裁决必须是内地仲裁机构作出,因此,香港地区与大陆地区关于仲裁裁决承认与执行也是存在与其他地区相同的问题。

(二)境外仲裁机构作出裁决的司法审查问题思考

2017年堪称中国仲裁界的里程碑,最高人民法院先后发布了针对仲裁司法审查的司法解释《关于仲裁司法审查案件归口办理有关问题的通知》《关于审理仲裁司法审查案件若干问题的规定》及《关于仲裁司法审查案件报核问题的有关规定》等多部重要的司法解释文件,以下就其中涉及境外仲裁机构内地裁决的司法审查问题提出一些益于实践的想法。

1.“报核制度”范围重新规整—最高人民法院法释〔2017〕21号文

(1)“报核制度”始末

2017年12月29日,最高人民法院发布了《关于仲裁司法审查案件报核问题的有关规定》(以下简称《报核问题司法解释》),对我国仲裁司法审查案件的上报类型、上报程序等进行了明确规定,不但将我国仲裁司法审查

[27] Ole Ben Lando and Peter Amt Nielsen, “The Rome I Proposal”, 3 Journal of *Private International Law* 31, 2007.

制度的上报制度通过司法解释方式的方式进行调整明确，而且对上报制度的范围进行了扩大。

我国于1986年加入《纽约公约》，在1992年河南省开封市东风服装厂申请执行某国内仲裁机构裁决案件后，最高人民法院于1995年8月28日发布了《关于人民法院处理与涉外仲裁及外国仲裁事项有关的通知》，要求将涉及涉外仲裁司法审查的问题层报最高人民法院批准，正式建立了涉外仲裁司法审查的上报制度。随后，1998年4月，最高人民法院又相继发布了《关于人民法院撤销涉外仲裁裁决有关事项的通知》和《关于承认和执行外国仲裁裁决收费及审查期限问题的规定》。[28]

2017年12月新发布的《报核问题司法解释》，除对涉外仲裁协议效力、裁决不予执行和裁决撤销进行否定性评价，要求基层法院上报中级人民法院，中级人民法院再上报最高人民法院外，非涉外案件和非港澳台案件，即国内仲裁裁决的司法审查，也需要上报到高级人民法院。而且，对于当事人住所地跨省级行政区域以及以违背社会公共利益为由不予执行或者撤销我国内地仲裁机构的仲裁裁决，按照规定来说，也需要层报最高人民法院。

（2）“报核制度”规整后的法律意义

此次《报核制度司法解释》重点对非涉外、非涉港澳台案件的仲裁裁决上报进行了规定，这是对国内仲裁裁决的大力保护，但在一定程度上也使得原先涉外仲裁裁决司法审查回归正轨。一则，更加明确了对仲裁裁决司法审查的上报内容，确立了相对固定的法律制度，使上报制度更加公开规范化。1995年《最高人民法院关于人民法院处理与涉外仲裁及外国仲裁事项有关问题的通知》仅仅是一个内部文件，一个通知而已，并不具有典型的法律意义。二则，一定程度上平衡了仲裁与诉讼的关系，有利于减轻基层法院的司法负担。此次将仲裁裁决纳入最高人民法院层报范围，部分特殊类型的裁决只需层报高院，一定程度减轻了负担，提高了效率。最后，在对仲裁裁决进行上报过程中下级法院所需准备的材料和文本进行了一个较为明确

㉘ 广州仲裁委：《仲裁司法审查的报核制度浅析——报核制度的前世今生》，载 https://mp.weixin.qq.com/s?src=11&timestamp=1520738546&ver=747&signature=5hqyzNzrhJETaDRtopgU7717gPE2SlnpwDpWZfJFaiNuGK97HLyJu*Au*4axBZDSFtC1BEx*TPjXl2UVaCo1VoB78SGCFyRppI*pzcG2PWztu3KUGbZMhUcRWfwrDScw&new=1，最后访问日期：2018年3月10日。

的口径,有助于上报制度规范化。

(3)"报核制度"规整后的存疑

笔者认为,虽然此次"报核制度"的调整有一定积极意义,但是作为司法解释的出台,还有诸多存疑之处。

首先,《报核制度司法解释》调整的内容是确认仲裁协议效力、撤销我国内地仲裁机构仲裁裁决、申请执行我国内地仲裁裁决、申请认可和执行香港、澳门和台湾地区裁决、申请承认和执行外国仲裁裁决,另外,还有一个兜底的"其他的仲裁司法审查案件",此处让笔者存疑的是,境外仲裁机构在我国内地作出的仲裁裁决案件,在申请承认执行时,是否属于该处的"其他仲裁司法审查案件"?虽然笔者认为,境外仲裁机构在内地作出的裁决,可以纳入涉外仲裁裁决的性质范围内,在涉及司法审查案件时可以按照原先的涉外仲裁裁决案件上报最高人民法院,但是毕竟我国大陆目前对境外仲裁机构作出裁决的态度不甚明朗,最高人民法院的立场模棱两可,因此,如何处理承认与执行中国香港、新加坡等知名仲裁胜地的仲裁裁决在立法中存在空白。

其次,境外仲裁机构在内地作出裁决时的实体审查问题。如暂且不讨论境外仲裁机构的裁决性质问题,按照《报核制度司法解释》规定,在层报过程中,上级人民法院需对案件关于基本事实的认定进行审核,并有权要求下级法院询问当事人或退回补充查明事实。此处退回补充查明事实如何理解?如果法院退回补充查明实体问题,对仲裁庭的裁决作出偏颇性的认可或不认可,其实不符合对仲裁裁决案件的司法审查公允性,也不利于当事人双方利益的维护和保障。㉙

再次,对香港仲裁机构作出的裁决认可问题。2015 年《最高人民法院关于适用〈民事诉讼法〉的解释》中要求对所有外国仲裁裁决均必须先承认后执行,对澳门的仲裁裁决也是先予以认可再执行。但是,我国大陆与香港地区之间目前仅有 1999 年最高人民法院出台的《关于内地与香港特别行政区相互执行仲裁裁决的安排》和 2000 年的仲裁解释,即对香港地区目前只有关于执行的司法规定,不存在认可或承认的相关规定。

㉙ 陈燕红:《"非内国化"理论及其对国际商事仲裁一体化的影响》,中国政法大学出版社 2015 年版,第 44 页。

最后，无论报核制度是否适用于境外仲裁机构作出的裁决，其规定本身程序过于简单，缺少了审核期限的限制。有学者认为，上级法院最终决定不予承认与执行一项港澳台或外国仲裁裁决的时间比较长，至少要一年之久，有的甚至需要三年，上下级法院间请示与批复耗费了大量时间。如果报核制度仅仅是以司法解释的形式将内请制度予以明确，而对报请与审核的具体程序，尤其是期限没有规定，报核制度也有可能会延续原来低效问题，拖延仲裁裁决的执行。[30]

2. “仲裁地”法律化被搁置——最高人民法院法释〔2017〕22 号文

2017 年 12 月 29 日，最高人民法院还发布了《关于审理仲裁司法审查案件若干问题的规定》（以下简称《仲裁司法审查解释》）。该司法解释于 2018 年 1 月 1 日开始实施。除对原来一些实务中的做法进行明确，还对仲裁协议效力认定的案件管辖权进行了调整，其第 4 条规定仲裁协议效力认定的案件由仲裁机构所在地、仲裁协议签订地、申请人住所地、被申请人住所地中级人民法院管辖。另外，对单独申请承认的境外仲裁机构作出的裁决引入“关联案件”法院管辖制度。对于被申请人住所地、被申请人财产所在地均不在我国内地的境外仲裁机构裁决，无法确定其承认和执行的管辖法院。在某些情况下，比如，当事人为了在关联案件中引入该外国仲裁裁决认定的相关事实，可能会单独申请承认该仲裁裁决。此时，根据《仲裁司法审查解释》，有关承认仲裁裁决的申请，由受理关联案件的人民法院或受理关联案件的仲裁机构所在地的中级人民法院管辖。

从以上表述可以看出，我国新出台的《仲裁司法审查解释》使用的仍然是“仲裁机构所在地”一词，“仲裁地”法律化的问题很遗憾被搁置。事实上，关于“仲裁地”作为仲裁裁决的判断标准之一，是国际上商事仲裁的普遍做法，而此次《仲裁司法审查解释》的出台作为在不修改《仲裁法》的背景下的权宜之计，具有一定作用，但是忽略了仲裁地的法律化。因此，只有修改《仲裁法》才有可能从根本上改变现有仲裁裁决机构所在地的标准。

虽然《仲裁法》采用的是“仲裁机构所在地”，但是从 2005 年出台的《最高人民法院关于适用〈仲裁法〉若干问题的解释》第 16 条关于仲裁协议准

---

[30] 章杰超：《论仲裁司法审查理念之变迁——以 N 市中级人民法院申请撤销国内仲裁裁决裁定为基础》，载《当代法学》2015 年第 4 期。

据法的确定规定中可以看出,我国大陆地区立法对仲裁地态度的转变,最高人民法院也逐渐倾向于仲裁地的选择尊重当事人意思自治。[31] 而且,中国国际经济贸易仲裁委员会在2005年,北京仲裁委员会在2008年都改变了传统做法,相继对仲裁地进行了专门规定。2012年中国国际经济贸易仲裁委员会在香港设立了香港仲裁中心,所作出的裁决为香港裁决。2016年深圳国际仲裁院发布《关于适用〈联合国国际贸易法委员会仲裁规则〉的程序指引》,规定协议约定适用《贸法会仲裁规则》的,如未约定仲裁地的,仲裁地为香港,相应地,仲裁裁决为香港裁决。2015年4月8日,国务院批准《进一步深化中国(上海)自由贸易试验区改革开放方案》,明确指出:"优化自贸试验区仲裁规则,支持国际知名商事争议解决机构入驻,提高商事纠纷仲裁国际化程度。"随后,香港国际仲裁中心、国际商会仲裁院、新加坡国际仲裁中心等陆续在我国上海自贸区设立了代表处或者办公室。

另外,2009年《最高人民法院关于香港仲裁裁决在内地执行的有关问题的通知》首次明确以仲裁地来确认仲裁裁决的国籍,规定当事人向人民法院申请执行在香港特别行政区做出的临时仲裁裁决、国际商会仲裁院等国外仲裁机构在香港特别行政区作出的仲裁裁决的,人民法院应当按照《关于内地与香港特别行政区相互执行仲裁裁决的安排》的规定进行审查。遗憾的是,但该通知只是涉及在香港所作裁决之性质的一个通知,最高人民法院并未明确声明将仲裁地作为认定裁决的性质的标准,也未明确指出只要是在中国内地作出的仲裁裁决均属中国仲裁裁决,在外国作出的仲裁裁决则均属外国仲裁裁决(无论是由境内仲裁机构还是由境外仲裁机构作出)。

而且,此次颁布的《仲裁司法审查解释》使用了"外国仲裁裁决",而非"国外仲裁机构的裁决"的概念,有人认为,这说明最高人民法院有以仲裁作出地作为裁决国籍认定标准的倾向,但也有人认为,不再使用"国外仲裁机构的裁决"这一概念,似乎更多的是为了将国外临时仲裁裁决纳入"外国仲裁裁决"概念中,而不是将国外仲裁机构在中国内地作出的裁决

---

[31] 于喜富:《国际商事仲裁市场竞争机制下国内法院对国际商事仲裁的支持》,载《东岳论丛》2014年第4期。

认定为内国裁决。国外仲裁机构或外国临时仲裁在我国内地仲裁作出的裁决，属于内国裁决、非内国裁决还是外国裁决以及后续的执行问题，仍存在争议。

3. 境外仲裁机构裁决的承认执行先后顺序问题困惑

诚如上所述，目前我国大陆地区对香港地区、澳门地区和台湾地区关于仲裁裁决的承认执行顺序都有着不同的规定，对澳门、台湾地区既有承认执行，而对香港地区仅仅规定看“执行”。那么，境外其他仲裁机构作出的裁决（非香港、澳门和台湾地区）是否也存在这种先认可再执行的情况？还是说，规定了执行即视为允许对仲裁裁决的承认？目前，该问题也是无从寻起，2017 年 12 月底最高人民法院发布的关于仲裁的司法解释，并不能说明上述仲裁裁决的先后顺序问题。

六、结语

目前，我国已经成为贸易大国、对外承包工程大国，正在逐步成为海外投资大国，我国内地当事人越来越多地参与到境外仲裁机构的仲裁中去。而且，我国正在构建开放型的经济体制，发展涉外法律服务市场，逐步要求放开内地仲裁市场，允许境外仲裁机构进入内地仲裁，这是提升仲裁的国际性和公信力要求，建设面向全球的亚太仲裁中心的新要求。但是，目前司法实践中对于境外仲裁机构在内地仲裁的事实并无统一明确的意见，对于境外仲裁机构在内地仲裁的性质认定上是否属于《纽约公约》的“非内国裁决”也是一个疑问。2017 年新出台的关于仲裁裁决的司法解释，即法释〔2017〕21 号文和法释〔2017〕22 号文在对待境外仲裁机构内地作出的裁决问题上，尤其是司法审查的态度方面仍然不明朗，虽然重新调整规定了报核制度，但是报核制度本身存在的问题也是很明显，而且新司法解释并未对“仲裁地”法律化问题进行说明，相反，仍然是采用“仲裁机构所在地”的表述。2018 年，仲裁制度的改革必将逐步拉开，并且倒逼我国《仲裁法》的修改。

The Discussions on the Judicial Review of Commercial Arbitration Made by Foreign Arbitral Institution in the Mainland

Sun Jian

(High Mark Law Firm HangZhou 310016)

Abstract: The diversified and multi-level development of international commercial arbitration has led to commercial arbitration that has already broken through the scope of a country. It's including the circumstances in which overseas arbitration institutions make the arbitral awards within the territory of a country, however China made a commercial reservation when acceded to the New York Convention. The current problems with arbitral awards made by the overseas arbitration institutions in the Mainland have not been resolved, such as the determination of the nature of arbitral awards and the validity of arbitration agreements. With the increase in the credibility of commercial arbitration, since 2015, there has been a trend of overseas arbitration institutions to be permitted in the Mainland. The new judicial interpretation issued by the Supreme People's Court in 2017 evades this issue.

Keywords: Overseas Arbitration; Agency Seat of Arbitration; Non-domestic Decision; Requesting System; Recognition And Enforcement

在争鸣与探索之间：对被撤销国际商事仲裁裁决“复活”的思考

陈建华
（湖南省郴州市中级人民法院　郴州　423000）

摘 要：Hilmarton 案、Chromalloy 案、Putrabali 案、Yukos 案四个著名的案例，揭示了国际上存在被撤销国际商事仲裁裁决“复活”的客观现象。这种现象需要我们从多重角度分析被撤销的国际商事仲裁裁决的“复活”的原因。由于我国目前缺乏相关的典型案例，为此，本文在分析邦基农贸新加坡私人有限公司申请承认和执行英国仲裁裁决一案的基础上，对被撤销的国际商事仲裁裁决能否在我国得到承认与执行进行了前瞻构想。

关键词：国际商事仲裁裁决；撤销；承认；执行

前　言

根据伦敦玛丽皇后大学 2015 年度的调查报告显示，90% 的受访者表示，国际仲裁是他们更倾向于选择的纠纷解决机制。特别是 1958 年《承认与执行外国仲裁裁决公约》（以下简称《纽约公约》）①使得仲裁裁决相

① 《纽约公约》被誉为商事领域有史以来最成功的国际立法典范之一，对当代国际商事仲裁发挥着不可估量的支撑作用。

对于民事判决更容易在世界范围内得到承认与执行。[②] 在这一背景下,国际商事仲裁成为了解决国际商事纠纷的首选方式和主要方式。在传统的国际商事仲裁理论与实践中,被仲裁地国法院撤销的国际商事仲裁裁决已经“死亡”了,是不能被执行地国法院承认与执行的。然而,近年来,在国际商事仲裁领域中,已被撤销的国际商事仲裁裁决在越来越多的国家重新“复活”,即被承认与执行,却是一个不争的事实。[③] 这种现象与传统仲裁理论是相冲突的,引起了广泛的争议。如何正确认识被撤销的国际商事仲裁裁决的“复活”这种反常的现象,以及我国如何面对被撤销的国际商事仲裁裁决的承认与执行问题,亟待我们去探索与思考。为此,笔者拟就被撤销的国际商事仲裁裁决的“复活”这一问题,从理论与实践两个视角进行一番探讨,以期对我国正确采取对策提供些许参考的建议。

一、现实考察:被撤销的国际商事仲裁裁决“复活”的实践样本

按照国际通常做法,被撤销的国际商事仲裁裁决是不能被承认与执行的,但是在司法实践中,被撤销的国际商事仲裁裁决“复活”的反常现象是存在的。根据学者们的统计,在近30年的国际商事仲裁中,法国、美国、奥地利、德国、荷兰、比利时等国家出现已经被撤销的国际商事仲裁裁决得到承认与执行的现象,并且至少有8起已经被撤销的国际商事仲裁裁决得到了承认与执行,它们分别是:Yukos案、Hilmarton案、Norsolor案、Castillo Bozo案、Chromalloy案、Commisa案、Putrabali案、Karaha Bo-das案。笔者选取其中的4起典型案例进行分析。

(一)典型案例

1. Hilmarton案

该案中,裁决被仲裁地瑞士的法院撤销。但是,裁决却得到了法国巴黎大审法院的支持,并宣布该裁决在法国能够获得执行。后来,该裁决继续得到了巴黎上诉法院、法国最高法院的支持,并获得了执行。法国法院的理由

---

② 2015 International Arbitrition Survey: Inprovements and Innovations in International Arbitration, Accessed Aug 10, 2016. http://www.arbitration.qmul.ac.uk/research/2015/.

③ 张美红:《论已撤销的国际商事仲裁裁决在域外“复活”的理据与规则》,载《政治与法律》2017年第5期。

是：涉案裁决乃是一项并未被纳入瑞士法律秩序之下的国际裁决，因此，即使其已被撤销，其效力依然存在，而且，将其在法国予以执行并不违反国际公共政策。

2. Chromalloy 案

该案裁决于 1995 年 12 月 5 日被开罗上诉法院撤销。然而，美国法院却作出了执行该项裁决的决定，理由是：依据《美国联邦仲裁法》《纽约公约》第 7.1 条等法律规定，该案符合了"复活"的条件，譬如当事人不仅达成了排除上诉或诉讼救济的仲裁协议，并且该案涉及有约束力的终局裁决的美国公共政策，申请执行人还为美国公司。④

3. Putrabali 案

该案裁决被伦敦高等法院撤销。但是，巴黎大审法院仍然作出了准许执行裁决的决定，巴黎上诉法院继续维持执行的决定，理由是：该案裁决虽然在英国被撤销，但是其效力依然存在，而且将其在法国予以执行并不违反国际公共政策。⑤ 巴黎最高法院继续支持巴黎上诉法院，理由是：一项国际仲裁裁决，因其不锚定于任何国家法律秩序之下，乃一项蕴含国际正义的决定，其有效性必须由裁决执行地国的准据规则来确定。⑥

4. Yukos 案

该案裁决于 2007 年 5 月 18 日被莫斯科商事法院撤销，并于 2007 年 5 月 23 日得到了上诉法院的支持。但是，该案裁决得到了阿姆斯特丹上诉法院的支持，并作出了准许执行的决定，理由是：《纽约公约》并没有对荷兰法院应否拒绝承认被俄罗斯法院撤销了的仲裁裁决提供答案，这个问题应由荷兰国际私法来回答。⑦

（二）启示

笔者认为，上述四个典型案例，给我们带来了三个方面的启示。

---

④ Chromalloy Aeroservices, a Division of Chromalloy Gas Turbine Corporation v. Arab Republic of Egypt, District Court, District of Columbia, 31 July, 1996 (939 F Supp 907).

⑤ Chromalloy Aeroservices, a Division of Chromalloy Gas Turbine Corporation v. Arab Republic of Egypt, District Court, District of Columbia, 31 July, 1996 (939 F Supp 907).

⑥ Société PT Putrabali Adyamulia v. Société Rena Holding et Société Moguntia Est Epices, French Cour de Cassation, 29 June, 2007.

⑦ Yukos Capital SARL v. Oao Rosneft, Third Court of Appeals, civil section, Amsterdam, 28 April, 2009.

1. 被撤销的国际商事仲裁裁决"复活"现象是客观存在的

从域外司法实践来看,被撤销的国际商事仲裁裁决的承认与执行问题变得复杂多端。由于近年来频频出现"复活"的判例,虽然我们不能否定传统的不可执行理论,并且大多数国家仍然坚持不承认与执行已经被撤销的裁决。但是这些"复活"判例向世人宣示,传统的不可执行理论已经开始动摇了。对这一问题,国际社会上存在不统一的见解,并且诸多国家还会"各行其是"。

2. 不同国家"复活"的理由不同,没有形成国际共识

Hilmarton 案中,法国裁决"复活"的理由是被撤销的仲裁裁决效力依然存在,而且,将其在法国予以执行并不违反国际公共政策。Chromalloy 案中,美国裁决"复活"的理由是当事人排除上诉或救济的仲裁协议、支持有约束力的终局裁决的美国公共政策、申请执行人为美国公司、《美国联邦仲裁法》《纽约公约》第 7.1 条等。Yukos 案中,荷兰裁决"复活"的理由是《纽约公约》并没有对荷兰法院应否拒绝承认被俄罗斯法院撤销的仲裁裁决提供答案,这个问题应由荷兰国际私法来回答。通过上述三个著名的案例,我们发现不同国家的"复活"案例依据存在差异,没有形成国际共识。

3. 同一国家"复活"的理由也不尽相同

Hilmarton 案中,法国裁决"复活"的理由是被撤销的仲裁裁决效力依然存在,而且,将其在法国予以执行并不违反国际公共政策。Putrabali 案中,法国裁决"复活"的理由却是一项国际仲裁裁决,因其不锚定于任何国家法律秩序之下,乃一项蕴含国际正义的决定,其有效性必须由裁决执行地国的准据规则来确定。由此可见,法国被撤销的裁决"复活"依据和理由都是因案而异,没有建立统一的"复活"规则。

二、溯源探索:被撤销的国际商事仲裁裁决"复活"的原因剖析

上述典型案例充分显示,被撤销的国际商事仲裁裁决"复活" 虽然与一般的常规做法背道而驰,但也是客观存在的一种现象。究竟是哪些因素导致已被撤销国际商事仲裁裁决"复活"呢?笔者对被撤销的国际商事仲裁裁决"复活"的原因进行了剖析。

(一)多种可执行理论为被撤销的国际商事仲裁裁决“复活”提供了可能性

国际上关于已经被撤销的国际商事仲裁裁决的承认与执行的理论分成两派:一派是传统不可执行论,另一派是可执行论。理论上,认为撤销的国际商事仲裁裁决能被承认与执行存在如下三种主要的学说:第一种学说是可执行论之国际撤销标准说。该学说的提出者是波尔森教授,该学说的核心观点是,如果裁决作出国是依据“国际撤销标准(国际撤销标准是指《纽约公约》第5条第1款的前4项或者1961年《欧洲商事仲裁公约》第9条第1款规定的理由)”撤销一项裁决,那么该裁决将不能再在其他国家承认与执行,但若裁决的撤销依据是地方撤销标准,则该裁决在其他国家是可以得到承认与执行的。[⑧] 第二种学说是可执行论之礼让说。该学说主张一项裁决被撤销以后,其他国家并非不能执行。因为其他国家可能基于礼让的缘由,可能承认或者执行已经被撤销的裁决。譬如著名的仲裁专家威廉·帕克认为,“无条件地尊重所有外国已撤销裁决将很难促进有效的裁决,因为一项裁决被撤销可能是由于恶意或者违反了基本的正义理念。但若没有一些尊重,仲裁受害者则不得不在他们财产所在地或以后请求裁决救济地等每一个有管辖权的法域重新证明裁决的缺陷”。[⑨] 第三种学说是可执行论之当事人合意说。该学说认为,在大多数情形下,大多数当事人在仲裁协议中同意已经被撤销的裁决不能得到执行。但是,在少数情形下,也有部分当事人愿意约定已经被撤销的国际商事仲裁裁决是可以执行的。譬如克里斯托大教授以一种经济分析的方法对已撤销裁决的承认与执行问题进行了分析,主张该问题的解决最终应依赖于当事人之间的合意,因为当事人对仲裁裁决是否应受仲裁地法院审查以及在多大程度上受到司法审查的态度不同。[⑩] 综观上述学说,可执行论有多种不同的学说。正是这些可执行论的观点,为被撤销的国际商事仲裁裁决“复活”提供了可能性。

---

⑧ 刘晓红:《国际商事仲裁专题研究》,法律出版社2009年版,第449页。

⑨ See William Park, Duty and Discretion in International Arbitration, 93Am. J. iNTell819, (1999).

⑩ See Christopher R. Drahozal, “Enforcing Vacated International Arbitration Awards: an Economic Approach”, *The Am. R. Intell*, 2000, p. 472.

(二)《纽约公约》为已被撤销的国际商事仲裁裁决"复活"提供了可能性

一方面,《纽约公约》第5条第1款为已经被撤销的国际商事仲裁裁决"复活"留下了可能性。因为《纽约公约》第5条第1款规定用的是"may",尽管在法文中被理解为"seront",法语的意思是"必须"。[11] 但是,这个英语单词在中文、俄文、西班牙文中理解为"可以"。诸多域内外学者认同是"可以"。Gary Born 教授认为,从文义上解释,第5条和第7条清楚地表明其他缔约国可以——但不需——不予承认和执行已撤销或中止执行的仲裁裁决。[12] 万鄂湘教授认为,"《纽约公约》第5条规定了被请求承认与执行国'可以'拒绝承认与执行的情形。须注意,第5条规定的拒绝事由使得被请求承认与执行国'可以'拒绝,而非'必须'或'应当'拒绝,因此,不排除虽然存在这些情形,但被请求承认与执行国仍然予以承认与执行的情况"。[13] 在笔者看来,按照《纽约公约》第5条第1款(e)项的规定,是"可以"而不是"必须"或"应当"拒绝承认与执行外国仲裁裁决。也就是说,在决定是否承认与执行一个已被撤销或被中止执行的裁决时,被请求国法院有自由裁量权。并且,"如今的趋势是执行地法院基本认可了这一自由裁量权,只是行使这一自由裁量权的条件和具体方法有所差异"。[14] 另外,有学者从第5条第1款的措词、公约的宗旨目的、多语言版本一致性解释等方面论证,认为该条为授权性条款。[15] 总之,《纽约公约》第5条为已被撤销的国际商事仲裁裁决"复活"提供了可能性。

另一方面,《纽约公约》第7条第1款为已被撤销的国际商事仲裁裁决"复活"提供了可能性。《纽约公约》第7条第1款规定:"本公约的规定不

---

[11] 倘若理解为"必须",则意味着只要符合《纽约公约》第5条第1款项下的情形,执行地法院就必须拒绝承认与执行涉案的国际商事仲裁裁决,没有任何可以行使自由裁量权的空间。

[12] Gary Born, "International Arbitration: Law and Practice", *Kluwer Law International*, 2012, p. 339.

[13] 万鄂湘、夏晓红:《中国法院不予承认以及执行某些外国仲裁裁决的原因——〈纽约公约〉相关案例分析》,载《武大国际法评论》2010年第2期。

[14] 陈辉:《已撤销仲裁裁决在〈纽约公约〉下的承认与执行研究》,华东政法大学2015级硕士研究生毕业论文,第10页。

[15] See Jan Paulsson, May or Must Under the New York Convention: An Exercise in Syntax and Linguistics, Vol. 14 No. 2, Arb. Int'l 1998, pp. 227 – 230. 授权性条款在授权于自然人、法人、其他组织、地区和国家指可以自行抉择做或不做某种行为的法律条款。一般表述包含可以、有权等字眼。授权性条款与强制性条款对应,强制性条款一般包含必须、应当等字眼。

影响缔约国参加的有关承认和执行仲裁裁决的多边或双边协定的效力；也不得剥夺有关当事人在请求承认或执行某一裁决的国家的法律或条约所许可的方式或范围内，可能具有的援用该仲裁裁决的任何权利。”这一条款被称为“更加优惠权利条款”。虽然该款没有对“仲裁裁决的任何权利”作出明确解释，但是根据这一条，我们可以看到“如果一缔约国（执行国）参加的相关多边或双边协定，或者该缔约国的相关国内法对执行仲裁裁决更有利，则它们应优先于《纽约公约》适用”。[16] 这句话意味着，“当事人可以不依据《纽约公约》申请强制执行仲裁裁决，而拥有选择适用被申请承认与执行地国的内国法或该国参与的双边或多边条约的权利，只要当事人认为依据后者比依据《纽约公约》执行裁决的机制更为有利或有效”。[17] “如果执行国所签协定或条约，以及国内法规定的拒绝承认与执行仲裁裁决的理由并涵盖裁决已被撤销或中止的情形，则执行国法院可以执行已撤销仲裁裁决。”[18]从域外来看，法国法院以判例的形式确认，当法国《新民事诉讼法典》关于执行仲裁裁决的条件较《纽约公约》更优惠，就根据法国《新民事诉讼法典》的规定执行该仲裁裁决，而不考虑该撤销裁判在裁决作出地国的效力。[19] 从域内来看，杜新丽教授认为，适用第 7 条第 1 款不必以仲裁裁决有效为前提。[20] 由此可见，《纽约公约》第 7 条第 1 款为已被撤销的国际商事仲裁裁决“复活”提供了可能性。

（三）撤销裁决作出地与裁决执行地的分离为已被撤销的国际商事仲裁裁决“复活”提供了可能性

“裁决来源国对仲裁裁决的司法监督不等于执行地国对仲裁裁决的司法监督，两者不是一个程序，因此执行地国并不需要在任何情况下都全盘认

---

⑯ 张美红：《论已撤销的国际商事仲裁裁决在域外“复活”的理据与规则》，载《政治与法律》2017 年第 5 期。

⑰ 李洋押：《趋向抑或特例：已撤销国际商事仲裁裁决承认与执行的文本剖析》，载中国国际经济贸易仲裁委员会编：《〈纽约公约〉与国际商事仲裁的司法实践》，法律出版社 2010 年版，第 189 页。

⑱ 韩平：《〈纽约公约〉第 5 条第 1 款第 5 项的适用问题研究》，载《法学评论》2011 年第 3 期。

⑲ See Emmanuel Gaillard, The Enforcement of Awards Set Aside in the Country of Origin, vol. 14, issue 1, ICSID review: foreign investment law journal 1999, p. 21.

⑳ 杜新丽：《论外国仲裁裁决在我国的承认与执行——兼论〈纽约公约〉在中国的适用》，载《比较法研究》2005 年第 4 期。

可裁决来源国撤销裁决的裁判。”[21]由此可见,撤销裁决作出地与裁决执行地是分离的。由于撤销裁决作出地与裁决执行地的分离,在司法实践中,可能会出现如下四种情形,为已经被撤销的裁决“复活”留下了空间。第一种情形是裁决来源地撤销仲裁裁决,裁决请求执行地拒绝执行(常态);第二种情形是裁决来源地撤销仲裁裁决,裁决请求执行地仍然执行(例外,复活);第三种情形是裁决来源地未撤销仲裁裁决,裁决请求执行地执行(常态);第四种情形是裁决来源地未撤销仲裁裁决,裁决请求执行地拒绝执行(例外)。不难看到,第二种情形的出现,说明已经被撤销的国际商事仲裁具有“复活”的可能性。正如学者所言,“《纽约公约》仅对裁决执行地拒绝承认与执行外国仲裁裁决的条件作出了限制性规定,没有亦无法对裁决来源地的裁决撤销制度作出安排”。[22] 由此可见,撤销裁决作出地与裁决执行地的分离为已经被撤销的国际商事仲裁裁决的“复活”提供了可能性。

三、域内考察:以邦基农贸新加坡私人有限公司申请承认和执行英国仲裁裁决一案为例

在我国司法实践中,有几个具有典型意义的案件。在宁波市工艺品进出口有限公司一案中,我国根据《纽约公约》关于非内国裁决的规定,首次承认与执行了外国仲裁机构在中国大陆作出的仲裁裁决。[23] 2013 年,我国首次认可了外国仲裁机构在中国大陆进行仲裁的协议的效力。[24] 但是,由于我国迄今为止还没有出现被外国法院撤销的国际商事仲裁裁决在我国申请承认与执行的案例。笔者经过反复思考掂量,认为只能根据最为类似的案例——邦基农贸新加坡私人有限公司申请承认和执行英国仲裁裁决一案进行分析。

在邦基农贸新加坡私人有限公司申请承认和执行英国仲裁裁决案中,

---

[21] 张潇剑:《被撤销之国际商事仲裁裁决的承认与执行》,载《中外法学》2006 年第 3 期。

[22] 傅攀峰:《未竟的争鸣:被撤销的国际商事仲裁裁决的承认与执行》,载《现代法学》2017 年第 1 期。

[23] (2008)甬仲监字第 4 号。

[24] (2013)民四他字第 13 号。

广东省高级人民法院认为：“英国伦敦 FOSFA 协会仲裁员 R. W. ROOKES 与 W. PLUG 作出的第 3920 号裁决尚未生效，对被申请人尚无拘束力，根据《纽约公约》第 5 条第 1 款第 5 项的规定，应拒绝承认和执行该仲裁裁决。”[25]后来，该案被广东省高级人民法院上报至最高人民法院，最高人民法院在复函中也认定人民法院应当拒绝承认与执行该案仲裁裁决。但是，其拒绝承认与执行的依据的理由与广东省高级人民法院存在较大的不同。复函中指出：“该案仲裁庭在原为被申请人广东丰源粮油集团有限公司指定的仲裁员 S. Bigwood 先生自动回避后并没有向被申请人广东丰源粮油集团有限公司发出选定替代仲裁员的通知，而是径直为其重新指定了仲裁员。仲裁庭重新指定仲裁员的行为违反了当事人约定的仲裁规则的上述规定，应认定属于《纽约公约》第 5 条第 1 款第 4 项规定的‘仲裁机关之组成或仲裁程序与各造间协议不符’的情形。据此，人民法院应当拒绝承认和执行本案仲裁裁决。”[26]

通过本案，我们可以看到：从启动的情形上看，裁决尚未生效与裁决被撤销具有较大的区别，但是两者具有相同点。正如有学者认为，“首先，两者都并列置于《纽约公约》第 5 条第 1 款第 5 项之下；其次，裁决已被仲裁地撤销通常被认为将导致裁决丧失拘束力”。[27] 从结果上看，最高人民法院和广东省高级人民法院均拒绝承认与执行本案仲裁裁决。从理由上看，最高人民法院和广东省高级人民法院存在很大的差别。虽然我们不能推断被外国法院撤销的国际商事仲裁裁决在我国是否能够得到承认与执行，但是笔者认为被外国撤销的国际商事仲裁裁决在我国不能得到承认与执行的可能性是非常大的。在笔者看来，我国不允许“复活”的深层次原因是：从理论上看，依据国际上通行的“无中不能生有”原则，已经被撤销的国际商事仲裁裁决，意味着法律上根本不再存在，与国内法中的撤销的判决一样，一旦被撤销就意味着在撤销之日“死亡”，不再存在，自然而言，没有后来的承认

---

[25] 详情见广东省高级人民法院对邦基农贸新加坡私人有限公司申请承认和执行英国仲裁裁决一案的判决书。

[26] 最高人民法院关于邦基农贸新加坡私人有限公司申请承认和执行英国仲裁裁决一案的请示的复函，民四他字〔2006〕第 41 号。

[27] 傅攀峰：《未竟的争鸣：被撤销的国际商事仲裁裁决的承认与执行》，载《现代法学》2017 年第 1 期。

与执行的问题。从实践中看,世界上绝大多数国家对承认与执行已经被撤销的国际商事仲裁裁决非常谨慎,设置了非常高的门槛,并且“复活”的案例相对于“死亡”的案例来言毕竟是很少的。此外,与国际上大多数国家保持一致的做法有利于赢得世界上大多数国家的信任,有助于提升中国仲裁的对外形象。

四、路径探寻:被外国撤销的国际商事仲裁裁决在我国承认与执行的前瞻构想

“制度的构建是一个不断试错的过程,是一个寻求现实与理性交织的过程,理性的谨慎选择和实践的小心求证都是必不可少的环节。”[28]被外国撤销的国际商事仲裁裁决能否在我国承认与执行呢? 笔者从国际、国内两个方面进行前瞻构想。

(一)国际展望:《纽约公约》具有相对稳定性

尽管《纽约公约》的有关条款在承认与执行被撤销的裁决案件的适用上具有一些争议性,并且域外产生了一些已经被撤销的国际商事仲裁裁决被承认与执行的典型案例。但是,在笔者看来,《纽约公约》在解决国际商事仲裁方面具有十分重要的现实价值与重大意义,在相当一段时间是具有稳定性的。尽管有学者针对国际商事仲裁实践的需要,提出对《纽约公约》进行修订。但是,在笔者看来,短期内对《纽约公约》进行修订,虽然能够为国际商事仲裁实践提供明确的指引,平息理论界与实务界正反两方面的争论,但是“目前《纽约公约》整体上仍运行良好,对其进行修订需要在全球范围内凝聚各国之共识,难度非常大,而且亦存在越修订问题越多的风险”。[29] 由此可见,保持《纽约公约》的稳定性,是目前的一种最为适宜的考量。为此,现在及其未来一段时期,我国对已撤销的国际商事仲裁裁决是否承认与执行的考量,都需要在《纽约公约》现有法律框架下进行谋划与思考。

---

[28] 苏力:《制度是如何形成的》,中山大学出版社 1999 年版,第 83 页。

[29] 傅攀峰:《未竟的争鸣:被撤销的国际商事仲裁裁决的承认与执行》,载《现代法学》2017 年第 1 期。

(二)国内展望:坚守原则+灵活改变+自身建设

虽然我国尚未碰到已撤销的国际商事仲裁申请承认与执行的案例,但是预计不久的将来,必然有这方面的典型案例。为此,我们需要进行未雨绸缪。在笔者看来,当前,对已经被撤销的仲裁裁决的态度不能实行绝对化,只能采取相对化。正如学者所言,“复活已撤销仲裁裁决虽然对传统仲裁理论形成极大挑战,也可能招致仲裁地国的报复,但无论如何,不加区分地一概予以拒绝承认和执行都是不可取的”。[30] 对域外已经被撤销的国际商事仲裁裁决的态度进行展望,笔者认为可以从坚守原则、灵活改变与自身建设三个方面进行构想。

1.坚守原则:坚持我国既有案件的观点,一般情形下不允许“复活”

通常情况下,我国不应承认与执行被撤销的国际商事仲裁裁决。当前,被撤销的国际商事仲裁裁决不被承认与执行最为传统的不可执行论。该学说认为,一项仲裁裁决依附于特定国家的内国法,当裁决被该国宣布无效后,即不复存在,即仲裁裁决的法律效力源于仲裁地国法,若被该国有权当局撤销或宣布无效,该裁决非但不能在本国得以执行,而且在其他任何国家均不能被承认与执行。[31] 赵秀文教授认为,“在国际商事仲裁中,一般是裁决地的法律支配仲裁程序和该项裁决的可执行性。如果某一裁决在裁决地被宣布无效,此项裁决就应剥夺该裁决在其他所有国家的有效性”。[32] 中国于1987年加入《纽约公约》,当时最高人民法院颁布了《关于执行我国加入的〈承认及执行外国仲裁裁决公约〉的通知》。该通知包括5条规定,其中第4条规定,“我国有管辖权的人民法院接到一方当事人的申请后,应对申请承认及执行的仲裁裁决进行审查,如果认为不具有1958年《纽约公约》第5条第1、2项所列的情形,应当裁定承认其效力,并且依照民事诉讼法(试行)规定的程序执行;如果认定具有第5条第2项所列的情形之一的,或者根据被执行人提供的证据证明具有第5条第1项所列的情形之一的,

[30] 张美红:《论已撤销的国际商事仲裁裁决在域外“复活”的理据与规则》,载《政治与法律》2017年第5期。

[31] 刘晓红:《国际商事仲裁专题研究》,法律出版社2009年版,第447页。

[32] 赵秀文:《论国际商事仲裁裁决的国际及其撤销的理论与实践》,载《法制与社会发展》2002年第1期。

应当裁定驳回申请,拒绝承认及执行”。[33] 由此可见,我国对被撤销的国际商事仲裁裁决不予承认与执行。在笔者看来,倘若裁决来源国以国际通行撤销事由来撤销仲裁裁决,当事人申请我国承认与执行,我国应当不予承认和执行。国际通行的撤销事由可以依据《联合国国际贸易法委员会国际商事仲裁示范法》所确立的国际通行标准进行认定。

2. 灵活改变:个别情形下,可以考虑对个别已经被撤销的国际商事仲裁裁决予以承认与执行

在笔者看来,灵活改变的理由是:国际交往上没有永恒的朋友,只有永恒的利益。在个别国家撤销仲裁裁决仅基于本国的利益考虑而完全忽视他国利益,随意甚至毫无理由的撤销他国的国际商事仲裁裁决的个别情形下,笔者认为,我国需要灵活改变。正如赵秀文教授曾经指出:“对于美国和法国的某些做法,我们也可以在适当的情况下借鉴。譬如当仲裁地国撤销国际仲裁裁决的理由在我国仲裁法上并不存在时,为了保护我国当事人的合法权益,我们也可以考虑承认与执行该被外国法院撤销了的裁决 但这只能在非常特殊的情况下加以适用,即在撤销裁决的理由不符合一般国际惯例的情况下适用。”[34]笔者认为的个别情形主要是指从保护中方当事人的利益视角出发,中国法院可以考虑对被外国法院随意撤销的国际商事仲裁裁决予以承认与执行。当前,针对我国将批准生效的《纽约公约》第 5 条第 1 款的《执行通知》解释为强制性规条款的现状,应当将《执行通知》中的强制性条款解释修改为授权性条款解释,同时借鉴域外经验,赋予我国法院在已经被撤销的裁决申请承认与执行的具体案件中适用《纽约公约》第 5 条第 1 款时具有一定的自由裁量权。考虑到司法统一性,防止自由裁量权不被滥用,鉴于我国高、中、基层法院的司法能力与水平,最好应由受理已经被撤销的国际商事仲裁申请的法院逐级上报到最高人民法院,由最高人民法院进行裁量为妥。

3. 自身建设:在立法上,积极完善我国涉外裁决撤销制度

俗话说,“打铁还需自身硬”。为了增强我国涉外法律的公信力,进一

---

[33] 详情见《关于执行我国加入的〈承认及执行外国仲裁裁决公约〉的通知》第 4 条规定。

[34] 赵秀文:《从克罗马罗依案看国际仲裁裁决的撤销与执行》,载《法商研究》2002 年第 5 期。

步拓展我国国际商事裁决的影响力与声誉，避免被我国撤销的涉外仲裁裁决还能得到国外的承认与执行，完善我国涉外裁决撤销制度，不失为一种上策。如何完善我国涉外裁决撤销制度呢？在笔者看来，完善撤销仲裁裁决的事由是关键。正如学者所言，“一项已被裁决来源国撤销的仲裁裁决之所以能够在另一国得到承认与执行，一个根本原因在于各国关于撤销仲裁裁决的事由不尽相同”。[35] 具体如何完善撤销仲裁裁决的事由呢？一是引用《中华人民共和国民事诉讼法》第274条，对《中华人民共和国仲裁法》第70条规定[36]进行修改。修改后的《中华人民共和国仲裁法》第70条规定为：“当事人提出证据证明涉外仲裁裁决、在外国作出的仲裁裁决有下列情形之一的，经人民法院组成合议庭审查核实，裁定撤销：（一）当事人在合同中没有订有仲裁条款或者事后没有达成书面仲裁协议的；（二）被申请人没有得到指定仲裁员或者进行仲裁程序的通知，或者由于其他不属于被申请人负责的原因未能陈述意见的；（三）仲裁庭的组成或者仲裁的程序与仲裁规则不符的；（四）裁决的事项不属于仲裁协议的范围或者仲裁机构无权仲裁的。”二是修改《民事诉讼法》第274条第1款，建议“对中华人民共和国涉外仲裁机构作出的裁决、在外国作出的仲裁裁决，被申请人提出证据证明仲裁裁决有下列情形之一的，经人民法院组成合议庭审查核实，裁定不予执行”在原有的四种情形的基础之上增加一种情形，即“申请承认与执行的国际商事仲裁裁决已经被外国撤销”。

结　语

“路漫漫其修远兮，吾将上下而求索”。当前，国际商事仲裁案件的数量日益增长，我国对被撤销的国际商事仲裁裁决是否应当承认与执行，是一个值得深入探讨的问题。笔者通过对域内外的具体做法以及法理进行分析，同时结合我国的国情，作出了前瞻构想，希冀对完善我国国际商事仲裁相关法律、指导有关司法实践有所裨益。

---

[35] 陈辉：《已撤销仲裁裁决在〈纽约公约〉下的承认与执行研究》，华东政法大学2015级硕士研究生毕业论文，第42页。

[36] 当事人提出证据证明涉外仲裁裁决有民事诉讼法第二百六十条第一款规定的情形之一的，经人民法院组成合议庭审查核实，裁定撤销。

Between contention and exploration: A Reflection on the "Resurrection" of International Commercial Arbitration Award Revocation

Chen Jian-Hua

(ChenzhouIntermediate People's Court in Hunan Province, Chenzhou, Hunan 423000)

Abstract: Four notable cases, Hilmarton, Chromaloy, Putrabali and Yukos, reveal the objective phenomenon of the "resurrection" of the International Commercial Arbitration Award being set aside at the international level. This phenomenon requires us to analyze the reasons for the "resurrection" of the revoked international commercial arbitration award from multiple perspectives. Due to the lack of relevant typical cases in our country at present, based on the analysis of the application for recognition and enforcement of the British Arbitral Award by Bong Kon Trade Singapore Pty Ltd., This paper gives a prospective idea of whether the cancelled international commercial arbitration award can be recognized and enforced in China.

Keywords: International commercial arbitration awards; Revocation; Recognition; execution

理论研究

仲裁证据规则中特免权信息认定问题研究

单菊铭
(西南政法大学　重庆　401120)

摘要:特免权规则作为仲裁证据开示制度的例外规定,在以法律和证据论证案件事实的前提之下,无疑为仲裁证据制度创设了情理与法理的屏障。它力图通过对特免权的实际运用,在保障个人利益乃至国家利益、公共利益等合法利益的同时,保证不违背道德伦理的要求。在我国积极推进"一带一路"倡议的背景之下,仲裁因其具有经济性、高效性和保密性等显著特征,频繁的作为解决国内乃至国际性民商事纠纷的重要手段,这种高频率的适用使得特免权规则的弊端也日渐显现,特别是在具体的仲裁实践中,有关特免权信息如何进行审查认定成为最为突出的问题之一。本文主要从世界各国乃至国际仲裁特权规则规定入手,明确特免权规则的含义、分类及其价值追求,指出当前特免权信息认定的困境并提出优化方案,以期补足现行证据制度缺失,对未来特免权制度的完善有所裨益。

关键词:特免权;信息审查判断;价值追求;权利滥用;制度试水

引　言

特免权规则往往被视为证据规则中最不和谐的规

定,究其缘由,主要是价值呈现上的冲突。“因为私人争议解决者与公共争议解决者相比,具有促使争议解决过程净收益最大化的更强烈的动机。”① Allen Redfen 认为:“当事人选择国际商事仲裁的两个主要理由之一,就是给予当事人选择中立的审理地和中立的法庭的机会。”②特免权规则存在的目的之一便表现为通过科学完善的制度设计,有效化解不同价值追求间的冲突,以满足国际商事仲裁制度实现实质正义的历史诉求和现实需要。③

在仲裁日益受到民商事主体青睐的背景之下,仲裁规则的频繁适用使得证明环节,尤其是证据认证环节的问题日益凸显。商事仲裁领域一向缺乏成形的或可界定的特免权证据规则,证据的提交和评估大多都取决于仲裁员的“证据理念”,并依此判断当事各方提出的证据是否合理、可信。④ 特免权规则作为证据开示的例外规定,研究特免权信息的认定问题,便成为适用特免权规则必不可少的前提要件。但目前存在的现实问题是,各国证据规则乃至国际证据规则普遍极少涉及特免权的具体规定,导致特免权的适用缺少法律依据,仲裁庭仅能依靠抽象性、原则性的条文来裁断,特免权信息的审查认定问题无法可依,这使得仲裁庭面临在保护特免权信息的保密性、维持裁判公正性以及维护当事人合法权利三者之间如何平衡的挑战。

尽管仲裁特免权信息审查认定在理论和实践领域都占据前沿地位,但现实的法律和制度设计所呈现的滞后状态,在很大程度上限制着证据规则在仲裁领域的充分适用。在具体仲裁实践中,通过仲裁参与人之间的博弈和妥协临时确定的证据规则比专家精心编纂的证据规则更能兼顾效率与公平,即使从理论上说有这样的可能性,但仲裁程序中出现为实现个案公正而极易陷入难以平衡与其他合法权益冲突的困境。

就我国仲裁证据规则目前的发展而言,《中华人民共和国仲裁法》以及各仲裁机构对证据规则的规定仍停留在原则性规定之上,显现出严重的诉讼化倾向。证据规则尚且如此,作为证据开示制度例外的特免权规则更是

---

① [美]理查德·A.波斯纳:《证据法的经济分析》,徐昕、徐昀译,中国法制出版社2004年版,第33页。

② 刘晓红:《从国际商事仲裁制度的一般特质看我国涉外仲裁证据制度的完善》,载《政治与法律》2009年第5期。

③ 参见谭兵:《中国仲裁制度研究》,法律出版社1995年版,第47~48页。

④ 参见宋朝武:《仲裁证据制度研究》,中国政法大学出版社2013年版,第3页。

一直处于缺位状态,我国对此尚无任何规定。随着"一带一路"倡议的推进以及各项跨国经济活动的繁荣开展,特免权规则将成为我国仲裁事业与国际接轨的不可忽略的重要内容,特免权信息认定审查便成为发展与完善特免权规则至关重要的一步。

一、仲裁证据规则中开示制度及例外——特免权规则

(一)证据规则与证据开示制度

证据规则是对证据采纳起支配性作用的规定,具备可采性的证据资料需符合证据规则的规定才可能被用于案件事实的证明。1965 年世界银行起草的《解决国家与他国国民之间投资争端公约》(以下简称《ICSID 公约》)第 34 条便列举了两项证据规则,对证据的出示、调查以及对未履行证据义务的书面记录。⑤

证据规则中对证据的客观性、关联性和合法性即"三性"认证起到关键作用的程序是证据开示。证据开示即提供、出示证据,通过当事人出示其掌握的各类证据,仲裁庭对证据进行认证和采纳等证明过程,最终为案情的梳理和真相服务。多数国家的立法文件中都有关于证据开示的规定,但值得注意的是,英美法系与大陆法系国家对该规则的规定不尽相同。以英国为例,在其国内的诉讼程序中,存在主动的证据开示环节,双方当事人需依法出示其掌握的所有证据资料,且不考虑所出示的证据是否利己。而大陆法系国家则略显保守,当事人一般不存在主动的证据开示环节,他们主要基于自愿的意思表示出示证据材料,且该证据材料并非当事人掌握的全部资料,当事人没有义务出示或提交对己不利的证据。我国民事诉讼法上的证据交换制度也是证据开示的不同表现形式之一,其吸收了国外有关证据开示的某些规定,《最高人民法院关于民事诉讼证据的若干规定》中有一些原则性的规定。而我国仲裁制度发展较诉讼制度相对滞后,其证据规则多参照诉讼加以适用,尚未形成制度化、法律化的仲裁证据规则。当然,仲裁并不排斥制度化、法律化,对诉讼证据的合理借鉴是仲裁证据制度化完善的重要渠

⑤ 冯瑞卿:《国际投资仲裁中特免权制度的研究》,中国社会科学院2017 年硕士学位论文,第 2 页。

道。但仲裁证据的诉讼化只能使仲裁成为诉讼制度的翻版,丧失仲裁的优势,其结果就是“恐龙的厄运”。

笔者认为,仲裁证据开示规则较诉讼证据开示需关注仲裁本身的高效、效率等特征。因仲裁经济性、高效性的价值导向,要求在仲裁程序中证据开示的证据范畴非全部证据资料,证据资料通常贯彻“相称性原则”,即只有与仲裁案件争议有关的证据资料才是出示的内容,而这种出示方式有效的化解了烦琐的证据开示程序对仲裁效率的影响,实现了提高仲裁效率和降低证据成本的作用。

然证据开示范围可能包含掌握证据一方不愿出示或不愿让他人知晓的关系到自身密切利益的证据资料,若强制出示所有证据,不可避免将损害证据主体的利益,故为了平衡证据开示义务与正当利益维护两者的冲突,特免权规则应运而生。仲裁庭对当事人主张豁免证据开示的特殊资料需进行审查,判断该特殊资料是否属于特免权信息的范畴,进而决定是否适用特免权规则。

(二)审查认定证据

审查认定证据是指仲裁庭对各种证据材料进行分析、研究和鉴别,以确定其有无证据能力和证明力以及证明力的大小,并据此对案件事实进行认定的诉讼活动。诉讼程序中审查判断证据极为详细,而仲裁证据审查认定程序立法匮乏,照搬诉讼审查判断程序极易导致仲裁“诉讼化”,仲裁程序本身具备的尊重和体现当事人的意思自治、相对宽松的证据规则、法定证据规则的柔性化以及仲裁庭有限性的特点将荡然无存。

仲裁程序中审查认定证据的特点主要有:审查认定证据的主体是仲裁庭;审查认定证据是仲裁庭为查明案件事实和履行法定职责而运用职权进行的一项重要思维活动;其目的是确定证据是否具有证据能力和证明力以及证明力的大小。对证据的审查认定应考虑其是否符合证据的“三性”。特免权信息的审查认定过程包含以下三步,第一,审查证据的真实性,即当事人提交的特免权证据审查来源、内容等。第二,审查证据的关联性。在仲裁实践中,关联性的审查是可否认定证据的重点。第三,审查合法性。若违反法律规定的形式和要求,将导致证据根本无效。因此,在适用特免权规则前,审查认定证据是必不可少的一步。

(三)证据开示制度的例外——特免权规则

1. 法律职业特免权

法律职业特免权作为证据披露特权中一项最无争议的特权,主要规定了律师与当事人之间的信息交流等内容不受强制性披露,在保障与当事人之间信息交流保密性的前提之下,代理仲裁活动。

法律职业特权主要表现在两个方面:其一,交流特权。该特权的行使主体是当事人,而律师行使该特权需得到当事人的授权委托。交流特权的形式包括律师与当事人之间进行的口头交流,也包括书面形式的文件交流等。其二,工作成果特权。这一特权的行使主体是律师,主要指律师在代理当事人进行仲裁活动过程中所收集的与案件相关的证据等资料以及为仲裁活动顺利开展制定的战略或提出的法律意见等工作成果,都免于在仲裁程序中披露。

法律职业特权多在英美法系司法实践中被广泛应用,大陆法系中虽未规定相同的法律职业特免权,证人拒绝作证权与法律职业权虽都是证据披露豁免的权利形式之一,但是两者之间还是存在很大的差别。例如,大陆法系证人拒绝作证权是一种公法上规定的权利,而法律职业特权则是一种私权利;大陆法系国家,律师可作为权利主体拒绝作证,而法律职业特权中,拒绝作证的主体是当事人。

法律职业特免权保障了当事人与律师之间开诚布公的交流,可以使律师充分了解当事人的诉求。正如 Taylor 勋爵在 R. V. Derby Magistrates, ex p B(1996)1 AC481 一案中所说的:"法律职业特权不仅仅是证据法中的一条规则,而且是层次更高的公共政策,是司法的一个基础性的条件。"⑥

2. 不受损害特权

不受损害特权又称"无损害特权",即双方当事人在仲裁前的和解程序中,一方当事人为达成和解所作让步,在和解失败后的仲裁程序中不构成对当事人不利的自认。实际上该特权保护的就是当事人的实体权利不受侵害,仲裁庭也应当按照合理合法的质证程序相关证据材料进行裁判。

在具体的国际商事仲裁中,只有同时满足以下三个条件,当事人才能依

---

⑥ 严黎、张建:《国际商事仲裁程序中的证据披露问题刍议》,载《绥化学院学报》2016 年第 36 卷第 11 期。

法行使不受损害特权。第一,当事人之间存在争议事项,该争议没有明确的范围限制;第二,当事人有进行诉前和解的合意;第三,和解内容不公开,不公开可以以明示或者默示的方式作出,但默示不公开和解内容需双方当事人的同意。⑦

英国的 Oliver 大法官认为:"应当尽可能地鼓励双方当事人不要寻求诉讼的方式来解决他们之间的争议,而且不应当让他们认为由于他们在协商谈判过程中形成的材料会在以后的诉讼程序中对自己构成不利。"⑧波斯纳也对不受损害特权作出了充分的论证,他认为:若当事人在诉讼或仲裁程序中不遵守该特权规定,将和解过程中的让步或形成的文件等应用于后来程序中,将加大降低和解的效率进而增加诉讼成本。

在当今的国际商事仲裁领域,和解程序被作为当事人之间损害最小、最有利实现双赢局面的程序,得到广泛的应用,不受损害特权也得到很好的适用与完善。

3. 公共利益特权

国际律师协会制定的《国际商事仲裁中关于取证的 IBA 规则》在第9.2.f条规定:"仲裁庭认为政治上有特殊敏感的证据,可以不要求披露。"

公共利益特权普遍存在于国内外法律制度中,特别是在国际商事仲裁领域内,由于国际商事仲裁具有国际性和参与主体的复杂性的特征,国家乃至国际组织都有可能成为仲裁活动的参与主体,因此对于涉及国家机密的特殊敏感证据可依据公共利益特权原则免于披露。

4. 商业秘密特免权

商业秘密特免权,即商事主体享有对其所掌握的商业秘密拒绝披露或阻止他人披露的特权。由于国际商事仲裁主要以各种国际主体间的商事纠纷为仲裁对象,因此,商业秘密特权被广泛应用于仲裁程序中。

早在 20 世纪 90 年代末期,国际律师协会于 1999 年通过的《IBA 证据规则》中明确提出:当事人可对涉及商业秘密或者技术秘密申请免于披露。但在国际商事仲裁程序有关证据披露的特权规则中,商业秘密特权还是具

---

⑦ 赵宗钰:《论国际商事仲裁证据披露中的特权问题》,载《南方论刊》2007 年第 4 期。

⑧ 曾如钰:《国际商事仲裁法证据证据规则研究》,华东政法大学 2017 年硕士学位论文,第 30 页。

有极大的争议性。商业秘密特权的争议性主要表现在：当事人未约定的情形之下，仲裁庭对商业秘密的秘密审查合理有否。从仲裁庭角度看，仲裁庭对商业秘密的秘密审查在当事人未约定的情况之下进行，实质上已经导致了商业秘密在一定范围内的公开，秘密审查已经使得商业秘密特免权形同虚设，显然，仲裁庭有违背程序公正之嫌。从当事人平等权利的角度来看，当事人享有对他方当事人向仲裁庭提交的证据的知悉权，若仲裁庭通过秘密审查知悉一方当事人的商业秘密，基于平等原则，另一方当事人也有获取该信息的权利，在这种情形之下，商业秘密特免权就有违法理，争议因此存在。

《IBA 证据规则》规定："可以委托中立第三方专家对争议的信息进行审查，并向仲裁庭报告。"在仲裁程序中，第三方专家作为中立的主体能够有效降低仲裁庭对商业秘密进行秘密审查造成的程序和实体上的不公正，但这一措施并不是毫无遗漏的，随着国际商事仲裁证据规则在实践中的发展和完善，商业秘密特权存在的争议也会随之消失。

商业秘密特免权的适用不是毫无界限的。当为实现犯罪目的而不披露商业秘密或者存在因行使该特权所导致的判决结果不公正情形之下，仲裁庭有限制商业秘密特免权行使的权利。

二、仲裁证据规则中特免权的价值追求

（一）对效率价值的追求

经济法学的集大成者波斯纳正其经典之作《法律的经济分析》中鲜明阐释了法律经济分析的效益宗旨，即以最小的自然资源最大限度地增加社会财富为目的。"人们乐于采用司法外解决的方法并不是由于法院执法的不公。"有些当事人选择仲裁的目的就是尽快解决纠纷、修复受损的商业关系，以期从未来的交易中获得更大的收益。仲裁特免权规则所追求的价值中效率价值是最具仲裁特色的价值之一。⑨ 有国外学者认为："仲裁的效率才是证据制度所追求的唯一目的。仲裁的生命不在于公正而在于效率，如果没有效率，公正也就没有任何意义。"⑩笔者认为，"迟到的公正就不是公

⑨ 参见石现明：《国际商事仲裁一裁终局的相对性》，载《长安大学学报》（社会科学版）2009 年第 4 期。

⑩ ［瑞］拉斯·休谩：《瑞典仲裁法：实践和程序》，顾华宁译，法律出版社 2012 年版，第 342 页。

正”,公正是有时间概念的,而时间概念又恰恰是效率中的一个元素。

就诉讼证据程序而言,特权规则的公正价值往往优先于效率价值,而在仲裁程序中效率价值则更具优位性。特免权规则在仲裁程序的适用,主要涉及当事人的举证、质证环节等仲裁庭对特殊证据信息的审查认定环节。这里所指的特殊证据信息即特免权信息,针对当事人提交豁免证据开示的特免权信息,仲裁庭审查的范围局限在当事人主张之内,无须对尚未申请的特免权信息依职权进行审查,因此极大地减少了仲裁庭的工作量,节省了人力、物力、财力。仲裁的举证非当事人主动出示或仲裁庭要求提供全部资料,证据资料仅限于与案情争议有关的内容,故举证资料范围的规制很大程度上提高了举证、质证的效率,为当事人缓解了程序负担。在商事仲裁活动中,发挥仲裁证据规则的效率价值尤为重要,合理配置和利用证据资源,实现证据制度收益的最大化,而不必拘泥于证据规则的严格适用。

(二)保护当事人特殊合法权益

仲裁特免权规则尽管是证据规则的一项例外规定,证据规则的公正、效率与保护正当合法利益价值仍适用于特免权规则。

因仲裁当事人主体上的复杂性,争端所涉及的利益客体也呈现出复杂性与多样性的特征。因此,就当事人的特殊合法权益而言,其特殊利益很可能涉及公共利益和商业利益等多方面。受保护公共利益的主体多为国家或政府等权力机关,适用特免权规则来维护公共利益的情形大多出现在国际仲裁案件中。若一方当事人为东道国,一方为一般商主体,当两者因投资等纠纷申请仲裁时,东道国便可基于保护本国公共利益为由,请求豁免证据开示义务。另一项特殊合法权益为商业秘密,仲裁活动双方当事人多为民商事主体,而在证据开示过程中,涉及商业秘密的信息掌握者为了避免商业秘密的泄露等被他人知悉所造成的商业利益损失,便可基于此申请适用特免权规则。

仲裁实际上是当事人之间合理地分配程序性和实体性权利和利益的过程,因而本质上也要求将公正作为其最高价值。从公共利益与商业秘密的角度适用特免权规则,实质上是对个案正义的追求。

(三)适度制衡透明度原则

透明度原则最早于《北美自由贸易协定》中作如下规定与解释:“本协定概不对仲裁的当事方强加保密的一般义务;概不组织当事方将向仲裁庭

提交的文件予以公开。"[11]所谓透明度规则即指将仲裁裁决、裁判等过程置于"阳光之下",公开接受公众监督。但仲裁程序并非完全适用透明度规则,仲裁庭审理案件原则上不公开与仲裁文书不公开等规定使得公众很难理解仲裁的具体程序与法律适用,因此仲裁的效力便囿于当事人双方,仲裁公信力的扩大受到限制。但透明度规则的过度适用又难以使特殊主体的利益得到维护,因此,以特免权规则制衡透明度规则,把特免权规则作为透明度规则的例外,在充分保障主体特殊信息的安全性与秘密性方面意义重大。

以特免权规则制衡透明度规则,本质上体现着公正与效率价值之间的相互制约。从两规则的价值取向上看,透明度规则注重公众监督与平等对话,多体现为公正价值;特免权规则倾向于对特殊利益的维护,与公正价值存在冲突,且特免权规则为了维护当事人特殊证据资料的安全性,豁免该方当事人的证据开示环节,一定程度上简化了举证、质证环节,也体现了特免权对效率价值的追求。从两者代表的利益主体上看,透明度规则代表的是对仲裁程序享有知情权与监督权的社会公众;而特免权规则代表的主体则是提交特免证据信息的当事人。

就如何处理两者之间的利益与价值冲突,各国仲裁规则尚无具体规定,故在理论与实践上存在争议。但从已决个案来看,*Biwater Gauff v. Tanzania* 案件中,仲裁庭在缺少统一法律规则适用的情况之下,很好地在不同法律规定冲突中找到平衡点,裁决东道国对涉及另一方当事人特免权信息的文件资料停止公开。就此笔者认为,以个案为出发点,适用比例原则来制衡不同规则、不同利益之间的冲突是探究如何适用特免权规则制衡透明度规则的有效方式。

三、当前仲裁特免权信息认定之困境

(一)缺少统一、明确且具体的特免权规则

1. 各国法律冲突导致实际适用上"抉择困难"

仲裁规则在世界范围内的适用,不可忽视法律冲突问题。这里所指的

---

[11] 赵骏、刘芸:《国际投资仲裁透明度改革及我国的应对》,载《浙江大学学报》(人文社会科学版)2014 年第 3 期。

法律冲突泛指不同法系、不同国家之间有关仲裁特免权规则具体规定的不同所导致的在国际仲裁中产生如何选择适用之问题,特免权信息认定的困境应运而生。

以具体的特免权为例,在法律职业特权的适用过程中,若争端双方当事人选择适用不同法系的法律规则,如适用美国法的当事人提请因法律职业特权的特殊性而豁免证据开示以保护当事人与律师或企业顾问之间所交流的信息,但适用法国法的当事人基于本国就"职业秘密"的规定,对他方的法律职业特免权提出异议,因法国法中企业法律顾问非职业特免权的对象。[12] 故在国际商事仲裁中,仲裁庭便要抉择如何适用法律职业特权,以及认定当事人主张的特权信息是否符合范畴,在此境况之下,国际仲裁事业的发展也需积极寻求统一适用的特免权规则,为特免权信息认定扫除法律基础上的障碍。

2. 特免权信息的范围以及认定标准"无法可依"

特免权范围的界定旨在为当事人释明,当事人可就其掌握的何种信息寻求证据开示,而认定标准的明确则为仲裁庭适用特免权规则保护当事人的合法权益提供了明文标准。就各国仲裁规则而言,呈现着特免权证据信息范围上以及认定标准上的差异;就国际商事仲裁领域而言,仅对特免权规定了抽象性、原则性内容,截至目前,尚未涉及特免权信息的范围及认定标准的统一、具体化规定。这种现象产生的原因,一方面归因于仲裁法律规则的抽象化,仲裁证据制度的软法性质使仲裁证据规则不当然具有约束力;另一方面是不同法系间法律的冲突使得寻求合理、适当的范围与标准存在难度。在仲裁特免权信息范围难以界定以及证据认定标准不完善的情形之下,对于当事人来说,能否申请适用特免权的困惑制约着特免权的行使;对于仲裁庭而言,存在该信息能否被认定为特免权信息的抉择,一系列关联产生的困惑使仲裁活动的开展陷入泥潭,仲裁效率价值受到挑战。因此,笔者认为,尽管仲裁具有软法性质,但其软法形式给证据认定的确定性要求带来潜在的负面效果,就如《IBA 证据规则》所阐释的:"证据规则不试图限制这种灵活性,它是国际仲裁本质性的一种优势。"为了实现公正与效率价值,仲裁证据规则的制度化/法律化应提上日程。

---

[12] 参见崔起凡:《国际商事仲裁中的证据问题研究》,浙江工商大学出版社 2013 年版,第 154 页。

3. 当事人特免权利难以受到法律保护

缺少统一、明确且具体的特免权规则，造成的最大利益冲突就是个案正义与公平价值的冲突。以我国为例，诉讼程序中特权规则已被法律认可并纳入，2012 年《刑事诉讼法》和《律师法》明确律师的特权，特权规则也从法律上被确立。⑬ 而在仲裁领域，特免权规则并未被写入《仲裁法》，从仲裁法上确立特免权规则便无从谈起。这种"法无权利"的现状极易损害当事人的合法权益。当案件事实的证明与信息的私密性发生冲突时，当事人特殊信息的保密价值便可因"法律未规定特免权"而居于下位，当事人不得不为促进案件真相的澄清以及审理的顺利开展放弃其特权利益。特免权规则所追求的利益保护价值被架空，欠缺"权利法定"使得权利在实践中能否被具体适用成为特免权信息认定的困境之由。

(二)特免权信息认定的审查机制不合理

1. 仲裁庭认定特权信息程序不胜负荷

科学合理的程序设计是促进实体公正、高效的程序保障。在仲裁证据审查认定程序中，由于法律及各仲裁机构对特免权信息认定与审查程序无规定或无明确具体规定，各仲裁庭各行其是。不规范且灵活性过强的认定机制无形中增加了仲裁活动的程序负担，在无法可依情形之下，同一证据信息可能会产生不同的认定结果，认定结果的偏差需以重复的审查认证程序来补正。虽根据仲裁本质，仲裁采取的是自由证明制度，而非严格法定证据制度。但由于仲裁证据认定程序具有自由性、非严格性、无规律性等特点，在很大程度上背离了对效率价值的追求。

2. 陷入保密性和双方当事人合法利益的维护的困境

特免权规则作为一个以放弃部分实体效果为代价以维护特殊主体利益的例外规则，其并非毫无限制。⑭ 它需符合社会价值观的约束，但在其认定与审查程序中，经常出现为迎合某一价值直接或间接导致当事人合法权益受损的情况。

仲裁特免权认定审查程序的开启需征得双方当事人的同意，在当事人

---

⑬ 包方：《特权规则研究》，复旦大学 2013 年硕士学位论文。

⑭ 王天林：《法律与伦理的契合与冲突——以拒证特权制度为视角》，载《政法论坛》2010 年第 3 期。

未达成合意的条件之下,仲裁庭对该信息的审查会导致一系列问题的产生。首先,在秘密审查且无约定或未达成约定的情况之下,当事人的知情权与辩论权被剥夺,未掌握特权信息的一方当事人的合法程序权利受到损害。其次,所谓秘密审查虽排除对方当事人对证据信息的知悉,但特殊证据仍会被仲裁庭了解,若仲裁员在仲裁中或审理结束后有意或无意使得特免信息被他人知晓,以商业秘密为例,该类信息的泄露将产生巨大的经济利益损失。

(三)特免权滥用情形严重

1. 权利界限模糊导致权利滥用

诉讼法中遵循“特权法定”,特免权的适用对象、范围等都由法律加以明确界定,合理的避免了因权利界限的模糊导致权利滥用现象的产生。仲裁法的发展呈现出缓慢与不完善的态势,对特免权的范围等内容的界定模糊不清,这便为当事人规避举证风险提供了窗口,若某项证据文件的性质难以界定,当事人便可借助权利界限模糊这一缺口,滥用特免权以谋求豁免证据开示义务,这样一来,案件事实的证明便会受到影响,公正价值无从体现。

2. 当事人滥用特免权,损害对方的举证、质证权

特免权适用有范围的界限,超出限度行使特免权将造成权利的滥用。因与案件事实证明有关的证据材料可能仅由一方当事人掌握,证据开示便是将这类证据材料进行举证、质证,从而达到事实证明的效果。⑮ 但一方当事人滥用特免权,将重要证据资料以享有特免权为由拒绝开示,因此案件事实很可能会因重要证据的缺失而证明不能。“谁主张,谁举证”在仲裁证据证明过程中也同样适用。对方当事人因证据不足又将承担举证不能的法律后果,其举证、质证权的行使便受到限制。在另一种滥用特免权的情形之下,为减少败诉风险,享有特免权的当事人恶意阻止对方举证,直接的损害对方当事人的证据权利。

3. 加大仲裁庭认定上的困难

仲裁庭产生认定上的困难是基于权利界限模糊和对方当事人举证、质证权受损而产生。因权利界限模糊,当事人申请特权证据信息豁免开示的范围没有明确的界限,最终导致信息认定的证据数量增加,仲裁庭适用自由

---

⑮ 杨莉萍:《国际商事仲裁证据开示制度研究》,外交学院2010年硕士学位论文,第7~10页。

裁量逐一审查认定该信息能否适用。因一方当事人滥用特免权导致对方当事人举证、质证权利受限,案件事实真相难以证明。这种情况之下仲裁庭为查清事实,需投入大量的人力、物力、财力进行证据的取证和调查,甚至因仲裁庭认定上的困难需聘请中立第三方进行信息认定。

四、优化特免权信息认定之构想

优化特免权信息认定问题主要围绕是否制定具体仲裁证据规则展开讨论,理论界存在两种对立的观点。否定者认为,仲裁不需要证据规则,过细的规则可能导致仲裁"诉讼化"的产生,甚至损害当事人的利益;肯定者认为,仲裁特别是国际商事仲裁需要具体的证据规则。笔者认为,特权规则的制定应粗细适宜,不能过粗或过细,过粗的规则无疑是仲裁自治性的体现,但在具体的仲裁实践中,仲裁证据规则的"粗枝大叶"则极易导致实际运用中问题的产生,从而贬损仲裁的效率与公信力。而过细的证据规则则会导致仲裁"诉讼化"倾向。因此,制定基本制度框架内的证据规则,既能满足仲裁程序适当规范化的需求,又能有效提高仲裁机构竞争力。

(一)借鉴并融合冲突法规则,建立统一特权制度

就仲裁特免权规则的建立而言,建立一个统一标准的特免权规则是优化认定与审查的必要前提。国际范围内法律之冲突使得如何适用该规则产生分歧与认定的困难,故寻求普遍适用的仲裁特权规则体系是当前仲裁发展的迫切需要。[16]

首先需考虑三大因素:其一,明确性。国际仲裁规则中有关特免权规则的仅是概括原则,并无明确性的规定;而我国《仲裁法》等机构仲裁规则中显然忽视了对该规则的建立,实践中往往适用诉讼法中有关证据披露例外制度的规定。其二,关联性。统一特权规则的建立,援引或借鉴最密切联系原则,减少了规则建立的冲突性。适用关联密切的冲突法建立统一规则已有新尝试。在 *GGL v. US*[17] 一案中,作为东道国的加利福尼亚州便提出证据

---

[16] 除了现代法律禁止原始自力救济,任何救济方式都离不开法律的制约,不能因此认为所有济方式都有司法性。仲裁特权规则不等同于仲裁司法性,也不是仲裁证据制度司法化的依据。

[17] Glams Gold Ltd. v. US, NAFTA/UNCITRAL, Decision on Objections on Document Production Withheld on Ground of privilege(November 17,2005),p.3.

开示豁免申请,以相关证据涉及国际利益为由拒绝披露。该案中双方当事人协议选择适用美国法,但因美国各州法律差异的现状,在适用何地法律时又产生冲突。因此仲裁庭便充分利用关联性原则,选择借鉴最密切联系地的特权规定,结合实际予以运用。其三,实践性。实践性是仲裁特免权规则不可忽视的特性。实践性的确立可以已决判例为指导,并结合判例对特免权规则的适用方式细化具体内容,并使该内容具备可操作性。经过判例的论证,特免权规则的确立将更加科学。

(二)优化特免权信息认定程序机制

1.赋予仲裁庭一定的自由裁量权

证据开示特权规则在具体国际商事仲裁案件的适用中,发挥着极大的正面价值,但规则设定存在的缺憾,使得特权规则产生了一系列的负面影响。首先,特殊豁免权享有的主体是特定的当事人,若一方当事人行使证据披露特权,必然会给另一方当事人的仲裁活动带来不便,特别是使当事人对与案件信息密切相关的证据资料的知悉权受到限制,另一方当事人可能需承担举证不能的法律后果。其次,特权规则的不当行使极大地增加了案件成本,降低了仲裁效率。受制于特权规则的当事人为避免发生举证不能的法律后果,将寻求多种方式来获取证据信息,会导致案件处理效率低下,同时耗费金钱甚至精力。在国际商事仲裁程序中,商业秘密特权的行使可能会使得另一方商事主体因无法获得必要的证据信息而陷入仲裁程序,最终导致企业经营状况的恶化。国际商事仲裁不同于诉讼程序的制度化与法律化,仲裁的民间性特征使其相关规则和制度的设计还不完善,尽管各国诉讼法对特权规则都有所限制,但仲裁程序可适当借鉴诉讼法的规定且主要以仲裁庭的自由裁量为判断标准。

若完全依尚未完善的特免权规则来认定特免权信息,法律规定的不完善将导致认定程序上"无法可依",仲裁庭需运用审理经验认定信息是否符合特免权范畴。但若特免权规则程序机制已初步建立,按部就班的适用规则虽能确保程序公正,但却可能导致程序僵化,从而忽略特殊情况下适用的"水土不服"。赋予仲裁庭在特免权证据信息认定上的自由裁量权,是平衡各价值冲突的有效方式,当特免权信息属于公共利益的范畴,但涉及对方当事人极大的利益,若完全认定其特权信息的内容,将产生较大的利益冲突,因此在此情况之下,仲裁庭的自由裁量权将发挥作用,适当平衡利益冲突,将更加有利于推进程序的进行。

笔者认为,在特免权规则制度设计上应更多考虑突出其效益价值,赋予仲裁当事人和仲裁员最大的自主性及自由裁量权,但不应脱离证据规则的合法性,仅需在自然法上维系最低限度的程序公正要求。

2. 引入中立方信息审查机制

中立方是指不涉及案件判断且独立于双方当事人及仲裁庭之外的第三方。在仲裁特免权信息认定程序中引入中立方审查的主要目的是避免仲裁庭产生倾向性的判断,影响裁判公正性。中立方承担的是审查认定特免权信息的任务,实质上是行使仲裁的信息认定职权。仲裁庭认定特免权可能会因了解相关证据而对案件的裁判产生倾向性,由中立第三方审查认定特权证据信息,仲裁庭规避审查,能有效的化解倾向性裁判的产生。但中立方的资格也应有严格的标准,中立方首先要具备法律知识,有审判经验,能熟悉证据认证程序和法律规定,作出合法的认证结果;其次,对于专业性较强的证据信息,中立方应具备扎实的专业或有充足的专业从业经验;最后,科学设置中立方人员组成,仲裁庭人员组成极具科学性,中立审查队伍可参照仲裁庭的设置,采取 3 人以上单数的人员组成,确保意见表达和结论认证上的公正与保密。《IBA 证据规则》规定可设立一个中立或第三方的审查工作组,争端方可委托中立的专家组成员对争议信息进行审查。

3. 建立事前权利保障和事后救济保障机制

各法系国家的司法程序中都有设立或尝试建立事前保障与事后救济相结合的保障机制。这种机制最大限度地保障了当事人的特免权,因此,将该机制引入仲裁程序中是优化特免权信息审查认定的重要内容。

事前保障即任何机关和个人都不得刺探或披露被保护的信息,也不得侵犯免证特权。事前保障机制在《加州证据法典》中表述为:“如果特免权要有效的保护秘密性,那么特免权必须在除了司法程序之外得到承认。如果法庭是唯一的特免权可被应用的地方,那么特免权提供的保护是不充分的。为避免该情形,特免权须要求他们在证言被法律要求强制给出的任何性质的程序中得到承认。”⑱

事后救济保障机制即在仲裁庭认定证据之前,通过预设的救济机制降

⑱ 何家弘、张卫平:《外国证据法选译》,人民法院出版社 2000 年版,第 90、91 页。

低或消除后续程序对特免权信息错误认定或不当披露所造成的不良影响。在英美法系与大陆法系诉讼法中都有证据事后救济保障机制的规定。以美国为例,其采取“证据可采性的初步裁决”机制,该机制在《加州证据法典》中也有体现,即在正式的庭审前初步认定特免权证据是否成立,若在初步裁决程序中审查认定该证据属于特免权的范畴,但被错误的要求披露,那么在正式的庭审中该证据资料将不得被用来证明相关事实并由免证当事人承担不利后果。法国“预审程序”也是通过正式审判前的审查程序有效规避前期程序中对特权当事人的侵犯,从而充分保障特权的实现,虽说预审程序被诟病有不合理之处,但是不可忽视其具有监督和预防功能,因此,其对仲裁证据程序而言,仍有极大的借鉴意义。

(三)合理限制特免权的适用

1. 以法定形式明确特权适用的范围及标准

针对特免权滥用情形,从法律上明确特权的范围及标准才是根本之策。众所周知,“无限制的权利必将导致权利的滥用”,从立法上以法律条文明确细化特免权规则,有效弥补法律漏洞。当事人严格依规则范围申请免证,仲裁庭严格遵守特权认定标准,防止错误认定或者偏差情况的产生。

2. 对权利滥用适用“不利推定”

滥用特权不仅会损害对方当事人的举证、质证权利,而且极大的造成仲裁成本的浪费。为了有效规制权利滥用现象,由仲裁庭对享有特免权当事人滥用权利的行为进行不利推定,即对依法不应免除证据开示义务的信息或不应拒绝出示的信息,由仲裁庭推定对方当事人所主张的事实成立,由滥用权利的当事人承担不利推定后果。这一举措因涉及申请豁免证据披露方当事人的切身利益,因此能有效的限制其滥用特权,降低败诉风险;对其他当事人而言,“不利推定”的最大价值是化解针锋相对的当事人之间的激烈冲突,相对有效的维护一方证据权利,使仲裁程序能够顺利进行,从而保障仲裁的公信力。

3. 对滥用权利方适当惩戒

仲裁机构是民间性组织,其性质不同于法院等司法机关,因而有司法属性的查封等强制措施也不得由仲裁机构行使。在遇到障碍或其他必要情形时,往往只能请求司法机关予以支持。仲裁庭对滥用权利方采取非强制措施的适当惩戒成为保障仲裁活动当事人合法权利的有效途径之一。

仲裁庭对权利滥用进行不利推定,由该方当事人承担败诉风险尽管可视为惩戒方式的一种,但因不具有直接性可能不能引起足够的重视,因此,实施一定物质上或限制性的惩戒措施也应考虑。首先,从物质上惩戒滥用权利方当事人。因滥用权利不仅会使得仲裁庭消耗大量的人力、物力、财力,对方当事人为取证证明事实也投入大量财力和精力,因此,基于弥补对方当事人的损失和惩戒滥用特权当事人的目的,仲裁庭可在裁判结果中认定由滥用特权的当事人承担由其造成的本不必要的支出,并在仲裁费用上分担较大比例费用。其次,严格审查。因仲裁庭非司法机关,限制人身自由权不在其可行使范围之内。因此,仲裁庭对滥用权利当事人的限制主要表现为程序进行上的严格审查。从申请到审查认定,滥用权利当事人必须严格配合仲裁庭及各对方当事人的举证、质证。

五、结语

法律规定和制度设计不可脱离法治核心价值。在探寻不同利益冲突的平衡点时,既不可忽视对个人权利的尊重,又应重视国家层面乃至普罗大众的利益,使合乎情理、法理的制度模式成为推动国家转型升级的动力。

特免权规则在我国仲裁领域尚未确立,但其涉及的价值是多元的,利益冲突、价值平衡问题使该规则在我国的确立成为必然。非一贯追求个案公正与个体利益,而将个体利益与公共利益等存在非绝对对抗关系的利益运用特免权规则进行价值衡量,是符合社会主义法治建设的价值衡量模式。但同时,立法人员、司法人员、仲裁人员等也面临着制度顶层设计等立法和法律适用活动的困境。立法者面临适用仲裁解决纠纷的当事人以及仲裁庭"无法可依",自由发展的程序机制不合理以及权利滥用现象严重的情形,制定仲裁特免权规则成为完善仲裁制度最迫切的要求之一,但不应急于求成,以仲裁特免权规则的细节问题——特免权信息审查认定为出发点,借鉴国际经验进行制度试水,成为立法与适用的思路之一。

在"一带一路"倡议背景下,各国间贸易交往的频繁化和复杂化趋势,使得仲裁作为高效、便利解决贸易争端的制度,站在了理论和实践研究的前沿。虽然我国仲裁制度不尽完善,但积极从制度设计的细节进行研究、论证、实施与检验,将使我国仲裁事业跟上国际仲裁发展的步伐。

A Study on the Determination of Privilege-Free Information in Arbitration Evidence Rules

Shan Ju-Ming

(Southwest University of Political Science&Law, Chongqing 401120)

Abstract: The special exemption rule, as an exception to the system of discovery of arbitration evidence, establishes the barrier of reason and jurisprudence undoubtedly for arbitration evidence system under the premise of arming the facts of the case by law and evidence. It seeks to pass the practical application of the privilege, while safeguarding personal interests and even the legitimate interests of the national interest and the public interest, while not violating the moral and ethical requirements. Under the strategic background of "One Belt and One Road" in our country, the arbitration is frequently used as an important means of resolving domestic and international civil and commercial disputes because of its salient features of economy, efficiency and confidentiality. Such high frequency The drawbacks of the application of privilege-free rules also become more and more obvious. Especially in the practice of arbitration, the examination of the privilege-free information becomes one of the most prominent problems. This article mainly from the world as well as international arbitration rules of privilege to start with the definition of the special exemption rules meaning, classification and value pursuit. It points out the dilemma of the current special privilege information identification and puts forward the optimization plan so as to make up for the lack of the current evidence system and is beneficial to the improvement of the future special privilege system.

Keywords: privilege; information review judgment; value pursuit; right abuse; system test water

规则竞争与进路选择：民商事仲裁财产保全机理的私权解析

吴爱民[*]　李学斌[**]

摘要：长期以来，财产保全制度服务于诉讼领域，仲裁领域的财产保全对法院有较强的依附性。然而从制度发生学领域分析，仲裁与诉讼拥有不同的逻辑起点，仲裁财产保全制度的发展已经陷入路径依赖，并且这种依赖应当被给予否定评价。通过对H仲裁委办理仲裁财产保全案件进行数据研究，可以证实现有模式缺乏经济性，同时不符合仲裁的基本特征。为解决问题，以私权视角重新解析财产保全的结构，利用仲裁规则实现仲裁机构的财产保全权力，确定主体力推变革，可以作为仲裁财产保全制度发展所要尝试的方向。

关键词：仲裁；财产保全；路径依赖

概念的专横乃是产生大量不正义现象的根源。当概念被视为真实存在并以全然无视后果的方式被发展到其逻辑的极限时，概念就不再是仆人而是暴君了。从很大程度上讲，当概念导致压制或不正义时，我们就应当把它们视为可以重新阐述和可以加以限制的临时假

* 吴爱民，男，哈尔滨仲裁委员会常务副主任兼秘书长。

** 李学斌，男，哈尔滨市中级人民法院执行局执行一庭法官助理。

定来对待。

—[美]本杰明·N.卡多佐

引　言

卡多佐法官就概念法学的上述评价被奉为对抗教条主义的至理名言,以利益法学派为首的诸多流派在与概念法学派进行争辩时仿佛早已取得了辉煌的胜利,然而回归到制度的生成与适用层面,现实的冰冷与无奈不断将圣洁的理想主义拉下神坛。一些尚需掸去浮尘的制度僵化了各色资源分配的途径,成功在通往自由的路上堆积起一道屏障,使本就变幻无常的正义更加触不可及。

所谓僵化者,凝滞不动耳。综观我国立法,"年久失修"之流不在少数。代表着当事人高度意思自治的仲裁机制在社会经济水平与个体认知能力高速发展的今天难说地位显赫,一腔抱负却难以施展拳脚。《中华人民共和国仲裁法》(以下简称《仲裁法》)自1994年发布以来鲜有建树,两次修改均是被其他法律牵着鼻子的被动选择,而实践中纠纷体量不断增大,仲裁案件量逐年攀升,足以让人们担心当前制度的迷离状态能否迎接新时代的检验。屋漏偏逢连夜雨,船迟又遇打头风,进一步检视我国仲裁制度的发育与养成,不难看出与通往公平正义最后一道樊篱不无关系的仲裁财产保全制度犹如被寄养在诉讼财产保全家里的孩童,完全依托于他人的施舍,没有独立的成长环境。即使仲裁财产保全制度对嗟来之食甘之如饴,理论上应处于不同培养基的诉讼财产保全与仲裁财产保全制度在一个土壤里是否会出现"橘生淮北则为枳"的效果?如仲裁财产保全对诉讼财产保全制度在规则供给上已经形成路径依赖,是否应当予以破除来培养其逻辑自治?一切困惑与疑虑都需要我们从历史到现实、从理论到实证开展多角度分析。

一、仲裁财产保全制度理论之纵向窥探

在正式进入探讨之前,应当首先厘清仲裁财产保全之要义,此为后续论理工作的前提。仲裁财产保全是复合概念,以财产保全为基本要素,又被限定在仲裁领域之内,可以文义释之。问题在于是什么样的思维惯性致使我

们可以简单明了的作出文义解释，对于此复合概念甚至不用任何的体系化理解？原因在于我们对于诉讼中财产保全的概念太过熟悉，理解仲裁财产保全对于解读者而言无非是纠纷解决方式的替换，也就无须赘述。然而不同领域与环境下的财产保全是否应为同一含义？不同纠纷解决方式下的子集嫁接又能否引发整体变异？这些问题把我们倒逼进历史旋涡的原点，开启了对仲裁财产保全动态发展的窥视与探索。

（一）仲裁财产保全之逻辑起点研究：以制度发生学为视角

仲裁财产保全的发展谱系理应在仲裁制度的轨道内，然而因为仲裁制度与诉讼财产保全制度各自发展的路径大为不同，仲裁的财产保全难以在一个领域内去研究历史问题，为二者寻求一个共有的起点或是起点的交叉，才有可能对此起点所反映出的制度逻辑进行剖析。

1. 仲裁与财产保全制度发展谱系的简要梳理

若言仲裁与财产保全二者的历史可谓悠久。就仲裁而言，梳理仲裁制度的发展脉络，我们发现仲裁制度大致经历了古代社会萌芽期、近代资本主义社会发展期和现代社会形成期的三个阶段，其起源可追溯到原始氏族时期部落首长处理内部纠纷的居中公断。[①] 古希腊时期仲裁开始作用于国家城邦之间的争议与战争调停，古罗马时期首个成文法典《十二铜表法》也出现了大量关于仲裁的规定。古代中国《左转》也有楚国子反为郑、许两国争端进行第三方仲裁的记载。仲裁在民商事领域中发挥作用源于海上贸易的兴起与资本主义的发展。在公元 11 世纪到 13、14 世纪，商事仲裁逐渐依靠地中海沿岸国家在跨国贸易中发展出来的商事习惯从商事法院中独立出来，形成了更为便捷灵活的纠纷解决模式，瑞典的部分地方法院开始承认以仲裁方式解决商事争议的合法性，甚至将仲裁解决方式列入一部地方法典。[②] 与此同时，我国明清资本主义萌芽时期，部分“行会”的兴起一定程度上代替了官府裁断的作用，可视作仲裁制度在中国的早期实践。自英国议会 1697 年通过第一个仲裁法案后，瑞典、法国、德国等欧洲大陆国家相继在 19 世纪各自的民事诉讼法中规定了仲裁制度，仲裁模式作为正式的纠纷解

① 宋朝武：《仲裁法学》，北京大学出版社 2013 年版，第 7 页。

② 邓瑞平、孙志煜：《论国际商事仲裁的历史演进》，载《暨南学报》（哲学社会科学版）2009 年第 6 期。

决方式在判例与法典中得到了普遍承认。

保全制度根源于判例与诉讼程序法,较之仲裁而言缺乏自发性。现在通常认为保全制度起源于英国伦敦中部商业地区的"对外查封法",旨在当无法找到被告时,原告可依法院作出的财产保全禁止令查封被告的任何属于法院管辖范围之内的财产。这种临时性禁令,也称中间禁令,是15世纪英国衡平法院为弥补普通法院的救济不足而发展起来的通过法官自由裁量签发的救济方式,③但此时中间禁令并没有得到充分使用。直至1975年,在"日本邮轮会社案"与"玛瑞瓦案"中,丹宁勋爵基于判决执行与公平原则角度考虑发布了"玛瑞瓦禁令",打破了英国法院不能依据原告的申请,仅以原告可能胜诉为由发出禁止被告处分自己财产的禁令的惯例,促成了民事诉讼制度的改革,使"玛瑞瓦禁令"④日趋成熟。在大陆法系国家,财产保全最早在1806年法国《民事诉讼法典》中以司法担保与假扣押制度的形式出现。前者最早主要针对不动产,直至20世纪50年代保全对象有所扩展;后者针对的是动产与货币,法院以紧急审理程序或单方审讯保全诉讼的形式对当事人的紧急请求事项做出判决,更强调诉讼作用与程序模式。⑤但并不是所有大陆法系国家都对法国的财产保全模式予以沿用和发展。以德国《民事诉讼法》为代表的假扣押、假处分制度多被他国效仿,前者以确保金钱债权将来执行为目的,而后者则用以确保执行非金钱债权。此制度在日本、我国台湾地区等地得以适用。

2. 仲裁财产保全制度的发生学分析

之所以对仲裁制度及财产保全制度追本溯源,目的在于寻找仲裁财产保全制度的起点,将其从某种初始状态中分离出来,进而探究该制度发展过程的各个基本阶段和趋势,最终有助于我们通过规律对事物本相进行终极探索,这同时也是制度发生学所要求的研究方法。制度发生学研究方法极为重视制度是如何形成的,而这一命题分别沿着两条不同的理论进路展开:一是斯密—门格尔—哈耶克的演化生成论;二是康芒斯的"制度是集体行

---

③ 此间其经历了罗马法禁止令状、教会法占有权救济、欧洲王室法新侵占之诉对保全措施的发展。

④ " Mareva Injunction"的提法已于1999年公布的Civil Procedure Rules中被正式的法律名称"Freezing Injunction"所替代。

⑤ 沈达明:《比较民事诉讼法初论》(上册),中信出版社1991年版,第154页。

动控制个人行动”的制度设计论。[6] 演化生成论强调制度形成的自发性,自发秩序理论、社会达尔文主义等自由主义思想为其提供了理论基础,而制度设计论则强调人类理性的作用,认为人天生具备智识和道德,有能力基于这种智识和道德审慎地设计制度。

纵向观察仲裁制度与财产保全制度的发展谱系,在制度设立之初,财产保全制度的实施依托于国家公权,为私力所不能行使,因而其操作规则必然受到法典制约,任凭仲裁制度如何自我成长,都必须等到财产保全制度具备立法条件,才能使仲裁财产保全制度播种发芽。而大陆法系中具有代表性的民事诉讼法典大多于19世纪末期问世,以日本1890年《民事诉讼法》[7]为例,该法第八编中详细介绍了仲裁程序,其中第796条第1款规定了“仲裁员认为在判断上的必要行为非仲裁员所能做到时,依据当事人的申请应当由管辖法院进行。但以认为该申请适当时为限”,初步完成了仲裁与财产保全制度的对接,因此19世纪末期有关的民事诉讼立法可视为仲裁财产保全制度之起点。从立法可以看出,仲裁很大程度上被视为诉讼程序的附庸与补充。这源于经历了中世纪时期商人自治权与国王世俗权之间的斗争后,国家权力日渐集中,司法监督等手段开始不断干预仲裁,且仲裁自治性组织的权利逐渐受到行政机关压制,仲裁制度失去自主性,只能依附于民事诉讼法典的制度设计。与此同时,这种程序设计本身带有对民事主体自由与利益的约束,在当时公、私法界限明确的情况下,难说是自发演进的结果,可被认为是制度的理性创设。

“为什么会发生”是制度发生学需要解决的又一项重要命题。19世纪末期,各国海上贸易日益发达,各类运输工具走上历史舞台,传统银行业得以普遍发展。当人们的人身、财产转移效率变高时,违反契约的成本也就相对变低,进而产生信用风险。这使得即使债权人几近于得手的争议标的物不翼而飞,只能眼睁睁地看到自己利益遭受损害,而直接控制债务人的财产又是对债务人的侵权行为,只能求法院出面利用强制措施实现其利益。法院为追求公平正义,达到司法公信力提升的社会效果,也不再仅仅扮演被动裁判的角色,而选择实施临时措施,促使自己的判决最终能够得到实际执

---

[6] 韦森:《经济学与哲学:制度分析的哲学基础》,上海人民出版社2005年版,第65页。

[7] 明治23年法律第29号,该法以德国1877年《民事诉讼法》为蓝本。

行,不至于成为司法欠条。因此,某种程度上看,这是争议标的的权利人与裁判者发生的沟通。财产保全措施为了实现公平原则与保障债权人的利益,对可转移财产进行临时控制,提高违约成本,降低信用风险。但不得不承认的是,仲裁财产保全此时在制度上的进化不过是搭乘诉讼财产保全制度的便车,甚至19世纪末期并没有民事诉讼法典明确地将财产保全方式指向仲裁程序。因此在这里讨论仲裁财产保全"为什么会发生"略显尴尬。

在制度发生学视角下,仲裁财产保全与仲裁制度不同,并非自发演化生成的制度,这有其独特的历史原因。然而探索与制度适宜的路径不能仅以逻辑起点为考察内容,尚需做出从历史到现在的纵向洞察,以求不失偏颇。

(二)问题的提出:制度变迁视角下审视我国仲裁财产保全之路径依赖

观察了制度发生阶段仲裁财产保全的样态后,我们不禁对仲裁财产保全制度的未来产生担忧,进而惶恐仲裁作为纠纷解决方式的公信力不足,然域外乃至国际民商事仲裁财产保全规则与体系的发展现状使我们的担忧与惶恐涣然冰释。反观我国现有仲裁财产保全制度与规则的供给仍严重依赖于诉讼程序,这不由得使我们对制度发生至今双方各自的经历与发展过程进行深思。

1. 仲裁财产保全发展过程

虽然在19世纪末各国民事诉讼法典都"慷慨"的接纳仲裁制度并对仲裁力所不及的事项作出积极承诺,但在长时间内极少能够找到仲裁程序中财产保全相关案例的记载,直到1958年《纽约公约》的出现才使该制度在实践中引起讨论。《纽约公约》旨在便利世界各国请求域外法院承认和执行本国仲裁裁决,而以保全财产为目的做出的临时措施是否属于《纽约公约》第1条第1款所表述的"裁决"在学界有很大争议,即使这样,《纽约公约》开阔了人们对于财产保全的思路。1976年的《联合国国际贸易法委员会仲裁规则》第26条和UNCITRAL 1985年的《国际商事仲裁示范法》(以下简称《示范法》)第17条在国际商事仲裁领域率先引领步伐,均规定了仲裁庭可以对争议标的采取临时性措施。先后有几十个国家以《示范法》为基础颁布法令,在配合国际商事仲裁财产保全实施的同时,发展了本国仲裁的纠纷处理能力。2006年UNCITRAL对《示范法》进行了修改,其中第17条临时措施扩展为一章,对临时措施的适用条件与程序等进行了较为明确的规定。可以说仲裁财产保全制度在不断调整与完善。

2014年《中国(上海)自由贸易试验区仲裁规则》审议通过以前,我国在仲裁财产保全方面比照制度发生之初几乎没有任何变化,其制度发展路径一直依托于诉讼财产保全制度已是众所周知,这其中有当前我国法院独享财产保全权的外部原因,更耐人寻味的是仲裁争取制度发展的自主性问题。论述至此,我们仍不能对我国仲裁财产保全制度的现状妄加评论,在梳理了制度发生与发展后,利用制度变迁中路径依赖理论作为分析方法去除表象的杂质,也许能使我们形成一个粗浅的判断。

2. 我国仲裁财产保全制度变迁中的路径依赖

路径依赖这一概念最早源于生物学,⑧后逐渐渗入到技术领域和制度领域,诺斯认为,“路径依赖是指制度框架使各种选择定型并约束可能被锁定的制度路径的情况”;青木昌彦认为路径依赖是指“制度重建时,由参与者的认知能力所决定的主观选择模型继续认同旧的基本制度结构,导致旧制度在新政权中以新的形式延续的情况”。⑨ 路径依赖理论重视制度实际发展与理想状态轨道发生偏离的节点与原因的研究,强调系统变迁中的时间作用,并且制度变迁的路径依赖所产生的结果好坏是不确定的。

道格拉斯·诺斯是利用路径依赖理论研究制度变迁的先驱者,他的“制度变迁理论”向人们揭示了制度上的路径依赖的形成主要有两种模式,一是制度设计者的有限理性和市场本身的复杂性,有可能导致在制度适用之初产生高额的交易成本,人们却可能基于任何原因去适应制度并按照固有模式对制度进行修改,而实际在修改之后并未偏离原有路径;二是受干中学效应影响,适应性预期增加因素都让一项制度产生了大量的报酬递增,一旦各方主体利益均衡点锁住社会,制度就很难从中摆脱。二者并非各自独立,可以综合发生作用。依照诺斯后期的思想,制度分析应当在“环境—信念—制度”的框架下进行,即由外部可感知的环境变化来演化代表人类意志的信念,用以构建制度。⑩

---

⑧ 20世纪50年代,生物学家瓦丁顿及古尔德分别在研究物种进化分叉、次序间断均衡等生物学现象时确定了生物演进的机制和路径可能并非最优,这是人类历史上的一大发现,很快这种自然科学的研究方法便渗入到社会科学领域,并发挥奇效。

⑨ 刘汉民:《路径依赖理论及其应用研究:一个文献综述》,载《浙江工商大学学报》2010年第3期。

⑩ 刘勇、田杰:《诺斯制度变迁理论的变迁分析》,载《理论月刊》2012年第12期。

具体到仲裁财产保全制度,当然也可以收纳到制度分析框架中来。随着WTO体系的逐渐完善和新自由主义思潮的影响,国际经济形成了区域一体化、经济全球化的整体环境,国家间经济交往局面的打开除通用规则外,必然要由整体结构驱动在域内更新或调整本国的准据法。而我国相关制度在基于国内外经济环境发展之时并未有效转轨,仲裁财产保全制度在信念环节有所缺失,仅由国际规则驱动制度难以更新国内所有相关制度,虽然我国从立法上明确了仲裁财产保全的正当性,但实际上仍未偏离法院独享保全权力的老路,因此仲裁机构在财产保全中只能发挥"快递员"的角色。长此以往,法院获得了大量的实施合法侵权行为的权力,人们固有的信念又将仲裁财产保全制度的路径依赖推入第二种模式,由于大多数与案件无关的社会成员逐渐接受法院专享保全权的事实,增加了转轨过程中所产生的沉没成本、外部成本和不确定性,制度难以从多方利益均衡点所锁定的社会中抽离出来。可以说我国仲裁财产保全制度已经进入了由规则驱动的受外部因素影响较大的制度锁定状态。

(三)美景抑或困境:逻辑分析后的价值初判

路径依赖在制度层面所产生的效果不同于自然科学那般简单直接,制度层面的路径依赖有可能是一定的范围内的制度为适应本区域内的特殊情况而进行的改造,更加本土化、灵活化,如我国调解制度、行政诉讼制度、民族自治制度等,但也存在许多路径依赖制约着社会进化的现象。而我国仲裁财产保全制度所依赖的路径究竟是美景还是困境?我们在进行一系列的逻辑分析后,应当进行初步的价值判断。

按照法律经济学的观点,路径依赖根据程度不同可分为三个层级,第一层级称为起点敏感的路径依赖。由于初始条件不同,某种路径依赖在多个最优方案中选择了某一种。但并不意味着这种路径无效率,这是一种时间内的关系(intertemporal relationship)。第二层级路径依赖源自于信息或者知识不完备,一旦改变成本极其高昂,且还会不断出现错误,是一种时间关系内的繁殖(propagate)错误。第三层级系无效率的路径依赖,类似于制度变迁理论的第二种模式,由结构性错误引发制度被锁定在特定的坏的均衡之中，并且这种错误结构愈演愈烈，容易进入恶性循环。⑪ 这实际是罗伊所谓的弱度、中度、强度三个层次。⑫

根据系统经济学中的系统与环境之间的关系，在开放的系统中，经济发展主要取决于“经济系统本身是否完整、结构是否合理、制度是否先进”⑬，人们更为崇尚契约精神与游戏规则。要想与世界范围内经济进行开放式对接，必须在制度上不断进行更新调整，适应不断变化的新形势，以尽量降低制度成本。前文已述，我国仲裁财产保全制度具有明显的被锁定的特征，并不与国际接轨，导致《中国（上海）自由贸易试验区仲裁规则》出现之后各方反应剧烈，皆评论此规则太过激进一时难以接受，与此同时司法机关又表现的极为冷静，并没有对承认与执行仲裁财产保全决定做出必要的说明。由此可见制度的转轨将耗费巨大成本，能够确定的是当前我国仲裁财产保全制度已然超出了起点敏感型路径依赖的范畴，也不能匹配世界经济开放的大环境，应予以否定的价值评价。

二、方法论逻辑下仲裁保全机能的实证分析：以H仲裁委财产保全情况为例

仅从理论上对现行仲裁财产保全制度进行评价，难免被人认为离经叛道，缺乏说服力。无论是从宏观到微观，还是从历史到现实，对国内仲裁财产保全现实机能的探索永远是解决当下问题的出发点，实证研究是进行仲裁财产保全研究必不可少的环节。

调查问卷是进行实证研究的基本方法之一，能够快速了解实务中具体制度的操作方式。而进行调查问卷的必要前提是调查范围与事项的认定，要具有目的性与一定代表性。H市是我国北方省会城市之一，近年来经济发展处于全国省会城市的中游，位于丝绸之路经济带圈定范围之中，具有一定的发展潜力。该市的H仲裁委标准化程度较高，工作人员业务能力较强，可以此为

---

⑪ S. J. Liebowiz and Stephen E. Margolis, Path Dependence, Lock—in, and History, Journal of Law, Economics & Organization, Vol. 11, No. 1, 1995, pp. 205 – 226.

⑫ Mark J. Roe, Chaos and Evolution in Law and Economics, Harvard Law Review, Vol. 109, 1996, pp. 641 – 668.

⑬ 昝廷全：《系统经济学探索》，科学出版社2004年版，第36页。

制度践行情况的供体。而调查事项根据每个申请财产保全的案件从申请到受理全流程进行个案追踪,更能从具体到抽象归纳出现行制度的适用情况。

(一)H仲裁委仲裁财产保全机能的调查情况

经与H仲裁委立案部确认,2016年1月1日至2017年12月31日,H仲裁委共受理案件2250件,其中112件案件曾向法院提交财产保全申请,约占其受案总量的5%。[14] 2016年申请保全案件共计43件,2017年共计69件,分别占H市全市两级法院受理保全案件量的10.49%与4.07%。[15] 经对H仲裁委办理仲裁财产保全的仲裁秘书进行问卷调查,共收回有效问卷98份,以下数据分析皆源于该98份样本。

1. 受理仲裁财产保全法院分布情况统计

共有81件保全申请向H市基层法院提交,约占总量的83%,;2件保全申请向H市中级法院提交,约占总量的2%;3件保全申请向H市所在省除H市外的其他地区基层法院提交,约占总量的3%;2件保全申请向H市所在省除H市外的其他地区中级法院提交,约占总量的2%;6件保全申请向H市所在省外的基层法院提交,约占总量的6%;[16] 4件保全申请向H市所在省外的中级法院提交,约占总量的4%。[17]

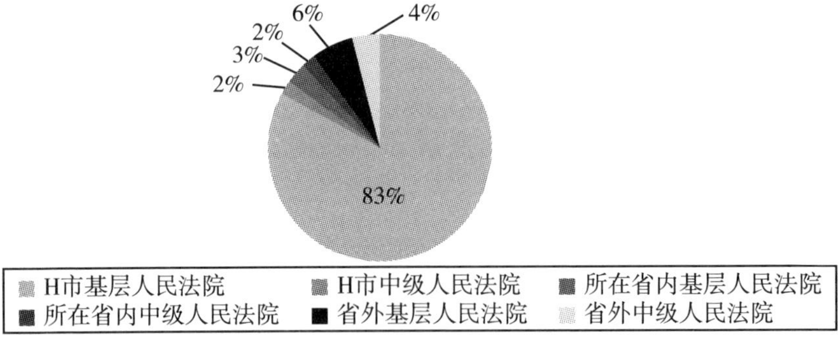

图1 受理法院分布情况

---

⑭ H仲裁委2016年受案总量1009件,2017年受案总量1241件,因单一年度样本数量较少,故以2016年至2017年两年案件作为样本进行分析研究。

⑮ 2016年H市全市两级法院受理保全案件为410件、2017年受理1694件。以上样本取自H市执行案件管理系统,但该系统上线初运行相对不够完善,可能存在案件未补录等情形。因此,2016年数据存有瑕疵,仅作为对比研究时的参考使用。

⑯ 受理法院分布于吉林省、辽宁省。

⑰ 受理法院为北京市第一中级人民法院与北京市第二中级人民法院。

2. 保全标的物种类统计

在所有保全申请中,有 51 件案件申请保全的标的物为房产,约占总量的 52%;有 24 件案件申请保全的标的物为银行存款,约占总量的 25.5%;其他不具有代表性的标的物约占总量的 22.5%。

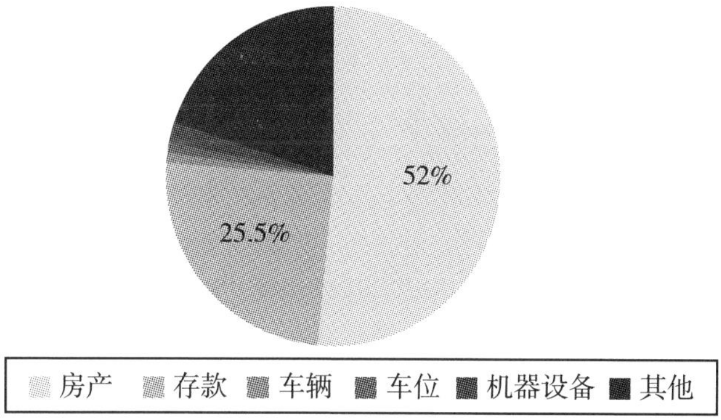

图 2 保全标的物种类

3. 当事人申请保全与仲裁委向法院转交材料时间差统计

按照法律规定,当事人向仲裁委员会递交书面的保全申请,由仲裁委按照民事诉讼法的规定提交人民法院,这期间一般存在时间差。经调查,H 仲裁委当天向人民法院转交材料的保全申请共计 67 件,约占总量的 68%;用时 1 天的申请共计 16 件,约占总量的 17%;用时 2 天的申请共计 7 件,约占总量的 7%;用时 2 天至 5 天的申请共计 2 件,约占总量的 2%;用时 5 天至 10 天的申请共计 1 件,约占总量的 1%,用时 10 天以上的申请共计 5 件,约占总量的 5%。

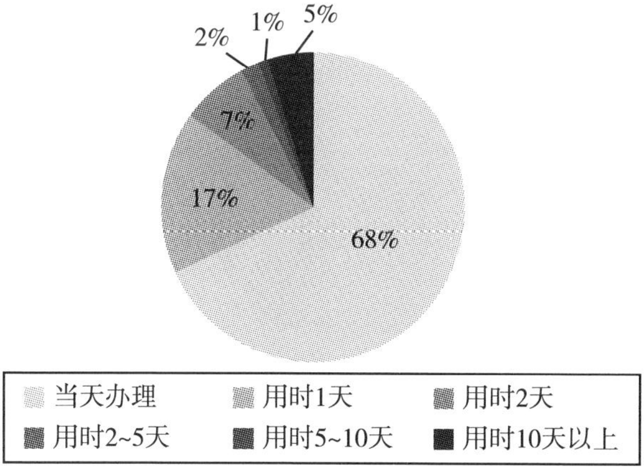

图 3 当事人申请与仲裁委转交法院时间差

4. 法院受理情况统计

仲裁委提交的保全申请法院并未全部受理,在H仲裁委申请保全的过程中,存在法院不接受材料或接受材料后未向仲裁委反馈受理与否的情况。其中,法院明确表示受理保全申请的案件共计75件,约占总量的76.53%;拒绝接收材料又不出具法律文书的案件共计5件,约占总量的5.1%;接受材料后仲裁委不能确定该案是否受理的案件共计18件,约占总量的18.37%。

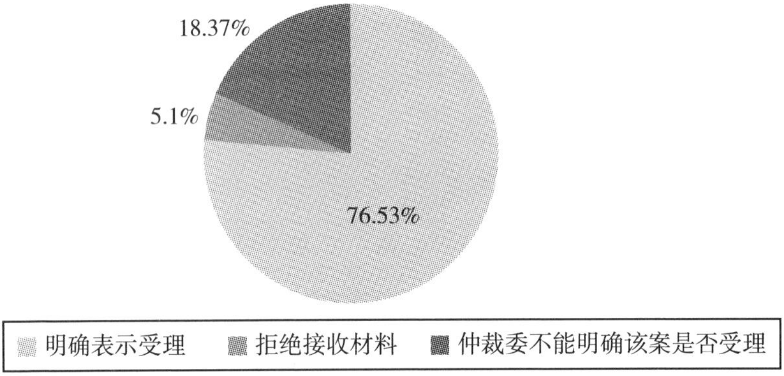

图4　法院受理情况统计

5. 仲裁委向法院转交材料与法院受理时间差统计

经统计,在能够确定法院已经受理的75件案件中,法院在接受材料当天受理财产保全申请的案件共计22件,约占总量的29.3%;接受材料7天之内受理财产保全申请的案件共计12件,占总量的16%;7天至15天内受理财产保全申请的案件共计2件,约占总量的2.6%;超过15天受理的案件共计3件,占总量的4%;有36件案件仲裁委不能确定该案的受理时间,占总量的48%。

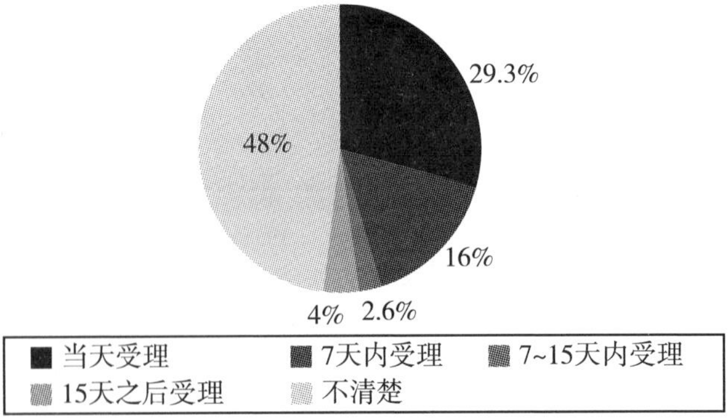

图5　仲裁委向法院转交材料与法院受理时间差统计

6. 其他情况

除以上情况统计，问卷就H仲裁委仲裁秘书工作特点提出开放性问题，请其就我国仲裁财产保全实际情况提出看法或建议。长期奋战于仲裁一线的仲裁秘书提出以下问题或建议：(1)仲裁委与法院保全对接不畅；(2)中级人民法院与基层法院、立案庭与执行庭受理主体混乱；(3)保全周期过长；(4)对保全审查义务主体规定不够明确；(5)各法院对"仲裁委审核申请人材料"的标准不一，即形式审查抑或实质审查；(6)仲裁前保全是否需要出函有待明确；(7)仲裁委缺乏对法院接受材料后保全情况的了解，建议保持实时沟通；(8)建议仲裁案件财产保全由当事人自行办理，以减少工作环节，提高工作效率。

(二)数据基础上建立的仲裁财产保全机能之经济分析

按照世界最经济原理，社会过程的广义代价(M)趋于最小可能值，即MMin(M)。M在仲裁财产保全中代表着保全环节的增多给当事人带来的时间损失，并衍生出的保全完毕的不确定性，最后扩大至社会公平正义实现之阻碍。利用制度将M降到合理最低点，是仲裁财产保全机制转轨运行的经济保证。

科斯的成本交易理论系最经济原理在企业理论中的特例，虽其始于揭示企业成立的本源，但法经济学领域通常使用科斯定理进行制度成本分析。实际上当我们对制度环节流转与交易费用(TC)、产权与制度进行替换，也会重新解读出制度成本的高低。因为制度环节的多层流转虽有不同主体之间约束牵制的作用，但客观上损耗了实现制度与市场交易的时间成本，可以理解成为交易费用。而法律所赋予权力的主体也会基于法院司法权与国家强制力专享处分权力之职能，可以概然理解为对制度享有产权。基于此，一旦制度环节流转次数为零，无论保全制度的所有者是谁，都是权力分配的帕累托最优状态，当然在制度层面，不进行程序流转的可能性极低，甚至严苛的标准与层层流转的制度更能实现监管目的，在这种情况下，制度产权的配置效益决定了权利资源分配的状态。

回归到H仲裁委提供的数据模块，在案件正式进入保全程序前，最大的TC无疑在于申请人向仲裁委递交保全申请、仲裁委向法院二次转交材料、受送法院决定是否受理这三轮程序流转。在第一轮程序中，对材料进行核查是首要障碍，因为各家法院对材料的要求标准不一，仲裁秘书作为"快递员”难以把握“东道主”的要求,多进行形式审查,这就意味着材料完全有被退回的可能,甚至可能因个别法院门槛较高而被驳回,贻误了保全的最佳时机。第二轮程序仲裁委在大多数情况下会快速做出反应,除出差用时、开庭排期等客观因素影响,基本会在第一时间将材料转送至财产所在地法院,一天之内完成材料转送程序的案件量达到总量的85%,而这种及时高效无不以牺牲其他工作时间为代价。第三轮程序是最大隘口,保全案件体量较大,而在法院内部结案率考核中占比较低,影响执行员工作积极性,在近50%的仲裁财产保全案件中,仲裁庭对后续保全实施情况了解不足,部分案件存在法院既不接收材料也不出具任何法律文书的情况,违反法定程序,加大了当事人申请保全的成本。三个步骤拖延了申请人申请保全的速度,给予民商事案件中敏感的被申请人充分的反应时间,无疑让成本消耗症状从具体案件蔓延到制度层面。

有效简化步骤是降低成本的直接途径。按照排列组合原理,三重程序如果进化精简为二重程序,在理论上将存在三种组和方法,即

$$C_3^2 = \frac{3!}{2!\ (2-1)!} = 3$$

第一轮程序与第二轮程序组合、第一轮程序与第三轮程序组合、第二轮与第三轮组合。结合民事诉讼制度,第一、第三轮的组合排除了第二轮的中间枢纽作用,使制度运行发生断裂,不具有现实意义;第一、第二轮程序组合保留了法院作为裁决主体的独立性、排他性,操作模式为:仲裁委退出保全制度运行体制,由申请人直接向法院提交保全申请;第二、第三轮程序组合强调仲裁机构的作用,将仲裁委转交材料的功能与法院的裁决功能合二为一,操作模式为:法院不再作为仲裁财产保全受理与否的裁决主体,由仲裁庭直接作出受理决定。

比较分析两种组合模式,前者将仲裁庭置身保全程序外,直接由当事人与法院对接,看似简便,实则不能达到精简程序的目的。第一,仲裁庭对案件的了解程度远高于法院,便于对案件保全标准与情形进行具体把握。第二,如果仲裁庭不出具保全函或其他证明材料,法院无法明确案件来源,可能基于此不予接受仲裁保全申请材料,但如仲裁庭出具保全函,则又回到制度成本消耗这一根本问题上来。反观后者,将仲裁财产保全打造成仲裁案件执行模式,将财产保全裁定(决)作出权与实施权区别开来,缩短了仲裁

财产保全的受理时间，防止法院无正当理由不立案受理，且作为准执行程序的财产保全与仲裁裁决执行具有天然的契合度，更符合当下仲裁与法院的合作模式，具有可操作性，因此由仲裁庭直接作出财产保全裁决无疑是降低制度成本的有效办法。

实际上这种操作模式在近年来一直在国际商事仲裁中得以运行，《示范法》的颁布很大程度上凸显了国际商事仲裁保全中仲裁庭作为裁决主体的作用，“大多数的法律都规定了前提：即仲裁员做出临时性保全措施的权力是隐含的，只有明确的约定才能排出此权力”⑱，但我国民事诉讼制度规定了财产保全裁决权属法院专享，由仲裁庭作出保全裁决受到了当前制度的束缚。

（三）实证分析后的否定评价：以仲裁特点为标尺

在初步价值判断中，我们已经就国内外环境进行比较，明确了国内仲裁财产保全制度与国际大潮脱轨，并陷入路径依赖，使仲裁缺失了独立性。经过实证分析，我们以程序效率为切入点，再次否定了仲裁财产保全的效率性与经济性。但仅以此做出完全的否定性评价仍不足以作为对抗固有制度的论据。仲裁作为一种争议解决方式，除上述特点外，仍具有自愿性、专业性与保密性等特点，而当前仲裁财产保全制度又是否能够达到这些特点所要求的标准，也是我们最终进行评价的基础因素。

1. 与自愿性所带来现实效果之背离

仲裁之自愿，一个最大的前提在于双方当事人互相的熟悉程度，任何仲裁均是以双方的合作为起点，可以说无合同行为即无仲裁。在这种情况下，双方的沟通较之诉讼更具有自发性、主动性，也更有可能知悉对方当事人的财产情况，有助于保全乃至于最终裁决的实现，因此仲裁的自愿性自然会带来财产保全体量大的特点，而财产保全往往时间紧迫，此时让面对执行实施与裁决重任都应接不暇的法院优先做他人嫁衣，出现拒收材料、拖延保全的情况就在所难免。

2. 与专业性所产生资源不匹配

我国仲裁员的选任条件较为严苛，仲裁员具备较深的理论知识或实践经验，完全有能力就财产保全这一程序性事项出具裁决文书，而让仲裁庭在财产保全申请前集体失声，难说不是对宝贵资源的一种浪费。

---

⑱ ［美］加里·B. 博恩：《国际仲裁法律与实践》，商务印书馆2009年版，第1951～1957页。

3. 跨界操作难免触及仲裁之保密性

仲裁的一大魅力在于其保密性,当事人双方可在相对私密的空间内解决争议而不用顾虑被公之于众。然将仲裁保全申请移交至法院增加了仲裁信息外泄的风险,由于保全多发生与仲裁中,尚未出现仲裁结果,而此时由法院出具受理文书,受文书公开考核的影响,保全裁定极有可能被网上公开,当事人陷入争议这一信息自然被外界所知,不利于当事人生产经营,有违仲裁之保密性。

当一项事物的各项特性发生变更,此物是否还是原物?答案不言自明。我国当前仲裁财产保全制度确有调整之必要,以符合市场经济背景下仲裁的基本需求。综合看来,如何为仲裁财产保全松绑,真正实现程序独立,摆脱对民事诉讼制度的依赖,是完善仲裁财产保全制度的源动力。

三、理路构建与权力进阶:尊重制度成长的自主选择

破解路径依赖与制度困境,应当注重将诉讼财产保全与仲裁财产保全相剥离,寻找二者不宜相同的部分,重新分析仲裁财产保全生长的适宜土壤。而法律具有滞后性,频繁的修改法律会损害其权威,进行制度重构无疑也将是庞大而系统的工程,我们有理由怀疑在制度构建完毕后,仲裁财产保全制度会因路径依赖的加深而进入与解决方案格格不入的发展模式。面对这种情况,伽达默尔以哲学解释学为基础提出“通过法律解释,使法律文本的内容意义动态适应变化的社会情境和具体事态,便是法律发展的重要方式”⑲。为我们利用目标的分析解释方法重新对仲裁财产保全制度进行解读提供了思路,一旦以仲裁的私权性格为基础对其结构进行梳理,便有可能在分析中寻求到解决问题的方法。

(一)私法程序论:仲裁财产保全的私权结构构建理路

诉讼中的财产保全制度在功能上被赋予了多层次的意义,就其机能仅在理论层面就存在“临时救济说”“权益担保说”“措施说”“方便执行说”等学说,学者更倾向于从公法程序角度研究保全制度在结构上的矛盾。虽仲

⑲ 伽达默尔的解释学与中国法律解释,需要说明的是,其观点在应用法学领域多践行于固定模式的解释方法,本文中解释的概念应加以厘清,是从另一角度解读概念,并不局限于法律解释。

裁财产保全从表象上来源于《仲裁法》与我国民事诉讼法,然而前文已述,当前保全机制以法院为中心专为诉讼程序所打造,保全制度发展过程中并没有考虑到仲裁的特殊性。而仲裁中的财产保全较大程度上排除了公法机能,因为探讨语境有所收缩,仲裁领域的财产保全从构成上较之诉讼更为清晰,使双方在无绝对公权力介入的前提下以私权为视角开展对话、沟通与协商成为可能,这种可能虽直接来源于纠纷,但回归到双方行为本质无疑出自双方契约。正如同洛克所言,在人类理性范围内,人们有权按照他们认为适合的方式行事,有权决定他们的行动与自由,不必经其他任何人同意。因此以私语境分析仲裁财产保全之结构将成为剥离仲裁与诉讼中财产保全制度之首要步骤。

绝大多数仲裁案件之所以适用仲裁程序是由于仲裁条款,即双方协商的意思表示。在这一前提下,高度自治下的仲裁规则应当避免诉讼制度之羁绊以凸显个性,这种身份平等、意思自治的视角应为仲裁财产保全之滥觞。在此前提下,到具体的案件中,由具体的合同组成的法律关系应是每一个仲裁财产保全的独特标识。双方在签订合同时,基于对彼此能力及品行的判断,将自己的意思与对合作者的预判呈于书面文书之上,使每份契约都有了自己的性格。但是在仲裁条款的总的指引下,人们又明知自己将来若违反契约,会以损失财产所有权为代价,违约方的物权存在被债权化的风险,这一点在有担保项的契约中体现得更为明显。实质上缔约主体基于契约将自己置身于一个由法律关系交织而成的相对封闭的社会环境中,使物权变动条件有限的超越制度规定。因此,仲裁财产保全应当是由申请人仲裁请求权与被申请人对自己财产的处分权构成的债权物权合一的私权结构,无须公权干涉。

设计仲裁财产保全的私权结构,以其作为仲裁庭的行权基础能否经得起理论的推敲与现实的检验?是应用法学的基本要求,也是赋予仲裁庭作出财产保全裁决的正当性所在。依据罗尔斯的纯粹程序争议理论分析,程序不仅仅是公法的专利,私法程序也具有独立价值,不同于权利义务体系中的“能否做”“做什么”,它的存在意义在于告知社会中的各类主体“怎么做”,因此以当事人为中心的私法化程序是当然存在并且可以广泛适用的。仲裁的规则实质上是引导双方当事人在出现争议时解决争端的操作程序,是双方可协商选定、甚至自主设定的权利义务运行方式,具有私法行为特征,也赋予仲裁庭自行作出保全裁决的可能性。

就价值角度而言,以私法程序解释仲裁财产保全行为有助于国内仲裁路径依赖的摆脱,使仲裁基于私权逐步建立起自己的裁决执行体系,进而提高公信力。仲裁庭自行作出财产保全裁决,便于裁决与实施进行良性对接,最大限度地实现经济效果,也更加符合仲裁本质上自愿性、专业性、保密性等特征。但毫无疑问的是,当前我国民事诉讼法并没有授予仲裁庭这样的权力,而是由法院独享保全裁决权,现有制度对诉讼程序的依赖成为破解路径依赖的拦路虎,将仲裁财产保全逼入一个恶性循环中来。此时在立法与实践中,我们将面临这样一个问题:怎样引导法院类比执行环节接受保全裁决并进行实施?一旦法院拒绝承认由仲裁庭作出的保全裁决,仲裁庭是否有其他途径实施保全?解决这两个问题对于扭转财产保全操作程序的被动局面大有裨益。

(二)规则的有限超越:私权语境下仲裁财产保全维度的进阶之路

改变固有模式确有必要在法律之外对制度进行重新思考,使用类似于"自然法"的价值取向实现对滞后制度的超越。偏偏饶有意味的是虽法律之重往往非一般超越意图或行为所能承受,但是在"契约在当事人之间即法律"的基础上,当事人合意所形成的力偏离法律的形式主义,如同"洞穴奇案"般,摆脱了实证主义法学所追求的封闭的逻辑体系。

就仲裁财产保全的研究而言,这种合意形成的力将仲裁前后的整体契约推到台前。实务中当事人选择仲裁方式的契约在整体契约中常以仲裁条款的形式出现,再由条款所指向的仲裁规则实现争议解决。但这种契约尚不能跟法律比肩,因为各仲裁规则并未将仲裁程序从诉讼程序中剥离出来,我们正在使用的规则也仅仅是仲裁机构在成立之初设立的诉讼标准程序之补充而已。这种标准是仲裁机构作为第三方主观方面自上而下基于程序效率而作出的,没有体现出契约双方对于程序设置的基本意思。此外,虽然申请人仲裁请求权与被申请人对自己财产的处分权是仲裁财产保全制度的培养基,但在整体契约中仲裁保全裁决的作出与实施并没有书面明示,致使保全权力轮廓朦胧,权力主体也必然不屑一顾。这样一来,因制度依赖而产生的惯性正逐步吞噬着财产保全制度在国内仲裁领域的孕育。

1. 不可不说之博弈

目前我国仲裁运行的生态为仲裁庭在双方内部处理纠纷,法院在外部负责执行或采取临时性措施。我们可以把这种生态叫作合作,但依据辩证法,反向观察也可以看成是二者的竞争,同为争议解决机制,存在此消彼长的可能性实属正常。而在仲裁庭与法院的博弈中,合作与竞争的均衡点在什么位置?理性的制度安排又能起到何种效果?恐怕一时间难以得到解答。

在争议解决机制中,法院基于监督职能占据了权力优势,不重视甚至有意减弱数量优势,而国内大多数仲裁机构为提高公信力,促进争议解决方式的多元化发展,拟创造数量优势,但权力优势明显不足。通过观察可以发现权力与数量基本成正比发展,因为权力所带来的威慑力与强制力经过良性实施会转化为公信力,使各社会主体趋之若鹜,可以说无权力难言公信。现为提高仲裁公信力,设法院与仲裁庭就权力分配开展博弈,法院因占据绝对权力而处于主导位置。如果法院将保全裁定(决)作出与实施的权力让渡给仲裁使之更独立,其自身案件量得以缓和,仲裁庭的公信力得以提升,是一种双赢的做法;如果法院仅将保全裁定(决)作出权让渡给仲裁,就不能预估案件总量是否下降,并将在作出权与实施权之间的衔接问题上留下隐患,但仲裁庭的公信力肯定会基于保全裁决作出权的获得而上升,结果有利于仲裁庭而不利于法院;如果法院不就权力进行丝毫让渡,则其将继续面对案件压力,仲裁财产保全继续限于路径依赖,无疑是双输的结果。

通过以上分析,对现状的无动于衷定然是最不经济理性的做法。而将保全权力限定于保全裁决作出权作为我国仲裁的争取对象,法院在发现症结后,随时有可能改变状态收回权力,便不能从长远角度为仲裁财产保全制度提供保障。仲裁庭应当大胆地将保全裁决的作出与实施权作为目标权力,以争取话语权,为提升仲裁整体公信力打下基础。到这里一个疑问会困扰我们:即使获得了保全权力,离开法院羽翼下的仲裁怎样将权力延伸到双方当事人之外?

2. 权力的外部定位与财产的内部控制

社会主体更青睐法院的原因在于其作出的判决裁定不仅仅针对双方当事人,对外部社会与权利仍然有限制与侵犯的权力。相对而言,仲裁虽然可以基于自身做出的生效法律文书处分财产,但尚无权力对外发号施令。例如,仲裁庭即便自行作出银行存款保全裁决,银行也不可能基于该裁决而冻结客户的银行账户,仲裁庭也不能基于裁决在不动产登记中心查封当事人房产。因此,仅有法院允许而无强制力支撑的裁决仍然相当于白纸一张,需要对此问题加以解决。

回答这个问题首先需要说明一个前提:法院的执行权力要严苛于保全权力。从近年来看,法院执行权力是有所收缩的,如一些行政强制执行、行政处罚执行已经分散到各职能部门或组织,一些非行政机关如证监会、保监会、消费者协会等享有处分他人财产的权力。举重以明轻,仲裁庭完全可以参照这种模式取得保全权。但是这尚需相关法律法规作出系列调整,并与银行房产等部门进行漫长的沟通。

仲裁庭以控制财产不发生转移为目的,实质上达到此目的不一定需要仲裁庭以权力形式出现。在私权本位的视角下,只要当事人对仲裁庭的财产控制权力进行承诺,仲裁庭就能实现对保全申请中被申请方财产的控制。首先,仲裁庭有权基于当事人承诺要求保全申请中的被申请方提供财产担保,依靠当事人自主履行来实现保全权力。其次,根据对 H 仲裁委的问卷调查,房产与银行存款在申请保全的标的物中占有较大比例,对于不动产登记中心、银行、车管所等需要登记或由第三方管理占有的资产,仲裁庭可基于当事人承诺通过仲裁规则或固定模式的仲裁协议与保全申请的被申请方建立授权委托、资金托管等民事法律关系,利用这种拟制的临时代理身份与申请方就被申请方的房产、车辆进行短期抵押担保,就其银行资金建立资金监管账户,或参照大宗交易对银行资金进行预冻结,同样能够实现对财产的控制。最后,对于可直接转移占有的动产,仲裁庭可视情况予以临时接管。当然在第二、第三种情况下,仲裁庭需要做好合法占有与违法侵权之间的防火墙,并积极协调与产权部门之间的合作关系,以求最大限度地实现以私权控制程序。

无论是在外部重新定位仲裁权力,还是从内部打造攻坚钻与防火墙,仲裁规则总是争议主体之间整体契约中的最详细与最关键的部分,但我国民商事仲裁发展中恰恰存在这样一个问题:仲裁规则被严重忽视。这种忽视从根本上影响了仲裁财产保全制度的实现与完善。

3. 重视仲裁规则"选出"仲裁法

大多数当事人包括从业多年的法律工作者,在选择仲裁机构的时候只关注一个问题,即仲裁地点,对该仲裁机构的仲裁规则却不做任何查询,使大多数仲裁规则的功能仅仅局限于仲裁机构的内部准则,缺失对外的效用,也就发生了仲裁庭控制当事人财产权力的局限。

我们过多强调法律的稳定性与确定性，殊不知商业现实之发展日新月异，非滞后的法律制度所能赶超，仲裁法律制度发展陷入路径依赖，需要在现实基础上进行调整，用变化的视角预防法律的落后，这时制度环境与交易双方均期待一套降低交易成本、符合各方预期的仲裁规则。这样的仲裁规则应当成为绝大多数交易主体愿意遵守的范本，使仲裁规则处于不确定的状态，为仲裁解决方式争取更多解释权。各宗交易也会用脚投票，确定仲裁机构，基于法律本身并无知识产权，仲裁规则的效能可以复制，甚至达到特拉华公司法一般，在各仲裁机构之间引发一场制度的朝底竞争，使之更趋于公正、高效、便捷。

对于仲裁规则能否超越法律这一疑问，应当从私权逻辑予以解释。参考公司法学者布莱恩·R. 柴芬斯对于公司章程与公司法关系的观点，我们认为仲裁规则的使用主体往往能够判断自己所最需要的，应当允许参与方有相当的空间来超越法律。自下而上的推动方是法律不断完善的正途，如同最高人民法院于 2018 年 2 月 23 日发布的《关于人民法院办理仲裁裁决执行案件若干问题的规定》，其功能更多在于对实践中各类仲裁裁决的执行程序进行确认。由仲裁规则的不断更新与调整“选出”的仲裁法，才能符合经济发展变化与私权主体权利的双重要求。具体到仲裁财产保全，可以肯定的是，一旦仲裁规则对当事人财产处分权承诺和仲裁庭保全权力进行确定，便会以点带面逐步推动仲裁制度整体与国际商事交易接轨，实现仲裁权力的独立性，继而推动其公信力发展。

4. 对制度顶层设计运行操刀者之呼吁

现实中可以肯定的是，在法典制国家，无论再怎样笃信规则的力量，也终究会被执法者要求提供行为之法律依据。这一点无可厚非，毕竟私权讲求自由而公权讲求限制，二者的运行模式大相径庭。这时深化前文所述之外部权力定位需要从法的层面进行支持。法律的具体设计在仲裁规则选出仲裁法这一基本导向下有章可循，前文已作出总结：在仲裁财产保全程序中，应当至少给予仲裁庭保全裁决作出权，并在立法中给予为保全裁决实施权留有余地，以便发达区域利用制度提升经济效率，进一步带动立法以影响经济全局。目前亟待确定的是推动仲裁财产保全权力进阶的主体，即这场变革的操刀者。

实现个体的权益总需组成代表大多数利益的整体或集合，利用集体力量实现主张的集中,以追求最终效果,如行业协会或联盟。正是由于我国的仲裁机构缺乏这样的组织实现角色变化,以致制度层面始终不能逾越财产保全这一道鸿沟。而大家所期盼已久的中国仲裁协会自1994年组织筹备至今也仍未示之于众,使得各仲裁机构发展不均衡,没有统一步调,逐步缺失了对财产保全制度发展的控制与把握。就保全裁决作出权建设而言,因其矛盾相对程序化、内部化,推动阻力较弱,立法上的发声足以从容解决制度推进所面临的主要问题,而其竟因无法集中统一的声音而没有发声的出口。财产保全实施权更加考验仲裁与外部权力博弈的能力,这种博弈需要集中力量与智慧构建策略,在统一组织下实现利益。回顾法院执行财产查询控制的体系建设,也是最高人民法院带领全国法院与资本原始欲望进行对抗的过程。仲裁以法院实施保全为原则构建有限的实施权力,路途必然漫长而艰辛,需要各仲裁机构在统一组织的指导与协调下,积极取得司法机关的支持,沟通财产登记、保存或管理单位,建立覆盖面较广的财产保全实施系统,但也并非不可为之。因此欲实现仲裁应有的财产保全权力,应加快仲裁协会的建设脚步,使立法推进能够得到统筹安排。

Competition of Rules and Choices of Approaches: the Private Rights of the Property Preservation Mechanism of Civil and Commercial Arbitration

Wu Ai-Min　Li Xue-Bin

Abstract: Over a long period of time, the property preservation system serves the litigation field, and the property preservation in the arbitration area has strong dependence on the court. However from system science field with different logical starting point of the arbitration and litigation, arbitration property preservation system is in the development of path dependence, and this dependence should be give negative evaluation. It can be proved that the existing model lacks economy and does not conform to the basic characteristics of arbitration by conducting data research in the case of arbitration property preservation by the arbitration committee of H. To solve the problem, parse the structure of property preservation form the perspective of private rights, with arbitration rules of arbitration of property preservation, the power can be used as a development direction of arbitration property preservation.

Keywords: arbitration; property preservation; path dependence

试论仲裁公信力的确立与提升

刘仕胺

（西南政法大学　重庆　401120）

摘要：仲裁公信力的树立是我国仲裁事业发展的关键，它集中反映了仲裁制度的优劣、仲裁活动运行的情况和社会公众对仲裁的期待与评价。仲裁机构的能力、社会公众的评价和仲裁机构与法院及行政机关的关系作为确立仲裁公信力的三大主要因素，共同表明仲裁的发展并不是封闭的，而应适应市场环境并与社会现实需求同步，仲裁机构也应以提供满足特定社会个体的仲裁服务为目的。由此方能真正的提升仲裁的公信力，促进仲裁事业的良性发展。

关键词：仲裁；仲裁公信力；仲裁机构；社会需求

一、选题背景及研究视角

自1995年《中华人民共和国仲裁法》实施以来，我国仲裁事业发展势头良好，但同时也存在诸如仲裁公信力不足、仲裁还不完全适应经济发展需求等问题。在新时代新的形势下，《中共中央关于全面推进依法治国若干重大问题的决定》就指出，要“完善仲裁制度，提升仲裁公信力”，以期促进我国仲裁事业长足的进步与发展。与此同时，仲裁公信力的提升以及仲裁制度的建设也日渐成为仲裁实务界、学界等十分关注的话题。当下，许多学者对仲裁制度进行了深入细致的研究，也提出了相应具有建设性的意见。不可否认,仲裁制度的完善本身就是提升仲裁公信力的关键,但对仲裁公信力的研究却不仅仅是制度层面的问题,它还涉及仲裁当事人、仲裁机构、仲裁员之间的互动机制,涉及作出或将会作出仲裁选择的社会个体或个体之间的利益衡量问题,涉及行政权力对仲裁的监护等一系列问题。基于此认识,本文认为在对仲裁公信力提升问题之研究中,应当清晰界定"仲裁公信力"的内涵并关注仲裁活动运行的各个层面,提炼出影响仲裁公信力的主要因素,多层次全方位的解读仲裁公信力的整体面貌与提升路径。

仲裁是一种社会型纠纷解决类型,[①]受理的是平等主体之间的合同和其他财产性权益纠纷,其常常被用来与诉讼的纠纷解决模式相比较。但不同的纠纷解决方式各有利弊,关键并非谁更优越,而在于哪种方式更适合于特定的个体,以及他何以选择。[②] 社会个体在选择纠纷解决方式时会对一定的结果有偏好排列,会比较不同方式可能带来的不同的收益,并且会参考之前他人在类似情境下作出的选择或评价,最终选定能够实现其利益最大化的纠纷解决方式。仲裁作为我国多元化纠纷解决机制中的重要组成部分,有着高效性、经济性、自主性等天然优势,仲裁的出现极大地满足了市场经济活动中纠纷主体对经济与效益的追求。同理,社会个体所作的仲裁选择也绝对不是盲目的,其背后必然有对仲裁实际进行现实考量和理性分析的过程,这样的理性选择是我们在研究仲裁公信力问题时不可忽视之处。另外,仲裁活动由社会平等个体之间对仲裁的共同自主性选择以及仲裁机构对纠纷的恰当解决这两个部分组成,并且仲裁活动的启动需要作出仲裁决定的社会个体支付一定的费用。有偿的纠纷解决是仲裁机构和该社会个体之间的连结点,仲裁实则是仲裁机构和社会个体之间的双向选择和交易。仲裁好比一个微型的商品服务交易市场,仲裁机构和社会个体分别是仲裁服务的供求双方,当我们探讨影响仲裁的公信力的因素之际,不得不考虑仲裁机构的服务能力和潜在的消费者即社会个体的消费需求及消费感受。由

① 学者徐昕在其著作《论私立救济》中把纠纷解决权力救济机制分为私立救济、社会型救济和公力救济三种。其中,公力救济分为司法救济和行政救济,私立救济分为强制和交涉,社会性救济诸如调解和仲裁。此分类按纠纷解决过程是否有第三方介入及第三方的身份地位如何划分。仲裁的本质属性是民间性且由仲裁机构作为第三方中立裁决,所以可作为社会型救济一类。

② 徐昕:《论私立救济》,中国政法大学出版社 2005 年版,第 132 页。

此,本文在对仲裁公信力的确立和提升的探讨过程中注重观照社会个体的理性选择和需求,依循社会个体对仲裁的现实需求与仲裁的实际发展之间的差距及如何促使二者趋同前进。

二、仲裁公信力的内涵分析

有学者对现有关于公信力的四种观点,即"信用"观、"资源"观、"能力"观、"信任"观分别进行了点评,并认为公信力指的是公共权力领域与公民社会领域中以组织形态存在的行动者(公共机构)及具有"公共性"的抽象存在物(主要包括语言、制度、权力、货币、真理等),因赢得公民的普遍信任而拥有的权威性资源。③ 本文认同公信力首先表现为一种权威性资源,它之所以重要,是由于作为一种权威性资源的公信力恰好能为某公共机构的存在及其延续的必要性提供源源不断的合法性基础和正当性理由,任何一种公共机构都不可避免地要建设和维护自身的公信力。而我们通常谈及较多的是政府和司法的公信力,现有的对政府公信力、司法公信力的大概界定以为:政府公信力是指政府因对法定权力和职责的履行而获得社会民众的信任,它是政府在自身能力限度内的实际践约状态而取得公众的信任;④ 司法公信力是司法机关依法行使司法权的客观表现,是裁判过程和裁判结果得到民众充分信赖、尊重与认同的高度反映。⑤ 政府、司法的公信力的共同点在于二者都是根据其职权而履行相应的职责并由此获得公共的普遍认同。所以,公信力的内涵实则包括公共机构依其职权、功能的定位履行相应的职责从而获得的一定社会公众的认同度和满意度,并最终上升为一种权威性资源。

本文从公信力的内涵以及政府、司法公信力的概念中获得的启发,认为仲裁的公信力就是仲裁机构依托其专业背景,根据争议双方的协议,及时、公正的作出有约束力的裁决以化解纠纷,因赢得公民的普遍信任而拥有的

---

③ 周治伟:《公信力的概念辨析》,载《攀登》(双月刊)2007 年第 1 期。

④ 政府公信力-MBA 智库,载 http://wiki.mbalib.com/wiki/%E6%94%BF%E5%BA%9C%E5%85%AC%E4%BF%A1%E5%8A%9B,最后访问日期:2017 年 11 月 15 日。

⑤ 司法公信力-MBA 智库,载 http://wiki.mbalib.com/wiki/%E5%8F%B8%E6%B3%95%E5%85%AC%E4%BF%A1%E5%8A%9B,最后访问日期:2017 年 11 月 15 日。

权威性资源。从宏观上看,仲裁公信力就是仲裁及其存续的权威性、正当性和社会合法性问题,但从微观角度来看,实则涉及仲裁机构的职权定位和履职情形及社会公众对仲裁进行的评价两个层面,可谓一个问题的两个方面。一方面,仲裁的公信力强调对仲裁机构的精确定位和对其职能履行的要求,但真正实现这一要求的基础还在于仲裁机构的行为方式和自身的能力水平,因而进一步延伸了仲裁机构的能力对于仲裁公信力的决定作用;另一方面,仲裁公信力须关注社会公众对仲裁的信赖感和认同度,社会公众的评价作为衡量仲裁公信力的关键因素也应纳入仲裁公信力的考察范畴。

仲裁机构作为一种纠纷解决的社会组织,其性质和功能必然有别于具有国家强制力保障的法院司法。我国的仲裁机构在建立和运作等方面都有行政推进的痕迹,而当事人在仲裁过程中申请财产、证据的保全,申请仲裁裁决的撤销和执行等活动又与法院有了联系,仲裁活动受行政和司法的双重监督。所以,仲裁机构的运行这样一种受制于又依靠于行政机关和法院的现状决定了仲裁的发展需要检视仲裁机构与行政机关和法院的关系。已有的公信力的概念并不能完全囊括仲裁公信力的内涵,对仲裁公信力的探讨还要回溯与延展仲裁机构的社会关系,尤其是仲裁机构与法院和行政机关的关系。

通过对仲裁公信力概念的界定,本文认为,我们可以从仲裁机构的能力、社会公众的评价、仲裁与法院及行政机关的关系三个维度去透视仲裁公信力,但三者并不是截然分离的,它们共同形塑了仲裁公信力的整体面貌并决定了仲裁公信力的提升路径。

三、仲裁机构的能力

仲裁的优势常常是在和诉讼的对比中得出的,仲裁的几大主要优点包括经济性、保密性、专业性、灵活便捷、具有法律效力、独立性、国际性。这些均体现了仲裁机构在诸多纠纷解决途径中的核心竞争力和吸引力,而真正要让仲裁的优势得以发挥需要具体考察仲裁机构的能力。所谓仲裁机构的能力,即仲裁机构内部组成人员以某种行为方式,依据一定规则高效权威地解决纠纷的能力。仲裁机构内部组成人员主要包括仲裁员和仲裁秘书以及其他参与仲裁机构内部运行管理的人员,仲裁员是核心;行为方式主要表现为仲裁程序和运行机制的规范化,是对仲裁活动便捷、规范性的一种要求,以便保证仲裁活动的公正、公平和便民,两者都是为最终的仲裁结果服务的,即确保仲裁结果的高效权威。通俗来讲,即"人要信得过,过程很靠谱,结果有保障"。这也是彰显仲裁公信力最直观的表象,是影响社会公众作出仲裁选择最显著的制约因素。由此,我们大抵可以从仲裁员素质、仲裁程序和运行机制的规范化程度、仲裁结果的高效权威性三个部分进行分析。

(一)保持仲裁员队伍的高素质

仲裁采取的是"一裁终局"的纠纷解决模式,这虽是仲裁高效率的表现,但同时也揭示了仲裁的弊端之所在,即矛盾纠纷的双方必须考虑一裁终局模式可能造成的误裁误判风险。而仲裁机构的能力建设最重要之处便是努力降低这种风险系数,确保仲裁裁判的合法合理,使选定仲裁作为纠纷解决方式的当事人双方能真正信赖这样的一种处理模式。在整个仲裁活动中,最关键的部分乃仲裁员对纠纷的裁判,即仲裁员对仲裁裁判起核心主导作用,那么仲裁员的素质高低就直接关乎当事人的利益和仲裁的公信力。所以,在现有的仲裁制度下,确立和提升仲裁公信力首先就须对仲裁员的素质进行把关,使仲裁当事人双方能够充分自主地选择合适的仲裁员,获得定制的纠纷解决服务。仲裁员素质高低可以从其专业素质和职业道德两个层面进行评价,其中专业素质是基本,职业道德是保障,一位高素质的仲裁员应该兼具高水平专业素养和良好的职业操守,偏废其一都不能获得仲裁员身份。

第一,注重仲裁员的选拔,保持仲裁队伍的专业性。我国《仲裁法》第13条规定"仲裁委员会应当从公道正派的人员中聘任仲裁员。仲裁员应当符合下列条件之一:(一)通过国家统一法律职业资格考试取得法律职业资格,从事仲裁工作满八年的;(二)从事律师工作满八年的;(三)曾任法官满八年的;(四)从事法律研究、教学工作并具有高级职称的;(五)具有法律知识、从事经济贸易等专业工作并具有高级职称或者具有同等专业水平的。仲裁委员会按照不同专业设仲裁员名册"。除了《仲裁法》的规定,各地对仲裁员的聘用也有更为详细的标准和要求,总之,我们国家对仲裁员的任职资格考核得颇为严苛,即首先要求仲裁员应该是相关领域的行业精英。这也是仲裁的专业性优越于诉讼的地方,因为仲裁员不仅包括法律专业人士,更有如金融、贸易等其他领域的优秀人才。但这种要求更多地体现在对仲裁员知识层面的考察,而专业素质不仅应该包括对专业知识的掌握,更应该具有专业变现的能力,即在仲裁过程中仲裁员专业知识能内化为仲裁裁判的能力。好的律师和学者并不直接等于好的法官,仲裁裁判需要仲裁员有类似于法官的思维和裁判的能力,这要求仲裁员能掌控整个庭审过程,具备良好的沟通技巧,能尽快理顺当事人双方的争议焦点,并利用自身的专业知识进行综合分析而解决纠纷,使当事人双方的利益都能得到最大的维护。但利用专业知识进行裁判的能力并不是随着专业知识的积累就自然而然具备的,还需要仲裁员有目的性的进行学习和训练,方能熟练的利用专业知识进行裁判。所以,本文认为仲裁员应该具备较高的专业素质不仅仅是仲裁员对各自领域的专业知识的精确掌握,还有基于自身专业优势而习得的裁判能力。

第二,注重对仲裁员的考核,加强仲裁员的职业道德建设。如果说对仲裁员专业素质的要求是为仲裁员能够进行仲裁裁判而设定,那么对仲裁员职业道德的规定就是为整个仲裁活动的客观公平、独立公正提供坚实的保障。我国《仲裁法》中就指明要从公道正派的人员中聘任仲裁员,并且对仲裁员的回避做了相关规定,以防影响仲裁员的中立位置。此外,各仲裁委对仲裁员的道德准则也有相关规定。以《北京仲裁委员会仲裁员守则》为例,该守则对仲裁员的基本职业道德提出了要求,如仲裁员应当公正、公平、勤勉、高效地为当事人解决争议;诚实信用的报告自己是否满足符合接受当事人选定或仲裁委主任指定担任仲裁员的条件,不得为谋求选定而与当事人接触;仲裁员接受选定或指定时,有义务书面披露可能引起当事人对其公正性或独立性产生合理怀疑的任何事由;不得收受当事人双方的请客送礼和其他利益等。⑥ 上述规定的最终目的乃提醒仲裁员恪尽职守、遵守职业道德,以事实和法律进行审理和裁判,这是仲裁员最基本的职责,也是不容逾越的职业底线。仲裁公信力本身就是一个需要长期积累的过程,但仲裁员一次不遵守职业操守的行为,小到消极懈怠,大到枉法裁判都可能使长久以来点滴累积的仲裁公信力一朝崩塌。所以,应当严格按照《仲裁法》的规定,凡是仲裁员私自会见当事人、代理人,或者接受当事人、代理人的请客送礼,情节严重的或在仲裁案件的时候有索贿受贿、徇私舞弊,枉法裁决行为

---

⑥ 具体参见《北京仲裁委员会仲裁员守则》,2006 年 8 月 14 日第四届北京仲裁委员会第五次会议修订并通过,自 2006 年 9 月 1 日起施行。

的，应当依法追究法律责任；针对其他违背职业道德的行为，仲裁委员会应当将其从仲裁名册中除去，不得再担任仲裁员。对仲裁员职业道德的要求不仅仅关乎仲裁的公信力，还能树立仲裁员的职业归属感、责任感和荣誉感，创造纯洁的仲裁员队伍，提高整个仲裁裁判的水准。

（二）促进仲裁程序和运行机制的规范化

当下，我国仲裁程序有“诉讼化”的趋势，且仲裁机构内部运行机制缺少必要的行为规范，在确立和提升仲裁公信力的过程中有必要以仲裁程序的规范化取代仲裁程序的诉讼化，加强仲裁机构内部的运行管理。

第一，避免仲裁程序非良性诉讼化，给予当事人充分的自治权。所谓仲裁的诉讼化，是指仲裁在程序运作上与诉讼越来越相像，即仲裁程序日趋复杂和正式，如本适用于法院诉讼的证据规则、证据开示等制度被引入到仲裁中，在某些案件中，仲裁员就像法官一样被成堆的文件所包围。⑦当然，我们在批驳“仲裁程序诉讼化”的问题时，不应该完全摒弃对仲裁当事人双方进行必要的程序性安排。正所谓“无规矩不成方圆”，相对清晰的仲裁规则会从整体上减少当事人双方的活动成本，只是这样的规定必须给予当事人双方充分自由协调和选择的空间。为保证仲裁程序的公正性，法律对仲裁程序中的某些重要问题应设置一些限制，但对仲裁程序的强制性规定应仅保持在程序正当性最基本要求的水平上。相应地，就需要确认仲裁的自主性原则，仲裁作为与诉讼并行不悖的纠纷解决制度，其根据在于“当事人自治原则”。当事人意思自治是整个仲裁制度的基石和核心，也是仲裁与诉讼最根本的区别。离开当事人意思自治，仲裁就会变味，就会成为诉讼的翻版。⑧ 在仲裁过程中，充分尊重当事人的自主选择权，以当事人活动为主导，由当事人双方自主决定是否通过协议将争议提交仲裁解决，并由仲裁当事人自行选择仲裁机构、仲裁程序和仲裁规则。仲裁法没有规定的，由当事人协商确定解决的方法，当事人提出的方案应得到充分的尊重和考虑，如果当事人没有协商或者协商不成，不能提出大家一致接受的方案，则可授权仲裁庭按照仲裁效率标准作出适当安排。在任何情况下，仲裁庭在获得当事人的明示或者默示同意后，可规定由其自行斟酌采取他们认为适宜的措施，

---

⑦ 丁颖：《论仲裁的诉讼化及对策》，载《社会科学》2006 年第 6 期。

⑧ 从雪莲、罗楚湘：《仲裁诉讼化若干问题探讨》，载《法学评论》（双月刊）2007 年第 6 期。

法院不应加以干涉。[⑨] 总之,仲裁的程序设置应该充分体现对当事人自主性的尊重,以保证仲裁活动能有序开展为限,减少当事人在仲裁活动中不必要的程序性累赘。

第二,加强对仲裁机构工作人员的约束和管制,提高仲裁服务品质。我国仲裁制度对仲裁相关辅助性工作人员的行为规范还不健全,特别是对仲裁机构内部的行政管理人员的约束和管制以及对仲裁秘书的管理。

在对仲裁机构内部行政管理人员的约束和管制方面,主要表现为行政化严重,对管理人员的职能规定和履职要求不清。在我国,仲裁委员会不独立,行政官员兼任仲裁委员会主要领导的现象在我国已经见怪不怪。仲裁委员会主任不行使职权,滥授权、乱授权的现象严重影响仲裁公信力。仲裁委员会委员由相应部门的领导担任,按照《仲裁法》和仲裁委员会章程的规定,应该定时召开委员会会议,履行相应的职责。但仲裁委员会会议不按时召开、不履行仲裁委员会章程赋予的职责、换届随意等现象非常普遍。[⑩] 所以,对仲裁机构内部行政管理人员的约束和管制必须明确仲裁行政管理人员相应的职责和义务,通过社会监管、行业监管、内部监管对仲裁机构的行政管理人员进行监督和管理,并让其承担相应的管理后果。

仲裁秘书是协助仲裁员开展仲裁裁判的关键性工作人员,仲裁秘书的职能和素质也会影响仲裁裁判。仲裁从审查立案到案件分配,从受理案件、通知答辩、处理管辖权异议、证据交换、转送保全申请,到仲裁庭的组成、仲裁员的回避、安排评议、庭审的时间,再到安排各种司法鉴定、调查取证、处理临时突发性的程序问题,直至最终整理裁决,这些工作都是由秘书完成的。[⑪] 其中办案秘书比较固定,可以掌握跟踪整个仲裁案件的详细情况。因此,在仲裁案件的办理过程中,可能会出现办案秘书有意或无意的干扰仲裁程序,影响案件的实体性问题,对仲裁裁决的公正性造成一定影响。[⑫] 所

⑨ 汪祖兴:《效率本位与本位回归——论我国仲裁法的效率之维》,载《中国法学》2005 年第 4 期。

⑩ 龚政、吴文星:《民商事仲裁运行机制对仲裁公信力的影响》,载《法制博览》2015 年第 1 期。

⑪ 蒋滨:《民事诉讼审前准备程序研究——兼对仲裁案件审前程序的一些思考》,载《北京仲裁》2004 年第 52 期。

⑫ 卢楠:《关于我国仲裁制度去行政化的对策建议》,载《法制与社会》2016 年第 12 期。

以,在仲裁机构的能力建设之中,不能忽略对仲裁秘书的约束和管制,必须明确仲裁秘书的职能和工作范围,提高仲裁秘书的服务能力,对仲裁秘书影响仲裁裁判的行为进行处罚,避免仲裁秘书给案件裁判造成不正当的影响。

(三)保证仲裁结果的高效与权威

结果因素同样会影响社会个体是否作出仲裁选择,仲裁结果也是当事人双方最为关注的地方,是影响仲裁公信力的关键。我们通常意义上讲的仲裁结果指仲裁裁决书中的裁判内容,但最终的裁决结果不可能对当事人双方都有利,这还不足以构成当事人双方协议选择仲裁的主要因素,所以,这里的仲裁结果泛指仲裁的整体效果,即仲裁能给当事人双方带来的最大收益。其中,高效与权威是影响收益最大化的主要元素,在一定程度上满足了社会个体作出仲裁选择的心理预期。

仲裁结果的高效指通过仲裁这一纠纷解决方式能更快的取得裁判结果,满足了市场主体对效率的追逐。由于仲裁制度直接服务于我国市场经济,而以权利自主、意思自治、契约自由为法律基石的市场经济的基本要求是对社会资源进行高效、合理的配置,使有效的资源尽可能地产生最大的经济效益,所以,仲裁的价值目标必须与市场经济的要求保持一致,为市场主体解决争议提供高效率的服务。⑬ 众所周知,诉讼程序复杂、周期长,诉讼中不确定因素极多,往往更加耗费当事人双方的时间和精力,影响双方的经济效益。仲裁恰好可以弥补上述不足,仲裁实行一裁终局制度,没有二审、再审等程序,不会使最终结果长期悬而未决,仲裁过程中又充分尊重当事人之间的意思自治,给当事人带来许多的方便,使当事人双方可以减少时间和精力的投入。此外,我国《仲裁法》第40条规定,“仲裁不公开进行。当事人协议公开的,可以公开进行,但涉及国家秘密的除外”。这对于从事商业活动的主体尤为重要,可以避免因纠纷和诉讼而影响其社会形象,减损其商业信誉,不会因仲裁而给当事人双方造成额外的压力。总之,仲裁的高效使当事人双方以最小的私人成本投入获得最大的利益收入。

仲裁结果的权威,指仲裁结果不仅具有法律效力,同时兼具公正性和合理性,得到法律和当事人的双重认可。在仲裁中,仅仅关注仲裁的高效是不够的,效率优先可以保证当事人在较快的时间内取得裁判结果,但不一定能

⑬ 丁颖:《论仲裁的诉讼化及对策》,载《社会科学》2006年第6期,第113页。

保证当事人能取得合乎其权益配置的良好结果和实现其利益保护的目的,所以,仲裁在效率和权威层面理应彼此协调,相互促进。仲裁的法律效力来自法律的规定,我国《仲裁法》规定当事人一方不履行仲裁裁决的,另一方当事人可以依照民事诉讼法的有关规定向人民法院申请执行,且通过调解达成协议的,仲裁庭制作的调解书与裁决书具有同等的法律效力。可见,仲裁结果可以得到法院的协助执行,这进一步提高了仲裁的法律权威。但同时,我国《仲裁法》规定当事人有申请法院撤销裁决的权利,这对仲裁活动提出了更加严格的要求。仲裁裁决被撤销意味着对仲裁裁决的否定,影响仲裁的公信力,所以,仲裁应尽量避免其裁决被撤销。这迫使仲裁更加注意其内部的程序规范,更加关注仲裁的公正性和合理性,自觉维护仲裁的权威。

无论是仲裁员的高素质还是仲裁程序的规范性,它们都是为最终的仲裁结果服务的,前者保证仲裁的专业性,后者通过优化程序设置提高仲裁的效率和确保仲裁结果的公正性。而仲裁结果的高效与权威实则是仲裁中多方面因素通力作用的结果,仲裁机构的能力是一个不可切割的整体,它们彼此促进才使得社会个体作出仲裁选择。

四、社会公众的评价

仲裁公信力也源自于社会公众对仲裁的普遍信任,但我国仲裁事业方兴未艾,普遍的社会信任还未建立,仲裁公信力尚处于需要不断提升的阶段。仲裁赢得社会公众的普遍信任不外乎表现为两个方面,一是社会公众对仲裁有一个基本的认识且普遍具有选择仲裁来解决纠纷的意愿;二是在全社会范围内已形成对仲裁的良好评价的氛围。选择的意愿可能来自良好的评价氛围,而良好的评价氛围也可能是无数次选择结果的真实正面的反应。但在仲裁发展的初期,社会个体对仲裁知之甚少,鲜谈不上主动作出仲裁选择,遑论良好的社会评价氛围。从个体理性选择层面来看,社会个体在作出某种选择时会参考他人的经验和评价,用以平衡选择相对方之间信息的不平衡和不对称的状况,以预测所选内容得以实现的概率,从而作出合乎自身利益的选择。这也是由于人本身是社会的动物,具有社会性,人在社会中的行为总是会受到他人的影响,他人对仲裁的评价也会影响自己对仲裁的评价,从众和趋同的社会心理会是一种相对稳定影响社会个体是否决定作出仲裁选择的力量。即使仲裁的特点和优势都十分明显，仍不能完全打消社会个体对仲裁应然层面的作用和实际实施情况可能会存在偏差的这样一种认知，社会个体对仲裁作出选择时定然会参考社会公众对仲裁的评价。对于特定个体来讲，没有什么比亲历者的经验更具有说服力。由此可见，已有的经验和评价对社会个体作出仲裁选择的指引力量十分重要。本文认为社会公众的评价好坏是衡量仲裁公信力高低的标准，而这种评价既可能是参与仲裁活动的经验总结也可能是对已知晓的仲裁知识的一种抒发和议论，针对前者我们可以建立个案反馈机制来收集和传播相应真实的评价，后者通过对仲裁的推广，传递仲裁制度与仲裁理念等具体知识，点燃仲裁热点，引领社会公众的广泛参与和讨论，从而营造大众的仲裁文化的氛围。

（一）建立个案反馈机制

社会个体对仲裁的理性选择往往需要掌握仲裁的相关信息，通过对仲裁的了解以建立信任关系，而信息的来源就包括已有的参与仲裁的经验和对仲裁活动的评价，且这样的评价对社会个体的仲裁选择影响甚大，决定了仲裁作为纠纷解决途径是否可以平民化、普遍化。对于仲裁机构来讲，收集社会公众对仲裁的评价以考量自身被认同和信赖的情况，可以在此基础上，了解市场需求、吸收公众不满、获得有益意见，从而不断对自身进行改进，提升竞争实力。从当前情况来看，社会公众对仲裁的评价还比较零散和匮乏，仲裁活动又具有非公开性，更加制约了社会公众对仲裁的了解和点评。所以，我们有必要建立统一的评价平台，依托实际参与仲裁活动的社会个体对仲裁的真实客观的反馈和建议，使社会公众能普遍参与到我国仲裁事业的发展之中。基于社会公众的评价对仲裁公信力和仲裁的长远良性发展的重大影响，本文提出要建立统一的个案反馈机制。个案反馈机制从根本上讲，是以信息传递和信息交流为核心要素的反馈机制，既是一种公众对仲裁进行评价的平台，也是一种管理创新的机制。

第一，个案反馈机制偏重参与具体仲裁案件的当事人及其他参与人对整个仲裁活动的反馈。尽管仲裁公信力的确立是在整个社会范围增进对仲裁纠纷解决的信心和正面评价，但仲裁的发展是渐进的，仲裁公信力需要慢慢积累，从关注个案开始，注重具体案件参与人的信息反馈和评价，由此掌握真实、生动的信息，使社会公众对仲裁的评价有所凭借，摆脱空洞、毫无根据的各种推测和设想。

第二，个案反馈机制是仲裁活动参与人对整个仲裁活动的全面反应。反馈的内容贯穿从仲裁受理到仲裁终结的全过程，涉及仲裁的方方面面，既有对仲裁机构，仲裁内部工作人员工作职责履行和工作效率、工作态度等的评价，也有对仲裁员的专业素质的点评，还有对仲裁中存在的不便和不足之处的意见建议等。总之，个案反馈机制为社会公众提供了最大的仲裁真实情况的传播平台，可以提升仲裁的热度和关注度，也是对仲裁机构的运作和管理的社会监督的模式之一，能促使仲裁增进自身的开放性和公正性。

第三，个案反馈机制既包括参与仲裁活动当事人双方的主动评价，也包括仲裁机构的积极回访。当事人双方的评价可以展示他们对仲裁效果的满意程度，若当事人取得相对满意的结果反而并不热衷进行评价，可能直接表现为他们对仲裁的持续信赖和选择，但这并不利于提升整个社会氛围的良好评价范围，所以，仲裁机构还应该积极回访，扩展个案反馈的资源。

第四，个案反馈机制的实现需要仲裁机构搭建信息交流平台，管理信息流通。本文提出的方案就是利用信息网络建设仲裁个案反馈信息系统并将其作为各仲裁机构官网的组成部分，确保社会公众可以在系统平台上发布信息和进行信息交流，并由仲裁机构系统进行日常维护，管理信息流通，对信息进行评价选择和处理生成，确保不侵犯他人隐私和商业秘密，最大限度保证信息的公开和公示，对仲裁过程中的一些疑惑进行及时应答，化解社会公众和仲裁之间的信息不对称的局面。

（二）开展仲裁的推广

任何一项制度设计都必须面向公众，使公众了解、理解和支持，从而内化为他们自觉的心理取向。信任的建立需要委托方和受托方相互了解，信息不对称是不信任感产生的重要原因之一。因此，仲裁委员会要主动地通过各种媒体建立与公众的沟通和互助，形成良好的舆论环境。⑭ 打造仲裁可信赖的舆论环境还需要主动出击推广仲裁文化，文化是一种软实力，更是一种氛围，它的力量不在于通过命令或者其他强迫的方式要求相关人士如何行为，而是无声无息地潜入人的心灵与思维，潜移默化地改变他们的行为模式。⑮ 为促进仲裁文化的传播，仲裁的形象推广大概包括以下几个方面：

---

⑭ 张琳琳：《谈仲裁公信力的制约因素》，载《法治与社会》2009年第12期。

⑮ 汪祖兴：《仲裁机构民间化的境遇及改革要略》，载《法学研究》2010年第1期。

第一,仲裁的推广需要仲裁机构定位清晰,树立竞争意识。仲裁推广的本质虽相当于一种文化的传播,但可归结于仲裁机构引导社会公众的正面评价,提升仲裁的公信力的一种努力,这其中仍是有一种急切功利的追求。所以,仲裁机构必须明确自身功能定位,确定自身独特的价值所在,宣传自身的制度、理念、优势和特点,以致力于提供更多的纠纷解决服务,同时关注竞争环境和市场需求的动态变化,合理规划仲裁机构未来的发展目标、市场份额、扮演的角色,以市场为导向,树立公平竞争意识,走向市场,按照市场规律,获得仲裁发展的资源,不断提高自身在多元化纠纷解决模式中的业务能力和地位,以赢得社会公众的青睐。

第二,注重推广创新和推广的层次。仲裁的推广应该建立一套集推广理念、方式和策略的传播体系,充分利用电视、广播、报刊等传统媒介进行传播,此外还可运用时下流行的传播观念和传播方式,大力推广网络传播,如加强自身门户网站建设,微博、微信平台的运行,提高传播范围。此外,还要协调好仲裁专业领域的深度交流和基本仲裁的知识普及两个层面,丰富仲裁文化推广的层次安排,促进仲裁文化与社会的融合,提高仲裁的接受度。

第三,树立"整体推广"的意识。虽然各仲裁机构之间相互独立、没有隶属关系,各仲裁机构大可打造自身亮点以吸引更多社会主体选择其作为纠纷解决的机构,但仲裁事业的长远、可持续发展却有赖于整个社会仲裁文化的塑造。所以,各仲裁机构应该以合作之姿态共同致力于仲裁文化的推广,促进整体仲裁文化和制度的传播,避免造成各仲裁机构之间的恶意竞争和互相诋毁,影响仲裁的整体形象。

五、仲裁机构与法院、行政机关的关系

现代意义上的仲裁作为一种民商事纠纷的争议解决方式,是随着资本主义商品经济的蓬勃发展和为适应市场主体对高效便捷的纠纷解决方式的迫切需求得以萌生,并在此后的发展中逐步实现了自身的制度化和法律化,且呈现出明显的自主性和独立性的特点。基于我国的特殊历史政治背景和社会物质条件,仲裁在我国的发展一直没有脱离行政主导的命运,同时在某些程序上又必须借助司法的力量保证其得以系统的运行,从而使仲裁在我国带有浓厚的行政色彩和司法依附性,也使我国仲裁机构的设置和运行具

有了相对独特的一面,且很大程度上有别于西方仲裁的运作模式。可以说,我国离独立自主的仲裁机制还有很长一段距离,诸多不合理的安排和程序限制使我国仲裁的发展还不能完全匹配市场主体对仲裁制度的真正需求,严重制约了社会个体对仲裁选择的积极性。所以,在探讨仲裁公信力的时候定绕不开在中国这样的社会环境下,如何释放仲裁的自主性和独立性,如何处理仲裁机构与其他公权力机关的关系问题,尤其是仲裁机构与之联系密切的法院、行政机关的关系。

(一)处理与行政机关的关系

仲裁机制的确立原本有一个相对自发的生长过程和历史嬗变的进程,但仲裁在我国却算是一个舶来品,我国仲裁的发展借鉴和移植了外国的仲裁制度,且在行政主导下进行确立和改革,以至于我国的仲裁制度一直带有浓厚的行政色彩。不可否认,在仲裁制度的探索和前期发展阶段,行政主导模式为我国仲裁的发展提供了诸多的原动力,但却违背了仲裁的民间性本性,仲裁的行政化已经严重制约了我国仲裁的长远发展,于是越来越多的人倡导回归仲裁的本性。

在实践中,仲裁行政化的表现形式多种多样。虽然表现形式不一,但是,政府行政主导下的仲裁机构的运行模式,是我国仲裁机构行政化的共同特征。[16] 例如,行政机关过多地介入仲裁活动,一些地方政府力图把仲裁委员会办成当地政府的下属职能部门,以行政手段干预仲裁委员会的工作。在一些地方,重新组建的仲裁委员会由市政府法制办组建和出资,仲裁委员会主任由政府法制办主任,甚至市政府有关领导担任,每年的全国仲裁工作会议由国务院有关机构组织召开。[17] 又如,仲裁委员会办事机构领导由行政官员兼任;党政机关领导干部在仲裁委员会成员中所占比例过大;仲裁机构长期依赖政府的财政拨款;多数仲裁机构习惯用行政权力、行政手段推广仲裁工作。[18] 再如,政府的干预和介入比较多;内部管理行政色彩浓厚;仲裁机构在政府部门的主导下设立和发展;仲裁机构在人事管理和财务管理

---

⑯ 罗楚湘:《仲裁行政化及其克服》,载《江西社会科学》2012 年第 3 期。

⑰ 转引自罗楚湘:《仲裁行政化及其克服》,载《江西社会科学》2012 年第 3 期。

⑱ 转引自罗楚湘:《仲裁行政化及其克服》,载《江西社会科学》2012 年第 3 期,第 147 页。

等方面,严重依赖政府部门。[19] 不仅仲裁机构的人事、财权被行政机关所控制,而且在管辖权、裁决及其监督和执行等运行过程中也能明显感受到行政力量的左右,仲裁裁决沦为行政裁决。[20] 而上述仲裁行政异化的情形在欠发达地区尤为明显,受制于经济发展水平和仲裁文化基础的缺失,这些仲裁机构规模普遍较小且受理的案件数量有限,在财政上离不开政府的帮扶,很难实现自主管理、自主支配、自负盈亏。财政上的不独立及行政人员大量涌入并主导仲裁机构的运行,仲裁机构的民间属性被架空,各地政府很难保证不会为利益考虑而依托行政权力干预案件管辖和审理。仲裁的优势十分明显,但仲裁的发展也有一个过程,有赖于市场经济发育成熟和仲裁文化的培养,行政主导下的仲裁只会使仲裁的优势被弱化,偏离仲裁的本意,也就丧失了对市场主体的吸引力。仲裁制度和理念的普及当然需要政府的支持和推广,但行政机关却要给仲裁的发展留下独立自主的空间,使仲裁机制能依其本性健康生长。所以,为迎合市场需求和赢得市场肯定,仲裁机构必须回归民间性。仲裁机构的民间化是仲裁机构独立、公正的保障,是仲裁克服长官意志、行政干预、地方保护主义弊端,提高公信力的制度基础。因此,坚持仲裁机构民间化,不仅是贯彻落实仲裁法的需要,也是仲裁机构提高自身信誉,保持长久生命力的客观要求。[21]

(二)协调与法院之间的关系

仲裁对司法的依附性在于法院对仲裁有司法监督的权力,仲裁的司法监督,乃是国家通过法院对仲裁施以审查的方式来达到支持其发展的目的,[22]尽管仲裁有独立性和自主性的特点,但并不意味其独立自主毫无边界。作为为立法所确认的仲裁,其本身从创建始就携带着意思自治及对意思自治的限制,也就是说,仲裁总是一种相对的意思自治。不同时代、不同地域所形成的仲裁体制始终不变的是这种相对的意思自治,变动的则是意

[19] 转引自罗楚湘:《仲裁行政化及其克服》,载《江西社会科学》2012 年第 3 期,第 147 页。

[20] 丁颖:《论仲裁的诉讼化及对策》,载《社会科学》2006 年第 6 期,第 119 页。

[21] 王红松:《坚持仲裁民间性 深化仲裁体制改革——论仲裁法修改应重视的问题》,载《北京仲裁》2007 年第 23 期。

[22] 汪祖兴:《仲裁监督之逻辑生成与逻辑体系——仲裁与诉讼关系之优化为基点的渐进展开》,载《当代法学》2015 年第 6 期。

思自治的相对程度。[23] 必要的司法监督可以在保持仲裁的独立性和自主性基础上同时增进仲裁的法律效应和权威,而不合理的监督却能使仲裁的陷入不能健康运行的僵局,所以,就仲裁机构与法院的关系而言,司法监督的方式和程度是影响仲裁公信力的关键。

司法监督的具体方式和程度需要同样需要长期的理论建构和实践找到一个平衡点,但本文认为大体上讲司法监督应该缩小审查范围、简化审查标准、采取宽容原则的方向发展,以最大限度地支持仲裁,维护仲裁的权威。[24] 一方面,从制度层面优化法院对仲裁机构的监督;另一方面,法院应实际履行对仲裁机构的支持与协助。前者以法院对仲裁协议效力的认定为例,我国《仲裁法》第 20 条规定,“当事人对仲裁协议的效力有异议的,可以请求仲裁委员会作出决定或者请求人民法院作出裁定。一方请求仲裁委员会作出决定,另一方请求人民法院作出裁定的,由人民法院裁定”。法律规定法院在纠纷双方分别选定法院和仲裁机构裁定仲裁效力之时,法院具有优先认定的权利。实际上,仲裁的专业性完全可以胜任对仲裁协议效力的认定,赋予法院优先认定权不是对仲裁的支持,反而有可能减损仲裁在社会公众心中的权威,同时也增加了法院的工作量,使司法资源造成不必要的消耗。此外,根据仲裁的独立性原则,一旦当事人选择了仲裁这一方式,就推定其对于仲裁协议效力的争议也应由仲裁庭自己来决定,因为,在对仲裁协议效力的认定上,如果由法院来决定,特别是法院具有优先认定权,当事人就有可能滥用这一权利,从而使仲裁协议的争议因效力确认的管辖问题而久拖不决,甚至使仲裁协议归于无效。[25] 在仲裁财产保全和证据保全、仲裁裁决的承认和执行等方面同样需要法院的支持和帮助,同理依然存在需要进一步优化设计的地方。司法监督在制度建设方面尚有不足,而实际中也存在法院对仲裁的“敌意”,回避对仲裁机构应有的帮扶。总之,仲裁的发展离不开法院的支持,法院不应该滥用司法监督的权力和回避协助仲裁工作的职责,二者应齐力为社会的纠纷化解作出贡献,为社会个体创造更多合理选

---

[23] 汪祖兴:《当事人共任仲裁员不能之救济实践及完善》,载《中国法学》2012 年第 5 期。

[24] 徐清宇、杨咏梅:《仲裁发展的障碍问题探》,载《政法论坛》(中国政法大学学报)2000 年第 3 期。

[25] 袁野、袁冰如:《我国仲裁制度的司法监督机制探讨》,载《学术界》(月刊)2017 年第 8 期。

择的机会。

The Establishment and Promotion of The Public-trust of Arbitration

Liu Shi-Jiao

(Southwest University of Political Science and Law,

Chongqing 401120, China)

Abstract: The establishment of the public-trust of arbitration is the key to the development of arbitration in china. It mainly reflects the advantages and disadvantages of the arbitration system, the actual operation of the arbitration activities and the expectation and evaluation of the social public for arbitration. The ability of the arbitration institution, the evaluation of the public and the relationship between the arbitration institution and courts and administrative organs are the main factors for establishing the public-trust of arbitration, which show the development of arbitration is not closed and should be adapted to the market environment and social reality needs. The arbitration institution shall also provide the arbitration service which satisfies the specific individual of the society. Therefore, it can truly enhance the the public-trust of arbitration and promote the sound development of arbitration.

Keywords: arbitration; arbitration institution; public-trust of arbitration; requirement of society

建立仲裁制度理论体系基础的尝试

——请与请权理论

田有赫

（青岛科技大学法学院　青岛　266071）

摘要：仲裁是一种与诉讼并行的纠纷解决制度，但由于仲裁基础理论研究严重不足，国内仲裁许多重要概念不得不借用诉讼法学理论上的概念，既混淆了二者之间的巨大差别，也严重影响了仲裁公信力。本文尝试从最基础的概念开始，探索建立与诉讼法学理论对应的仲裁法学基础理论。本文从请与请权理论开始，分析了创制请这一概念的必要性和合理性，并结合仲裁标的概念分析了其构成、种类等内容，提出了反请和裁决的既决力等概念。

关键词：请；请的构成和种类；请权；反请；仲裁标的

仲裁，是指当事人在自愿的基础上，就将来可能发生或已经发生的合同纠纷或其他财产权益纠纷达成书面意思表示，将纠纷提交依法设立的仲裁机构，由仲裁机构居中审理，并作出对纠纷各方均有法律效力的处理结果的一种纠纷解决制度或方法。[①] 与法律人通常较为

---

① 参见黄进、宋连斌、徐前权：《仲裁法学》，中国政法大学出版社 2008 年版，第 1 页；江伟主编：《仲裁法》，中国人民大学出版社 2009 年版，第 1 页；张斌生主编：《仲裁法新论》（第 4 版），厦门大学出版社 2010 年版，第 1 页。

熟悉的诉讼相比,我国仲裁制度与诉讼制度同是法律保留内容,《中华人民共和国立法法》第8条规定诉讼与仲裁制度只能制定法律,排除了行政法规、地方性法规和行政规章的涉足,足可见诉讼与仲裁这两种纠纷解决方式在整个国家纠纷解决体系中的特殊位置。

不同于仲裁的是,诉讼法理论体系完备,各方面的研究均比较深入。但即便这样,诉讼实践中仍然存在很多分歧。如诉与诉权,二者是民事诉讼法学的基本概念之一,是公认的理论性很强的问题,也是学界和实务界一直存在争论的问题。[②] 而仲裁法学理论研究本来就不够深入,又无法完全借用诉讼法学上的概念,学界尚未确定各种与诉讼法学对应的概念并据以建立起理论框架,这导致仲裁理论研究往往无法深入下去。很多时候,为了从理论上说明某个问题,仲裁员和学者们不得不借用诉权理论来进行仲裁案件的分析评判。例如,在确定当事人提起的仲裁请求是否有违于"一事不再理"原则时,为解决仲裁制度理论研究的不足,只能借用"确认之诉""给付之诉"这样的诉讼理论专用术语来展开分析。[③] 但仲裁并非诉讼,这样的借用往往难以清晰地说明问题的关键,尤其是在遇到诸如约定的仲裁事项和可仲裁性等与诉讼完全不同的问题时。为解决仲裁制度基础理论研究的不足,笔者认为,需要创制符合仲裁制度自身实际的基础性概念,既与民事诉讼理论相对应,又可以为进一步深化理论探讨创造条件。因此,与诉讼中的诉与诉权相对应,本文提出仲裁制度新的概念"请"和"请权",并在此基础上提出"本请""反请"和"既决力"等相应概念。[④]

一、请

"请"是笔者为更好地解决仲裁制度基础理论方面的不足而尝试创出的一个概念,以对应诉讼制度中的"诉"。"请",是指当事人基于仲裁协议和一定的权利义务纠纷,向仲裁机构提出的进行仲裁的请求。

---

② 潘剑锋:《民事诉讼原理》,北京大学出版社2001年版,第39页。

③ 参见刘晓红主编:《仲裁"一裁终局"制度之困境及本位回归》,法律出版社2016年版,第42页。

④ 本部分所借鉴的民事诉讼内容见田平安主编:《民事诉讼法学》(第4版)之第21章"诉与诉权",法律出版社2015年版,第245~258页。

使用“请”这个概念，首先是为了与“诉”对应。同样的纠纷仅仅因为是否约定了仲裁条款或有无仲裁协议而分别进入了人民法院和仲裁机构，因此诉讼中遇到的问题大多也会在仲裁中遇到。“诉”是指基于一定的民事权利义务争议，一方当事人以另一方当事人为相对方，向特定的法院提出的进行审判的请求。⑤ 因此，仲裁制度也需要有个适当的概念来对应。其次，“诉”是诉讼制度中的概念，如果仲裁制度从“仲裁”二字中选择一个“仲”或“裁”来对应，则都因词语本身的含义难以准确对应。“诉”是一种请求，而“请”含有“请求”之意，用“请”来对应较为妥当。最后，如果说“诉”令人联想到“对簿公堂”之意，则为商事主体提供纠纷解决服务的仲裁用彬彬有礼的“请”来概括解决君子之争的请求，更能表现其特色。

仲裁中的“请”(以下不再加引号)具有以下特点：一是请的提起必须有符合《中华人民共和国仲裁法》(以下简称《仲裁法》)规定的仲裁协议；二是请的提起以存在权利义务纠纷为前提；三是请只能由与所提请求存在利益关系的主体提起；四是请只能向仲裁协议约定的仲裁机构提起；五是请的目的是启动仲裁程序、解决纠纷。

二、请与仲裁请求

请与仲裁请求是两个有关系但不同的概念。仲裁请求是指申请仲裁的当事人向仲裁机构提出的仲裁要求和向对方提出的实体权利主张(这里的当事人和对方都可能是一位或多位)。二者的关系是：请是向仲裁机构提起的程序请求，而仲裁请求是要求仲裁机构支持的向对方当事人提出的实体主张；请是仲裁请求的实现途径和方法，仲裁请求是请的内容。

三、请的构成

请的构成是指请的组成内容或必备要素。明确请的构成，一是可供仲裁机构判断一个请形式上是否成立，对于形式上不成立的请则拒绝受理；二

⑤ 本部分所借鉴的民事诉讼内容见田平安主编：《民事诉讼法学》(第4版)之第21章“诉与诉权”，法律出版社2015年版，第245页；另见张卫平主编：《民事诉讼法教程》，法律出版社1998年版，第169页。

是请的构成明确了仲裁的对象与范围,既为仲裁机构明确了审理的范围,也为对方明确了抗辩的内容;三是为了使请具体化和特定化,以区别不同的请,解决“一事不再理”和裁决效力问题。

请的构成要素有四:一是明确的当事人,包括申请人和被申请人,这是主体要件;二是书面仲裁协议(包括合同中的仲裁条款或能够表明请求仲裁的意思并明确了选定的仲裁机构的书面载体),这是形式要件;三是依据仲裁协议确定的仲裁机构,这是另一个主体要件;四是仲裁标的,即当事人的仲裁请求和事实理由,即主张权利的内容及依据(关于仲裁标的的概念,下文还将专门论述)。仲裁协议和仲裁机构是请与诉的本质区别。四者中任何一个发生变化即构成一个新的请。

四、请的种类

请需要依据一定的标准进行理论上的分类,以利于当事人明确仲裁标的、围绕仲裁请求准备证据并在仲裁中展开辩论,也决定了仲裁机构的审理范围、裁决内容及法律效果。

参考诉的理论,请可以分为确认之请、给付之请和变更之情(形成之请)。

(一)确认之请及特点

确认之请是指一方当事人向仲裁机构提起的确认其与相对方之间存在或不存在一定民商事法律关系的请求。提起确认之请须有当事人之间关于法律关系存在与否的纠纷,且确认之请的目的在于通过仲裁机构有法律效力的认定来消除法律关系不明状态。

确认之请的显著特点一是该种纠纷的裁决结果无须申请人民法院强制执行,因为该类纠纷非为当事人行使权利和履行义务之争,而仅在于对于一定法律关系存在与否的确认;二是确认之请常常是另外两种请的前提,在作为前提时,确认之请无须单独存在,可以视为被别的请吸收。常见的确认之请主要是合同效力确认、合同解除确认等。

(二)给付之请及特点

给付之请是指一方当事人向仲裁机构提起的裁决对方当事人为一定的民商事义务履行的请求。给付之请是仲裁中最有代表性的请的一种,也是仲裁实践中数量最多的一类。提起给付之请须当事人之间存在给付纠纷(如应否给付、给付的数量或时间、方式等),其目的是申请方通过仲裁机构裁决对方当事人履行义务以实现自己的权利。给付之请按其内容可以分为财产给付之请(履行给付财产义务)和行为给付之请(为一定的行为或不为一定的行为)。

给付之请的裁决具有终局的强制执行力,这是其最突出的特点。义务人不履行裁决确定的义务,权利人有权请求人民法院通过执行程序实现权利。

(三)变更之请(形成之请)及特点

变更之请又称形成之请,是指一方当事人向仲裁机构提起的裁决变更或消灭与对方当事人之间既存的民商事法律关系的请求。提起变更之请须当事人之间对既存的法律关系的合法性、有效性无争议而对是否应当变更或消灭发生争议,如变更或撤销某一合同、划分共有财产的产权等。

变更之请的特点是在变更裁决作出之前,原法律关系不变;变更裁决作出后,原法律关系即变更或消灭。

这里需要指出的是,随着纠纷解决实践的发展,法律确立了关于确认调解协议的一些特殊程序。《中华人民共和国人民调解法》第33条第1、2款规定:"经人民调解委员会调解达成调解协议后,双方当事人认为有必要的,可以自调解协议生效之日起三十日内共同向人民法院申请司法确认,人民法院应当及时对调解协议进行审查,依法确认调解协议的效力。人民法院依法确认调解协议有效,一方当事人拒绝履行或者未全部履行的,对方当事人可以向人民法院申请强制执行。"相应地,《中华人民共和国民事诉讼法》第15章特别程序里增加了第6节"确认调解协议案件",第194条和第5条明确了当事人申请司法确认调解协议的程序和法律后果。一些仲裁机构也借鉴这一确认程序,提出"确认仲裁"作为仲裁程序的特殊形式,⑥对当事人签订的合同或就解决争议达成的和解协议、调解协议进行审查和认定,依法评判该合同、和解协议或调解协议的效力并作出确认裁决。这样的确认裁决重点在于潜在的民商事争议,通过确认赋予和解协议与调解协议以强制执行力。这与确认之请有重大区别,是需要加以澄清的。

以武汉仲裁委员会的确认仲裁为例,该会仲裁规则第60条规定:"本会可以根据双方当事人达成的仲裁协议,对下列请求作出确认裁决:(1)当事

---

⑥ 武汉仲裁委员会编:《武汉仲裁委员会仲裁规则释义及适用指南》,法律出版社2015年版,第222~226页。

人请求确认合同效力的;(2)当事人在本会之外已经就争议达成和解协议或者调解协议,请求本会制作裁决书的。"该规则的依据是清楚的,分别是《仲裁法》第19条、第49条和第51条的规定。[⑦] 确认合同效力无疑属于确认之请,但当事人达成和解协议或调解协议然后请求仲裁机构制作裁决书,则需要依据裁决的内容分别确定是否属于确认之请。对于其中以给付为内容或以变更法律关系为内容的合同或和解协议、调解协议的确认裁决,事实上产生了可以申请强制执行的效力。由于是以裁决方式作出,显然这种确认的法律效力更高。具有给付内容或变更法律关系内容的确认裁决以确认之请为前提,但实际上属于给付之请或变更之请的一种特殊表现方式,因而当事人可以向人民法院申请强制执行确认裁决。

如果没有请的理论作支撑,则确认仲裁很容易被想当然地认为类似于诉讼中的"确认之诉",并对其性质产生混淆。武汉仲裁委员会的这一举措产生了很好的法律效果和社会效果,对于化解潜在的纠纷作用尤其巨大。[⑧] 在国内仲裁形成自己的理论体系后,如何更好地为实践中的这种创新服务,将是一个很有意义的课题。

五、请的合并与分离

请的合并,是指仲裁机构将两个(或两个以上)已经受理的独立存在的请合并在一个仲裁程序中进行审理和裁决。需要说明的是,请的合并是审理和裁决的合并,如最常见也是最重要的请的合并是申请人的仲裁请求与被申请人的仲裁反请求的合并审理、一并裁决。合并的目的是为了简化程序提高效率,也是为了防止有关联的纠纷由不同的仲裁庭审理而增加成本,并防止不同的仲裁庭作出相互矛盾的裁决。

有时当事人会自行进行请的合并,如申请人将借款合同纠纷和担保合

---

⑦ 《仲裁法》第19条第2款规定:"仲裁庭有权确认合同的效力。"第49条规定:"当事人申请仲裁后,可以自行和解。达成和解协议的,可以请求仲裁庭根据和解协议作出裁决书,也可以撤回仲裁申请。"第51条规定:"仲裁庭在作出裁决前,可以先行调解。当事人自愿调解的,仲裁庭应当调解。调解不成的,应当及时作出裁决。调解达成协议的,仲裁庭应当制作调解书或者根据协议的结果制作裁决书。调解书与裁决书具有同等法律效力。"

⑧ 熊先胜、王平:《"确认仲裁",小贷企业风险防控新招式》,载刘健勤主编:《商事仲裁》第12集,法律出版社2015年版,第78~84页。

同纠纷作为一个请,或将多个连续的同类合同发生的纠纷作为一个请向仲裁机构提起。这在一些仲裁委员会的仲裁规则里称为“多份合同的仲裁”。[9] 对当事人的这种选择,仲裁机构应予尊重。

许多仲裁机构的仲裁规则中都规定了合并审理条款,也有的径直规定为合并仲裁。[10] 仅从这些机构的仲裁规则中规定的内容看,二者是同一用语,但事实上二者是有区别的。合并审理显然只是合并仲裁的一部分(审理部分,未必包含了合并裁决)。

请的分离是指是指仲裁机构受理案件后,将两个(或两个以上)请从一个案件中分离出来,作为独立的请分别进行审理。如建设工程施工合同的施工人请求建设方给付工程款,但有部分质量保证金尚未成就支付条件,仲裁庭裁决对此部分另案处理;再如,依据《仲裁法》第55条规定的对纠纷的部分清楚的事实先行裁决,以及对于给付之请中作为前提的确认之请(如合同是否有效)的裁决。这种将一个请区别开来裁决的做法对于仲裁机构明确此请与彼请有重要意义,也可以有效地增强仲裁裁决的可接受性。

六、请权

诉讼法学理论上对于诉权有不同的学说,笔者借鉴其中更符合仲裁制度目的的观点,认为请权就是当事人要求仲裁机构就其基于与相对方存在的纠纷而提起的仲裁请求能否成立作出裁决的权利,也即要求对纠纷进行裁决的权利。对此权利的行使,仲裁机构应当予以回应,行使仲裁权,作出支持、部分支持或不支持其主张的裁决,或以其他方式(调解或动员各方当事人和解等)使得纠纷得到解决。

请权是一种程序性权利,可以理解为提起和参与仲裁的权利。请权本身不能引起仲裁法律关系的产生,只有当事人行使请权才能引起仲裁法律

---

⑨ 如《中国国际经济贸易仲裁委员会仲裁规则》(2015年版)第14条规定:“申请人就多份合同项下的争议可在同一仲裁案件中合并提出仲裁申请,但应同时符合下列条件:1.多份合同系主从合同关系;或多份合同所涉当事人相同且法律关系性质相同;2.争议源于同一交易或同一系列交易;3.多份合同中的仲裁协议内容相同或相容。”

⑩ 规定合并审理的,如《北京仲裁委员会仲裁规则》(2015年版)第28条,《武汉仲裁委员会仲裁规则》(2015年版)第51条;规定合并仲裁的,如《中国国际经济贸易仲裁委员会仲裁规则》(2015年版)第19条,《青岛仲裁委员会仲裁规则》(2014年版)第47条。

关系的产生。[11]

请权有以下几种含义:[12](1)请权是国家法律制度赋予并由当事人自愿选择的权利,当事人若不签订仲裁协议则只会享有诉权而不会享有请权。(2)请权是双方当事人都享有的一种权利,申请人的仲裁请求和被申请人的答辩都是在行使请权。(3)请权贯穿于仲裁的全过程,仲裁制度的处分原则、辩论原则等都是为了保障当事人行使请权。

请权涉及仲裁制度与诉讼制度的或裁或审之分野,当事人基于仲裁协议而享有的请权排除了其原本应当享有的诉权。对诉讼而言,诉权是当事人寻求司法救济的权利,与人民法院的审判权并列为诉讼制度的两个基本构成要素,共同构成民事诉讼制度的基础。同样,对仲裁而言,请权是当事人将纠纷提交仲裁机构解决的权利,与仲裁机构的仲裁权共同构成仲裁制度的基础。不同于诉权的是,请权是建立在仲裁意思自治基础上的特殊权利,并不是当事人本来就享有有的基本权利,需要当事人通过有效的仲裁协议产生,因而其权利范围、行使方式和实现程序都受制于仲裁协议;而仲裁机构的仲裁权也同样受制于仲裁协议,并且仲裁机构也可以凭借意思自治而拒绝受理某些争议——这一点往往为人所忽视。

请权只能由仲裁协议的签订者享有,但最高人民法院的审判解释对此进行了合理扩展,使得合并或分离后的法人的继受人、自然人的继承人以及债权债务转让的受让人也享有了请权。[13] 除此之外的案外人因为没有请权而不能参加仲裁。这可以解释仲裁制度并不存在第三人的原因:第三人(无论是否有独立请求权)因为与当事人之间没有仲裁协议,因而不享有请权;仲裁制度中作为意思自治重要体现的选择仲裁员组成仲裁庭的权利,只能安排双方当事人行使,并未给第三人留有行使这一权利的余地;但第三人可以通过与当事人达成仲裁的书面意思表示而参加仲裁,并与当事人中的一方共同行使选择仲裁员组成仲裁庭的权利。这显然并不利于保护第三人的程序权利。仅限仲裁协议当事人参与仲裁有效地保证了仲裁的保密性。

---

⑪ 本部分所借鉴的民事诉讼内容见田平安主编:《民事诉讼法学》(第4版)之第21章“诉与诉权”,法律出版社2015年版,第245页;张卫平主编:《民事诉讼法教程》,第166~167页。

⑫ 潘剑锋:《民事诉讼原理》,北京大学出版社2001年版,第52~53页。

⑬ 《最高人民法院关于适用〈中华人民共和国仲裁法〉若干问题的解释》第8条和第9条。

七、反请

反请,是指在已经开始的仲裁程序中,被申请人向仲裁机构提起的以自己为申请人、以对方为被申请人的旨在抵消或吞并对方原仲裁请求(原请求称为本请)的独立的请。该独立的请须与本请在事实上和法律上有牵连,与本请是基于同一事实或同一法律关系(此种法律关系中内容相对立,一方权利即另一方义务,反之亦然)。需要注意的是,被申请人提出的申请人权利不能成立的主张构不成一个独立的请,是反驳而并非反请。例如,本请是基于买卖合同关系主张支付货款,被申请人主张供货数量不足或存在质量问题应当减少货款数额为反驳,主张因质量问题造成损失而要求对方赔偿损失或同时要求对方承担违约责任才构成反请。

反请的特点如下:一是反请的当事人与本请的当事人相同而地位互换;二是反请应当在本请审理终结之前向同一仲裁机构提起;三是反请具有独立性,其本身是一个独立的请,虽针对本请提起,但不因本请的撤回申请而受影响。反请的特点决定了提起反请的条件,即只能由被申请人在案件审理终结之前向同一仲裁机构提起与案件有事实上或法律上牵连关系的独立的仲裁反请求。

八、仲裁标的

前面在讨论请的构成和请的分类时已经涉及仲裁标的的概念。这里需要详述。

(一)仲裁标的的概念

仲裁标的的概念借鉴民事诉讼法学上诉讼标的的理论。但关于诉讼标的理论的争论极其激烈且至今仍然没有共识。⑭ 传统的民事诉讼教科书之通说常常将诉讼标的定义为"当事人之间发生争议,并且提交法院予以审

⑭ 参见吴英姿:《诉讼标的理论"内卷化"批判》,载《中国法学》2011 年第 2 期;梁开斌:《民事诉讼标的理论争鸣的终结》,载《甘肃政法学院学报》2009 年第 4 期;程春华:《论民事诉讼中诉讼标的与诉讼请求之关系——兼论法官对诉讼请求变更及诉讼标的释明权之行使》,载《法律适用》2014 年第 5 期。

理并作出裁判的民事法律关系”，[15]但因识别标准而分歧丛生。此前学界关于仲裁标的的权威概念是：“当事人请求仲裁委员会裁决的财产权利义务关系，称为仲裁标的。”[16]笔者参考审判实践和仲裁实践，如此定义仲裁标的：当事人因纠纷而在向仲裁委员会提起的仲裁中，所提出的仲裁请求和事实理由。[17]

在民事诉讼理论中，诉讼标的被当作识别此诉与彼诉、另行起诉、诉的变更和既判力客观范围四大问题的试金石。[18] 这四大问题同样也是仲裁实务界经常面临的问题：仲裁同样需要识别此请与彼请、另行申请、请的变更和既决力客观范围（既决力概念见后）。本文的仲裁标的定义同时确定了识别标准为仲裁请求和事实理由，其中事实理由即当事人争执的权利义务关系，此为仲裁标的的前提和基础；仲裁请求则是仲裁标的的核心。二者之一发生变化即形成另一仲裁标的。

（二）仲裁标的的意义[19]

仲裁标的理论是仲裁基本理论体系的重要组成部分，对仲裁实践具有极为重要的意义。

1. 仲裁标的是仲裁活动的中心，是仲裁委员会审理和裁决的对象。基于意思自治，当事人没有主张的权利或事项不能成为仲裁机构审理和裁决的对象。

2. 仲裁标的直接反映当事人的仲裁目的和案件性质，是仲裁委员会决定适用程序、收取仲裁费的主要依据。

3. 仲裁标的决定一事不再理原则的贯彻和裁决效力范围，《仲裁法》第9条第1款规定：“仲裁实行一裁终局的制度。裁决作出后，当事人就同一

---

[15] 田平安主编：《民事诉讼法学》（第4版），法律出版社2015年版，第250页。另见何文燕、廖永安：《民事诉讼理论与改革的探索》，中国检察出版社2002年版，第111页，书中对此理论缺陷进行了分析。本文的观点与该书基本一致。

[16] 河山、肖水：《仲裁法概要》，中国法制出版社1995年版，第1页。

[17] 也有学者认为：仲裁标的是指仲裁机关可得仲裁的事项。王利明：《海峡两岸仲裁立法的比较研究》，载《法学评论》2004年第1期。笔者认为此观点易于与仲裁范围相混，或疑是“仲裁的标的”之误。范明辛教授区分了诉的标的与诉讼标的，认为“诉的标的是原告因其合法权益受到侵犯或发生争议等情况自行提出的，诉讼标的是依双方当事人讼争焦点（情况）和人民法院依照法律确定的”。范明辛：《诉与诉权刍议》，载《法学家》1998年第4期。

[18] 吴英姿：《诉讼标的理论“内卷化”批判》，载《中国法学》2011年第2期。

[19] 何文燕、廖永安：《民事诉讼理论与改革的探索》，中国检察出版社2002年版，第113页。

纠纷再申请仲裁或向人民法院起诉的,仲裁委员会或者人民法院不予受理。”判断是否为同一纠纷,确定裁决的效力范围,均以仲裁标的为标准。

九、既决力

既决力等同于诉讼制度中的既判力。既判力是西方(主要是大陆法系国家)民事诉讼理论的一个概念,指作为诉讼标的的法律关系作出终局判决后,当事人就不得再以该法律关系作为标的而提起诉讼,且在其他诉讼中所运用的攻击或防御方法也不得与该确定的判决相抵触。就法院而言,亦不得再就已裁判法律关系作出相反的裁判。如果当事人再就已裁判的法律关系提起诉讼,则法院应以其违背一事不再理原则为由不予受理。[20] 笔者借鉴既判力概念并稍加变通,称为既决力,以表明探讨的是仲裁裁决的效力而非法院判决的效力,指仲裁机构作出的仲裁裁决所仲裁的仲裁标的对当事人和仲裁机构所具有的确定力。

仲裁裁决一经作出即成为纠纷的最终解决结果。其法律效力体现在:

1. 拘束当事人服从裁决内容,使其不得向其他任何机构提出改变裁决内容的要求,或在其后向人民法院起诉,或向仲裁机构重复提出同一争议,这是一裁终局原则的体现。

2. 仲裁机构必须尊重该裁决,作出后即不得重新审查、变更自己作出的结果——除非人民法院在申请撤销仲裁裁决程序中提出重新仲裁的通知;但依据《仲裁法》第 56 条进行的补正除外。[21]

3. 对于已经裁决确认的事实或法律关系,不允许在其他纠纷解决程序中进行争执或重新处理。已经为生效裁决确认的事实在其后的纠纷解决程序(无论是诉讼还是仲裁)中属于不需要证明的事实,可以直接作为裁判的依据;对生效裁决确认的法律关系,其后的纠纷解决程序不得作出与该裁决不一致的判断。

既决力的客观范围是指仲裁裁决中哪些判断事项具有既决力。既决力原则上限于裁决主文中的内容,即裁决书中“裁决如下”之后、仲裁费用承

---

[20] 谭兵主编:《中国仲裁制度研究》,法律出版社 1995 年版,第 247 页。

[21] 《仲裁法》第 56 条:“对裁决书中的文字、计算错误或者仲裁庭已经裁决但在裁决书中遗漏的事项,仲裁庭应当补正;当事人自收到裁决书之日起三十日内,可以请求仲裁庭补正。”

担条文之前的内容,该部分为经过裁决的仲裁标的。

如同既判力的客观范围取决于诉讼标的的定义,采纳的诉讼标的理论不同会导致既判力的客观范围不同,[22]既决力的客观范围同样也取决于仲裁标的的定义。这的确会在实践中产生争议。

仲裁实务中容易引起争议的问题之一是裁决理由中的判断是否具有既决力。由于缺乏行业统一的裁决模式,也是为了执行的方便,国内仲裁的主文追求简洁明确,因此有些应当在主文中出现的判断被放在了说理部分,常见的是对于给付之请,在裁决主文中不再判断作为前提的确认之请的内容,如合同效力问题。因此,不宜笼统判断裁决理由中的判断是否具有既决力。笔者的建议是:裁决理由中对于裁决赖以成立的明确的直接判断具有既决力,如对前提的确认、当事人履行义务情况的确认、权利的范围的确认(如孳息的计算方法和期间)等,具有既决力,以避免产生法律逻辑上的问题并使纠纷解决复杂化。对于其他的间接判断,特别是基于事实认定中的证据采信问题而作出的判断,通常不具有既决力。

The Effort to Theorize Foundation of Domestic Arbitration System

—The Theory of "Request" and "the Right to Request"

Tian You-He

Abstract: Being a sort of legal system for settlement of disputes, arbitration is parallel to litigation. However, many key concepts of domestic arbitration are borrowed from the concepts of litigation due to a serious insufficient of basic theory research of arbitration. This neglects the huge difference between them, and seriously affects the credibility of arbitration. This paper attempt to build basic theories of arbitration law, and create the concept about "Request" and "the Right to Request". On the basis of analysis, this paper analyzes the

---

[22] 参见江伟、肖建国:《论既判力的客观范围》,载《法学研究》1996年第4期。

necessity and reasonability of the initiation of the concept of "Request". And combined with arbitration object, this paper puts forward some new concepts, such as counter-request, res judicata in arbitration award.

Keywords: Request; the Composition and Sorts of Request; the Right of Request; Counter-Request; Arbitration Object

实务研究

可仲裁事项范围探究

——以 PPP 模式为视角

王瑞祺

(中南财经政法大学　武汉　430000)

摘要:“一带一路”倡议下,PPP 模式的快速发展,要求社会为其提供高效合适的纠纷解决机制。该模式中订立的合同具有私法的性质,在合同环境下,政府与社会资本主体处于平等地位,双方产生的纠纷亦属于民事合同纠纷。因而将此契约性争议提交仲裁解决,能够节约大量的司法资源,同时也符合商事活动简便快捷处理的要求。从这一视角出发,在坚持仲裁范围原则性规定的情况下,结合商事环境的新发展,探究新的可仲裁事项十分必要。

关键词:可仲裁事项;PPP 模式;合同纠纷;特许经营

一、问题的提出

十八届三中全会上,中央强调经济体制改革要不断推进投融资体制改革,处理好政府和市场的关系,利用特许经营、投资补助、政府购买服务等方式吸引民间资本参与经营性项目建设与运营,随后我国 PPP 模式相关政策密集出台,PPP 模式新一轮改革就此展开。PPP 模式是 Public-Private-Partnership 的首字母缩写,其具体含义是指政府与私人组织之间,为了提供某种公共物品和服务,以特许权协议为基础,彼此之间形成一种伙伴式的合作关系,并通过签署合同来明确双方的权利和义务,以确保合作的顺利完成,最终使合作各方达到比预期单独行动更为有利的结果。① 这种公私合营的模式,以政府通过特许经营的方式将部分政府职责转移给社会主体,从而减轻行政资金的压力,加强基础设施等公共产品的建设。"一带一路"倡议的提出,对加强相应基础设施建设提出了更大的要求,沿线国家将需要大量的核心基建项目"落地",为适应这一新形势,国家发改委发布《传统基础设施领域实施政府和社会资本合作项目工作导则》为 PPP 模式的运作提供了更加详细规范的指导。然而就现有的指导性文件来看,对于 PPP 模式中可能出现的合同纠纷,并没有一个完善的纠纷解决机制,面对机遇与挑战,想要使该模式发挥更大的作用,就必须要建立合理高效的纠纷解决机制。民商事仲裁具有高效、便捷、灵活、尊重意思自治的特点,相比于诉讼,在保密性、维护当事人意思自治等方面具有突出的优势。这一点与 PPP 模式中对相关事项进行保密和"一带一路"倡议下快速高效解决纠纷,维护商事交易稳定的需求是一致的。

我国《仲裁法》第 2 条规定:"平等主体的公民、法人和其他组织之间发生的合同纠纷和其他财产权益纠纷,可以仲裁。"第 3 条又规定:"下列纠纷不能仲裁:(一)婚姻、收养、监护、抚养、继承纠纷;(二)依法应当由行政机关处理的行政争议。"然而,PPP 模式中的一方当事人是政府机关,其以行政公权力主体的身份参与到双方的合作中来,使双方之间合同的法律性质在民事与行政之间产生争议。同时,特许经营被认作行政协议的一种,而行政协议因其具有行政性质而无法仲裁。故而,PPP 模式中的合同纠纷到底能否提交仲裁,可仲裁事项在立足原则的情况下又有了哪些新发展成为急需要讨论和分析的问题。本文试图通过分析 PPP 模式纠纷能否适用仲裁,为可仲裁事项的发展提供一点思路。

① 摘自百度百科词条。PPP 模式是一种首先发源于西方的公私合营模式,改革开放后,逐渐为我国所借鉴利用,并在近些年,受到了国家层面的极大重视。

二、可仲裁事项范围的旧与新

(一)范围之旧:可仲裁事项范围的一般分析

可仲裁事项是仲裁制度中一项非常基本的内容,既能够影响仲裁协议的效力,也可以决定仲裁程序能否顺利地进行。所谓可仲裁事项,即指能够提交给仲裁机构,通过商事仲裁予以解决的民商事纠纷。如上文所述我国《仲裁法》第 2 条采取概括加列举的方式对可仲裁事项进行了规定,要求只有双方当事人平等的合同及财产性纠纷才能够提交仲裁,同时规定了不能仲裁的事项。相比于仲裁法,我国各大仲裁机构的仲裁规则对于可仲裁事项的规定相对宽松,但也都要求属于私法领域内当事人可处分的事项,同时要求双方当事人具有平等性。如《中国国际经济贸易仲裁委员会仲裁规则》第 3 条的受案范围即为“仲裁委员会根据当事人的约定受理契约性或非契约性的经济贸易等争议案”。我国的仲裁法及相关的仲裁规则之所以对可仲裁事项做如此规定,是因为仲裁制度本身是一种民间纠纷解决机制,其中并没有国家公权力的介入,也即仲裁是通过民间力量解决矛盾的一种社会自愈机制。虽然仲裁员在对案件进行裁决的时候是以国家民商事法律规定为依据进行的,但是却可以允许大量的意思自治存在,各仲裁机构更可以制定自己的规则对案件进行处理。在性质上,它与以诉讼为代表的公权力纠纷解决方式有着根本的不同,它是在私法领域通过社会力量而不是国家强制力量介入解决矛盾的体系。基于仲裁制度的性质,对于双方当事人非处于平等法律地位上的管理与被管理的行政事项,以及涉及人身关系等自己不能处分的事项时,当然就不能通过以民间力量为解决纠纷的原动力,强调个人意思自治优先的仲裁来解决。简而言之,即民间力量无法对当事人自己无处分权的事项进行处置,更无权对公权力参与的事项进行裁决。

(二)范围之新:PPP 模式中双方合同的法律性质

1. 存在多种观点。前文已对 PPP 模式的具体含义进行了介绍,由其概念可知,PPP 模式的双方当事人为公权力主体的政府和私权利主体的民间资本拥有者。该民间资本拥有者必须属于私法领域的普通民事主体,在国家发改委的《合同指南》②中,社会资本主体为"符合条件的国有企业、民营企业、外商投资企业、混合所有制企业,或其他投资、经营主体"。而在财政部制定的财金〔2014〕113 号文件中,社会资本则指"已建立现代企业制度的境内外企业法人",财政部主要是考虑是否会增加政府的债务,所以明确排除了政府融资平台和其他控股国有企业。因为公私合作经营的特性,PPP 模式中双方合同的法律性质在学界存在极大的争议。第一种观点认为 PPP 合同为行政合同,此类观点认为,PPP 合同是政府给予社会资本建设和经营一定基础设施和公用事业项目权利的授权性法律文件,是政府行政职能在社会资本运作领域中的延伸。同时,政府在 PPP 项目进行的过程中还拥有着监督、审核、指导的职能,并非像普通民事合同当事人一样居于平等的地位。第二种观点认为,PPP 模式中的合同属于民事合同。这种观点认为虽然项目的一方当事人为政府,但其在合同当中是基于平等民事主体的地位与民间资本拥有者进行协商,双方达成合意而订立的民事合同。同时,合同中约定的标的也是民事权利义务关系。第三种观点认为 PPP 项目合同具有民事和行政的双重属性,这种观点认为涉及公共事务领域的重大基础项目建设和社会服务不同于普通民事权利义务客体,具有浓重的行政性质,但双方订立的合同本身是民事权利义务契约,故认为该项目合同兼具两种性质。

2. 暂无明确指导文件。对 PPP 项目中合同性质的认定决定了 PPP 模式中的纠纷究竟能否适用仲裁进行解决,现有的指导性文件并没有对 PPP 模式合同的法律性质作出明确的定位。部分学者认为国家发改委出台的《基础设施和公用事业特许经营管理办法》(以下简称管理办法)中关于争议解决的第 51 条规定的"特许经营者认为行政机关作出的具体行政行为侵犯其合法权益的,有陈述、申辩的权利,并可以依法提起行政复议或者行政诉讼",表明国家已经认定 PPP 模式协议属于一种行政行为,行政相对人可以对此提出行政复议和诉讼。但是笔者并不认同这种观点。首先,这种观点是通过结果倒推得出的,而没有对 PPP 项目合同本身的性质进行法理上的直接分析。现阶段,PPP 模式因国家层面的大力支持而迅速展开,但相关

---

② 《政府和社会资本合作项目通用合同指南》。该文件为《国家发展改革委关于开展政府和社会资本合作的指导意见》的附件,由国家发改委于 2014 年发布。

的法律法规却并未与之同步制定，指导性文件为弥补法律适用上的空缺，作出了暂时将相关争议提交行政诉讼和行政复议的制度安排，更多的是一种权宜之计，而并非对其性质的合理认定。其次，管理办法当中规定应当提交诉讼和复议的争议是特许经营者认为侵犯其合法权益的具体行政行为，但是如果因行政机关的违约行为对特许经营者造成损害，而该违约行为仅涉及民事违约而非行政行为时，则不能对此提起行政复议和诉讼。另外，特许经营者成为违约行为的主体时，行政机关更不可能对其提起行政诉讼或者行政复议。所以笔者认为，管理办法仅是为了应对具体行政行为侵权时而提出了一种办法，而非对合同违约的救济方式。

3. 具有民事合同性质。PPP 模式协议指的是公私特许经营协议，这是 PPP 项目当中的基础合同，但这里讨论的项目合同并不仅限于这一种，具体还包括融资合同、原料供应合同、工程承包合同、运营服务合同、产品采购合同、保险合同等。③ 所以在讨论合同性质的时候，不能孤立地只研究基础合同，而应当就 PPP 项目中可能涉及的合同纠纷进行通盘考虑。对于 PPP 项目合同的法律性质，笔者认为可以从两个方面分析，第一个方面从成文法角度来看，现阶段并无明确的法律对其进行调整，学界的主流观点是认为 PPP 项目应当适用政府采购法进行规制。但反对意见认为，政府采购行为的核心是政府机关运用公共资金购买货物、服务等内容。而在 PPP 模式中，政府并没有利用公共资金购买特许经营者提供的服务，而是将经营权进行让渡，让民间资本拥有者通过经营行为获得收益，这与政府采购在模式上有着明显的不同。

笔者认为，PPP 模式中通过让渡经营权交易服务的行为与通过公共资金交易服务并没有本质上的区别，二者的标的是一致的，都是财产权利关系。经营权是对财产进行运营获得收益的权利，是财产所有权和债权的一种衍生性权利。政府直接利用所管理的公共财产来交易服务与利用运营公共财产衍生的经营权交易服务都是基于财产权利本身而进行的，所以不能

---

③ 参见张凡：《PPP 模式性质及救济途径法律问题思考——基于行政法视角》，载最高人民法院：《深化司法改革与行政审判实践研究》（下）——全国法院第 28 届学术讨论会获奖论文集北京，2017 年 5 月，第 435 页。

仅仅通过是否使用了公共资金来判断是否属于采购行为。④ 同时在现阶段没有更适合的法律规制的情况下,政府采购法是最适宜调整 PPP 模式的法律。我国《政府采购法》第 2 条第 4 款对采购的内容规定为:“本法所称采购,是指以合同方式有偿取得货物、工程和服务的行为,包括购买、租赁、委托、雇用等。”第 43 条第 1 款关于采购合同的规定为:“政府采购合同适用合同法。采购人供应商之间的权利和义务,应当按照平等、自愿的原则以合同方式约定。”从这两条可以看出,政府采购包括采购服务,而采购服务所订立的合同,应当符合合同法的规定,故而可以认定政府采购行为订立的合同属于民事私法性质的合同,当事人双方处于平等地位。虽然在政府采购服务的过程中,同样存在行政机关对服务本身的监管、审核,服务本身也同样可能是涉及重大公共事业的基础性项目,但这并不影响对合同本身属于民事性质的判断。

在分析 PPP 模式的时候,我们可以比照这种思维方式来分析 PPP 项目合同的性质。上文已经论述过,PPP 模式的操作可以由政府采购法来调整,具体内容可以比对采购服务进行。在 PPP 模式中,政府通过授权民间资本拥有者经营权的方式采购服务,在这个采购合同当中,虽然存在授权行为,但该行为与一般的行政授权行为并不相同,因为权利客体属于财产,故而可以认为政府机关在此合同中与特许经营者处于平等的地位,该合同的标的亦为民事权利义务关系,因而可以认为 PPP 模式就是一种受政府采购法规制的政府采购服务的行为,采购合同应当受合同法的调整,为民事法律合同。从合同双方当事人来看,合同的双方是政府和特许经营人,如果特许经营人的违约行为侵害了相关权益,但其行为又未触及行政法规,把合同视为行政合同将无法对经营人的违约行为进行有效的救济。只有当事人双方处于平等地位,将项目合同当作民事合同来处理,才能够对特许经营人的违约行为进行救济。同时上文已经论述过,除了基础协议外,还存在许多附属的民事合同,如果不顾其民事属性,而一律按照行政事项进行处理,且先不论有无合适的救济制度,仅在法理上就存在不通之处。

---

④ 经营权属于财产权利的一种衍生性权利,其本身就属于财产权。对财产的占有与利用、经营财产,两者并无二致,将财产本身与经营权分置,有悖民法物权的基本原理。

（三）新旧之结合：PPP 模式合同纠纷的仲裁解决

随着 PPP 模式的不断发展，为其提供合适的纠纷解决机制显得十分必要。将 PPP 模式纠纷提交仲裁，在为纠纷提供解决机制的同时，也进一步开拓了仲裁的范围。

1. PPP 模式的合同属于可仲裁事项。PPP 项目纠纷到底能否提交仲裁，关键要解决的问题就是项目合同是否属于可仲裁的事项。上文已经论述过，可仲裁事项必须是平等主体之间的合同纠纷或者财产性纠纷，且不能属于排除适用的事项。我国传统仲裁领域基本上很少处理行政机关作为当事人的纠纷，即使处理了也可能被当事人提出仲裁异议。但是在国际仲裁制度不断发展和商事环境急速变化的情形下，行政机关作为当事人参与到仲裁程序当中的情形将会越来越普遍。笔者在上文中已经论述过了，仅就 PPP 模式合同本身而言，它属于民事性质的合同。那么对因合同本身而产生的违约责任、侵权责任的救济就可以适用仲裁进行解决。同时，基础合同附随的其他民事合同亦当然可以通过仲裁进行解决。但应当注意到的是，在 PPP 模式运作当中，行政机关作出的具体行政行为，以及其他的监管、审核等行政性质的行为则不能通过仲裁进行解决，而应当按照行政诉讼或者行政复议处理。PPP 项目本身属于兼具行政性质和民事性质的活动，应当对其中的行政事项和民事事项区别处理。对于民事合同纠纷可以提交仲裁，对于行政事项的争议则另寻解决办法，这种二分法的处理方式，不仅有利于纠纷的更好解决，而且可以节约公共资源，保证公共事业的建设。

2. PPP 模式纠纷适合仲裁方式解决。通常判断某事项是否具有可仲裁性，需要对该纠纷的法律性质进行研究。笔者认为，除了对纠纷性质进行分析以外，纠纷本身是否更需要仲裁也应当作为可仲裁性的一个重要方面，也即仲裁的特点优势是否更加符合纠纷解决的需求，这一点是针对其他纠纷解决方式而言的，尤其是诉讼程序。同一纠纷，在仲裁、诉讼都能进行解决的情况下，如果适用仲裁程序予以解决，更能够满足当事人的价值选择，更能够达到纠纷解决的特殊需要，则排除诉讼方式的适用，可以认为这类纠纷具有可仲裁性，并且更应适用仲裁。上文已经提到过，PPP 模式是涉及社会公共基础设施建设等具有及时性和急迫性工程的合作模式，这类模式产生的纠纷需要得到及时的解决以保证工程、设施的迅速建设。纠纷解决的拖沓，将会对社会资源造成极大的浪费，对社会生活造成严重的困扰。同时，在"一带一路"背景下开展的PPP项目,还需要纠纷处理程序的简便、秘密。"一带一路"沿线的国家众多,各国的司法制度、法律民俗都有不同,复杂烦琐的纠纷解决程序,会进一步加重各国在经济合作中的困难,而简便易行的争议解决方式不仅有利于促进经济合作,还利于保持良好的国际合作关系。简便、快捷、秘密、尊重意思自治正是仲裁程序的主要特点,仲裁完全符合PPP模式中纠纷解决的需要,换句话说,相对于诉讼程序,PPP模式的纠纷更适合通过仲裁的方式进行解决。

三、可仲裁事项范围的缩与扩

(一)范围之缩:可仲裁事项的原则性把握

随着国际民商事仲裁的快速发展和仲裁理论研究的不断深化,不少学者提出取消仲裁的范围限制,对仲裁事项不再做性质上的要求,只要当事人自愿选择仲裁,即可把纠纷提交仲裁解决。在我国,市场经济体制的不断完善和发展,案件数量的不断增多,为纠纷解决体系带来了巨大压力,民商事仲裁既能够为诉讼程序分担压力,也能够为市场经济的发展提供动力,不断扩大仲裁程序的适用已经成为了不可逆转的趋势。但扩大适用不代表不对仲裁的范围进行约束,不代表任何纠纷都能够进入仲裁领域当中。可仲裁事项的原则性要求必须要得到严格的把握和限制。所谓的原则性要求,笔者认为,概括起来分为两点,一是仲裁事项必须为民商事性质,二是即当事人双方必须为平等主体。这两点要求保证了纠纷的私法属性,将具有公法性质的事项排除在外,同时能够保证双方在平等的地位上进行意思自治,符合仲裁的根本性要求,具有仲裁的可能。如果不对仲裁事项作原则性的要求,放任所有的纠纷进入仲裁,不仅不利于纠纷的合理解决,还会对仲裁制度本身,甚至是国家司法制度和社会稳定带来冲击。但是在严格把握原则性要求的同时,也应当对可仲裁事项的范围进行适当的扩张,避免可仲裁性的僵化。

(二)范围之扩:可仲裁事项的灵活性运用

相比于我国,国际民商事仲裁对可仲裁事项的要求则要相对宽松。20世纪七八十年代以后,各国国内立法的趋势是减少对争议事项可仲裁性的限制,对当事人提交仲裁的争议事项范围持较为宽泛的态度,而且对于商业活动所产生的争议，只要双方当事人之间存在有效的仲裁协议，就决不轻易地援用“争议事项不具备可仲裁性”这一保留条款来拒绝承认和执行外国仲裁机构的仲裁裁决。各国对于可仲裁事项总体上也呈现出比较宽松的态度。比如美国联邦最高法院至今已经放弃了联邦对于与证券争议、反垄断争议、海事提单争议等有关纠纷事项的可仲裁性之限制。同时，美国各级法院对可仲裁事项都采取了较为宽容的态度，以支持仲裁事业的发展。通过以上对 PPP 模式中纠纷的可仲裁性分析，应该意识到，可仲裁事项的范围应当得到一定程度上的扩张与发展。从我国现今的情况来看，不应对仲裁法的仲裁范围作僵化的理解，甚至在一定的时机下，应当对仲裁法中的相关内容重新进行修订。具体的扩张路径，笔者认为应当从仲裁规则的制定和吸收更多仲裁事项两个方面进行。

1. 加强仲裁规则的修订。仲裁程序需要通过仲裁机构来进行，各仲裁机构的仲裁规则是指导仲裁进行的根本性规则，故而通过对仲裁规则的调整能够在仲裁实践中扩大仲裁范围。我国现阶段的大部分仲裁规则关于可仲裁事项的规定都是在仲裁法规定的基础之上，进行适当的完善和细化而制定的，总体上对可仲裁事项保持着谨慎和严格的态度。笔者认为，各仲裁机构应当针对仲裁发展的新形势，调整各自的仲裁规则，对于可仲裁事项的规定应当减少实体细致性的规定，多采用原则性、宽松式的规定，抽象仲裁范围的要求。当然，仲裁法也应当做出类似的调整，以配合仲裁事业的新发展，但是仲裁规则是各种仲裁机构各自制定的具体规则，同时又是仲裁程序适用时的具体规定，相对于成文法的仲裁法，应该迈出更大的步子，做出更大的调整。

2. 增加新的可仲裁事项。除了各仲裁规则的修改以外，还应当积极适应环境的变化，在实践中将部分具有新特点的纠纷纳入可仲裁事项，扩大实践中的仲裁范围。例如，本文所讨论的 PPP 模式纠纷以往较少通过仲裁的方式予以解决，但随着经济环境的不断变化，应当更多地将公权力主体参与的民商事纠纷通过仲裁的方式解决，即使该事项存在行政性质的行为，也应将其中具有私法性质的内容纳入可仲裁的事项。除此之外，证券交易、反垄断等事项也应考虑进入仲裁范围。值得注意的是，仲裁法中明确规定婚姻纠纷不得作为仲裁的事项，但应当考虑将离婚案件当中涉及财产争议的纠纷列为可仲裁的事项。婚姻关系因涉及人身关系而不得仲裁，但其中的财产纠纷因为属于财产关系纠纷而可以作为仲裁事项。同时,长时间的夫妻关系是否破裂的认定过程也促使当事人渴望在财产纠纷处理上能够更加快捷和迅速。适当地放宽公权力主体参与和部分涉及人身关系事项的限制,能够在符合原则性要求的情况下扩大可仲裁事项范围,对于仲裁事业的发展具有十分重要的意义。

3. 强化实践领域的创新。制度的发展需要实践领域的积极创新,PPP模式纠纷应用仲裁是由实务领域当中的需求倒逼形成的,所以应当在实践领域加强创新以推动制度层面的改变。通过树立典型案例,开展实务研究的方式在操作层面反向证实 PPP 项目纠纷的可仲裁性十分的必要。自 PPP 项目广泛推行以来,有不少案件存在流入仲裁程序的可能,但因为实务领域缺乏类似的先例,仲裁机构在接收此类案件的时候都相对谨慎。故而,只有不断地在实务领域进行积极的创新和论证才能够拓展可仲裁事项的范围。例如,在美国的仲裁实践过程中,美国联邦最高法院至今已经放弃了联邦对于与证券争议、反垄断争议、海事提单争议等有关纠纷事项的可仲裁性之限制,不仅如此,受到联邦司法态度的影响,美国的许多州也已经逐步放宽对仲裁争议事项的限制。这些限制的放开,都是美国司法机构在实践当中通过不断摸索所进行的创新,不仅拓宽了可仲裁事项的范围,而且丰富了理论上的研究。

四、结语

PPP 模式为可仲裁事项范围的拓展提供了新的方向和思路。面对“一带一路”以及国际民商事仲裁的不断发展,仲裁范围必须因时而动,做出积极合理的调整,尤其是在仲裁实践领域更要进行深入的探索。将 PPP 模式的纠纷提交仲裁解决不仅在法理上存在合理之处,还能够为可仲裁事项的发展提供有益的经验和思路,同时也符合我国现阶段的经济政策和多途径解决纠纷的司法政策。以 PPP 模式作为仲裁范围拓展的有效路径,不断吸取“一带一路”建设中出现的新情况、新问题,并通过合理的学理分析来论证将其适用仲裁予以解决的可能性,以进一步扩大仲裁的适用范围。在把握原则性要求的基础上,积极思考引进不同国家间民事主体之间的纠纷进入仲裁,为公私合营模式下的纠纷提供更多、更有效的解决机制,是未来仲裁范围发展应当注意的新方向。在学术研究方面,应当更多地思考为我国的仲裁范围拓展提供更坚实的论据,但也应当避免过分夸大仲裁的作用,而造成司法程序削弱化的倾向,只有在立足于仲裁范围原理的基础上进一步发展具体的可仲裁事项才是仲裁范围研究的必要路径。

Subject: The Scope of Arbitral Issues-from the Perspective of PPP Mode

Wang Rui-Qi
(Law School of Zhongnan University of Economics and Law, Wuhan 430000)

Abstract: Under One Belt And One Road strategy, the rapid development of PPP mode requires the society to provide efficient and appropriate dispute resolution mechanism. The contract concluded in this model has the nature of private law. In the contract environment, the government and the social capital subject are in equal position, and the disputes arising from both parties are also civil control disputes. Therefore, it can save a lot of judicial resources and meet the requirements of simple and quick processing of commercial activities. From this point of view, it is necessary to explore new arbitrable matters in accordance with the new development of commercial environment in the case of adhering to the principle of arbitration scope.

Keywords: arbitration matters; PPP mode; contract disputes; franchising

论仲裁裁决国籍判断中“仲裁地”标准的确立

吴双双

（中南财经政法大学法学　武汉　430073）

摘要：仲裁事业要想走向世界，首先就要实行与国际接轨的仲裁制度。我国向来以“仲裁机构所在地”为标准判断仲裁裁决的国籍归属，这既与国际通行做法不相符，也阻碍了中国仲裁事业的发展。近年来，境外仲裁机构纷纷在上海自贸区设立办事处，重新将仲裁裁决的国籍归属问题拉回了人们的视野当中。当前境外仲裁机构在中国内地进行仲裁的仲裁裁决存在法律适用困境，立法上确立“仲裁地”的国籍判断标准显得尤为必要。

关键词：国籍；仲裁机构所在地；仲裁地；境外仲裁机构；非内国裁决

一、问题的提出

仲裁裁决的国籍标志着该仲裁裁决构成国籍国法律秩序的一部分，其法律效力源于国籍国的法律，即仲裁裁决在国籍国之外需要经过承认才能发生法律效力，仲裁裁决的撤销权应由国籍国享有。可见，仲裁裁决的国籍归属是探讨仲裁裁决的法律适用、仲裁裁决的承认与执行以及仲裁裁决的撤销等问题不可回避的话题。

2015年4月,上海自贸区扩区之际,为提高上海商事纠纷仲裁国际化程度,国务院在《进一步深化中国(上海)自由贸易试验区改革开放方案》中指出,"支持国际知名商事争议解决机构入驻",建立"亚太仲裁机构交流合作机制,加快打造面向全球的亚太仲裁中心"①。上海和浦东新区相关部门积极探索,最终在引进国际仲裁机构方面有所突破。香港国际仲裁中心、新加坡国际仲裁中心以及国际商会仲裁院先后在上海自贸区设立办事处,但境外仲裁机构能否立刻在中国内地以设立分支机构的方式开展仲裁业务还不明朗,毕竟目前其只是进行一些学术交流和研讨活动。但是在仲裁国际化的背景下,中国内地仲裁市场一定会对外开放,也必须要对外开放,因为"亚太仲裁中心"的打造前提是要把中国打造成商事仲裁目的地,仲裁地不在中国,那便不是一个真正的仲裁中心②。一旦中国仲裁市场对外开放,那么境外仲裁机构在中国内地进行仲裁的仲裁裁决将会越来越多③,届时如何看待这类仲裁裁决?如何对这类仲裁裁决进行司法监督?这些问题的探讨都离不开对仲裁裁决国籍的确定。

二、现状:我国立法和司法实践中判断仲裁裁决国籍的标准

(一)我国立法对仲裁裁决国籍的判断标准

国内仲裁立法主要是《民事诉讼法》和《仲裁法》,另外还有《涉外民事关系法律适用法》,司法解释主要有《关于适用仲裁法若干问题的解释》以及《最高人民法院关于适用〈中华人民共和国涉外民事关系法律适用法〉若干问题的解释(一)》[以下简称《涉外民事关系法律适用法》司法解释(一)]。那么我国立法对于仲裁裁决国籍判断的标准究竟为何,需要对相关法律和司法解释进行综合分析之后进行判断,见表1。

---

① 参见《国务院关于印发进一步深化中国(上海)自由贸易区改革开放方案的通知》,国发〔2015〕21号,载 http://www.gov.cn/zhengce/content/2015-04/20/content-9631.htm,最后访问日期:2018年3月14日。

② 黄进:《建立中国现代仲裁制度的三点构想》,载《中国法律评论》2017年第3期。

③ 高晓力:《司法应依仲裁地而非仲裁机构所在地确定仲裁裁决籍属》,载《人民司法(案例)》2017年第20期。

表1 仲裁裁决国籍判断标准的相关条文归纳

序号	法律/司法解释的相关条文	关键词
1	《民诉法》第237条、第274条、第283条	仲裁机构
2	《仲裁法》第58条	仲裁委员会
3	《关于适用仲裁法若干问题的解释》第16条	当事人约定—仲裁地—法院地
4	《涉外民事关系法律适用法》第18条	当事人约定—机构所在地或仲裁地
5	《涉外民事关系法律适用法》司法解释(一)第14条	当事人约定—机构所在地或仲裁地—法院地

通过对我国立法和司法解释相关法条的分析,可以发现我国现行法律并没有明确指出确定仲裁裁决国籍的标准。对商事仲裁十分重要的两部法律是《民事诉讼法》和《仲裁法》,从上表的"关键词"一栏可知,这两部法律在相关条文中极力强调"仲裁机构"和"仲裁委员会"。例如,《民事诉讼法》第283条,对外国仲裁机构作出的仲裁裁决不是依"仲裁地"划分为国内仲裁裁决和国外仲裁裁决,而是称为"国外仲裁机构的裁决",《民事诉讼法》第237条提到的国内"依法设立的仲裁机构的裁决"和第274条提到的"涉外仲裁机构作出的裁决",仲裁裁决的这种分类方式体现出我国对仲裁裁决的定性以"仲裁机构"为准。《仲裁法》第58条规定申请撤销仲裁裁决的管辖法院为仲裁委员会所在地的中级人民法院,更是创造了"仲裁委员会所在地"这一概念。这些条文的表述向我们传递的立法意图似乎是:我国以"仲裁机构所在地"为标准判断仲裁裁决的国籍。而且我国不仅采取"仲裁机构所在地"的标准对仲裁裁决进行划分,还对不同种类的仲裁裁决适用不同的审查标准,这也更加坚定了理论界和实务界人士对这一立法意图的猜测。2006年最高人民法院出台的《关于适用仲裁法若干问题的解释》第16条首次使用了"仲裁地"的概念,其后,《涉外民事关系法律适用法》第18条和《涉外民事关系法律适用法》司法解释(一)第14条都使用了"仲裁地"的概念,但是仍然保留了"仲裁机构所在地"与之并列,而且从条文的表述可知,仲裁地法只是作为影响仲裁协议效力的准据法,即在当事人没有约定的情况下,大多以仲裁地法为准据法去审查仲裁协议是否有效,这一标准并没有深入到仲裁裁决的国籍判断上来。

(二)我国司法实践中对仲裁裁决国籍的判断标准

笔者归纳总结了向我国法院申请确认仲裁协议效力和申请承认与执行

仲裁裁决的典型案例(见表2),以期总结出我国司法实践中目前对仲裁裁决国籍的判断标准。

表2　司法实践中判断仲裁裁决国籍的标准

分类	案件名称	法院意见	仲裁协议效力	采用标准
裁决的承认与执行	山西天利实业案	适用《纽约公约》④	有效	仲裁机构所在地
	旭普林案	适用《纽约公约》⑤	无效	仲裁机构所在地
	德高钢铁案	适用《纽约公约》⑥	有效	仲裁机构所在地
	富力案	按照《安排》⑦	有效	仲裁地
仲裁协议的效力判断	海南诺和诺德案	按照中国法律⑧	无效	当然适用我国法律
	湖北三菱案	按照仲裁地的法律⑨	有效	仲裁地
	达利特案	按照仲裁地的法律⑩	无效	仲裁地
	夏新电子案	按照仲裁地的法律⑪	无效	仲裁地
	墨龙案	按照仲裁地的法律⑫	有效	仲裁地
	龙利得案	按照仲裁地的法律⑬	有效	仲裁地

④　参见《最高人民法院关于不予执行国际商会仲裁院10334/AMW/BWD/TE最终裁决一案的请示的复函》,文号为〔2004〕民四他字第6号。

⑤　参见《德国旭普林国际有限责任公司申请承认和执行国外仲裁裁决案》〔2004〕锡民三仲字第1号裁定。

⑥　参见《德高钢铁公司(Duferco S. A.)申请承认与执行ICC第14006/MS/JB/. IEM号仲裁裁决案》〔2008〕甬仲监字第4号裁定。

⑦　全称为《关于内地与香港特别行政区相互执行仲裁裁决的安排》,表中简称《安排》,参见〔2016〕苏01认港1号裁定。

⑧　参见《最高人民法院关于海南省高级人民法院审理诺和诺德股份有限公司与海南际中医药科技开发公司经销协议纠纷案的报告的复函》,文号为法经〔1996〕449号。

⑨　参见最高人民法院法经〔1999〕143号文书。

⑩　参见《最高人民法院关于仲裁条款效力请示的复函》,文号为〔2006〕民四他字第6号。

⑪　参见《最高人民法院关于夏新电子股份有限公司与比利时产品有限公司确认经销协议仲裁条款效力的请示的复函》,文号为〔2009〕民四他字第5号。

⑫　参见《最高人民法院关于山东墨龙石油机械股份有限公司与离岸公司(HIGH SEALED AND COUPLED S. A. L)买卖合同纠纷一案中仲裁条款效力问题的请示的复函》,文号为〔2010〕民四他字第40号。

⑬　参见《最高人民法院关于申请人安徽省尤利得包装印刷有限公司与被申请人BP Agnati S. R. L申请确认仲裁协议效力案的请示的复函》,文号为〔2013〕民四他字第13号。

根据对司法实践中的典型案例进行分析,发现司法实践中仲裁裁决国籍的判断标准经历了从“仲裁机构所在地”到“仲裁地”的变化过程。仲裁裁决的国籍归属决定着仲裁裁决承认和执行的依据,换言之,根据我国司法实践中承认和执行仲裁裁决的案件可以看出仲裁裁决国籍归属的判断标准。

首先在“山西天利实业案”中,当事人约定适用国际商会仲裁规则和英国法在香港进行仲裁,国际商会仲裁院依上述仲裁条款作出10334/AMW/BWD/TE最终裁决。后当事人申请承认与执行该案仲裁裁决,最高人民法院在给山西省高级人民法院的复函中将该仲裁裁决认定为一个法国裁决而不是香港裁决,因而关于仲裁裁决的承认和执行应适用《纽约公约》,而不是《最高人民法院关于内地与香港特别行政区相互承认和执行仲裁裁决的安排》(以下简称《安排》)的规定。此案中仲裁机构所在地为法国,仲裁地为香港,最高人民法院认为这是一个法国裁决明显是依据“仲裁机构所在地”来判断仲裁裁决的国籍。

之后的“旭普林”案中,旭普林公司与沃可公司约定发生争议后适用国际商会仲裁规则进行仲裁,仲裁地为中国上海。2004年3月,国际商会仲裁院依据当事人的仲裁条款作出第12688/TE/MW号仲裁裁决,沃可公司未按裁决确定的期限向旭普林公司履行给付义务,旭普林公司向江苏省无锡市中级人民法院申请承认及执行该仲裁裁决。经过向江苏省高级人民法院、最高人民法院的层层请示,无锡市中级人民法院在裁定书中指出仲裁裁决是由国际商会仲裁院作出,应视为非内国裁决,适用《纽约公约》的规定,而该案仲裁裁决所依据的仲裁条款已被我国法院认定为无效,⑭具有《纽约公约》不予承认与执行的情形,因而驳回旭普林公司的申请。“旭普林”案中认定本案裁决非我国国内仲裁裁决,而是强调仲裁裁决是由“国际商会仲裁院作出”,明显不是采用“仲裁地”标准而是采用“仲裁机构”所在地标准。但是有一点需要说明的是,若按照“仲裁机构所在地”标准,该案仲裁裁决应该是“外国仲裁裁决”,此案为何将其认定为“非内国裁决”,这是法律适用困境下不得已的选择,下文将会详细论述。但是不可否认的是该案中认定仲裁裁决国籍的出发点是以“仲裁机构所在地”为标准,只是发现存在法律适用困境后,才

⑭ 新区人民法院(2004)新民二初字第154号民事裁定书中认定“国际商会仲裁院在我国上海作出的第12688/TE/MW号仲裁裁决所依据的仲裁条款”无效。

转而认定为"非内国裁决"。

"德高钢铁案"与"旭普林"案颇为相似,该案中合同双方约定发生纠纷后若不能协商解决,应提交位于中国的国际商会按照《联合国货物销售合同公约》仲裁。后发生争议,经仲裁胜诉的德高钢铁公司向宁波市中级人民法院申请承认并执行仲裁裁决,宁波中级人民法院将该裁决认定为《纽约公约》下的"非内国裁决"从而予以承认并执行。与"旭普林"案一样,其并未依"仲裁地"标准认定为我国仲裁裁决。

最后在"富力案"中,当事人约定发生纠纷后协商不成,应提交中国国际经济贸易仲裁委员会按照申请仲裁时有效的仲裁规则在香港进行仲裁。争议发生后中国国际经济贸易仲裁委员会依该仲裁条款作出仲裁裁决,裁决被申请人向申请人支付拖欠设计费及利息。[15] 后因败诉方不完全履行裁决事项,胜诉方向江苏省南京市中级人民法院申请执行裁决剩余部分,南京中级人民法院根据"仲裁地"标准将该仲裁裁决认定为香港仲裁裁决,适用《安排》的规定予以承认并执行。实际上,最高人民法院于2009年发布《关于香港仲裁裁决在内地执行的有关问题的通知》,明确当事人向我国法院申请承认与执行外国仲裁机构在香港作出的仲裁裁决的,我国人民法院应适用《安排》的相关规定。最高人民法院的这一文件针对向我国法院申请执行的香港仲裁裁决确立了"仲裁地"标准,"富力案"则贯彻了最高人民法院的这种思路,在司法实践中具有重大的突破,具有"里程碑"意义。

通过上述案件可知,我国司法实践中关于仲裁裁决的国籍判断标准经历了从"仲裁机构所在地"到"仲裁地"的变化过程。另外,从上表可知,我国司法实践中统一确立了"仲裁地"标准,但是仅限于仲裁协议的效力判断,即在当事人没有约定判断仲裁协议效力的准据法时,大多以仲裁地法为准据法,这与立法上确立依"仲裁地"标准判断仲裁协议的效力有关,但是司法实践更进一步,《涉外民事关系法律适用法》和《涉外民事关系法律适用法》司法解释(一)同时强调"仲裁地"和"仲裁机构所在地",司法实践采"仲裁地"标准对"仲裁机构所在地"有一定的淡化作用。仲裁协议的效力判断是仲裁裁决得以承认和执行的前提,司法实践中依"仲裁地"标准判断仲裁协议的效力对于最终仲裁裁决国籍判断中"仲裁地"标准的确立有一定的助益,但力

[15] 参见中国国际经济贸易仲裁委员会(2015)中国贸仲港裁字第0003号仲裁裁决。

度仍然有限,不能从根本上解决问题。

总之,从我国目前立法和司法实践中可以看出,立法以"仲裁机构所在地"为仲裁裁决国籍的判断标准,司法实践中部分案件确立了以"仲裁地"判断仲裁裁决国籍的标准,但是部分案件是否具有代表性,之后的司法实践会不会出现反复摇摆的情形,都具有不确定和不稳定的因素。即使立法和司法实践在审查仲裁协议效力时采"仲裁地"标准,也还远远不够,以"仲裁地"为标准判断仲裁协议的效力还仅仅停留在第一步,在后续程序中,尚存在仲裁裁决承认与执行的法律适用、仲裁裁决能否被我国撤销等问题。

三、背景:我国确立"仲裁机构"标准的缘由分析

我们国家仲裁立法强调"仲裁机构"有其特定的历史背景。1991 年《民事诉讼法》颁布施行之际,《仲裁法》尚未出台,当时我国由专门设立的涉外仲裁机构即中国国际经济贸易仲裁委员会和中国海事仲裁委员会审理涉外仲裁案件,且仲裁地均在国内而不在国外,外国仲裁机构也很少以我国为仲裁地审理仲裁案件。在这种背景下,以"仲裁机构所在地"为标准判断仲裁裁决国籍并没有什么问题,国内仲裁机构作出的仲裁裁决便是国内仲裁裁决,外国仲裁机构作出的仲裁裁决便是外国仲裁裁决,我国涉外仲裁机构作出的仲裁裁决便是涉外仲裁裁决。然而,1995 年《仲裁法》颁布施行之后,国内仲裁机构与涉外仲裁机构之间的界限不再泾渭分明⑯,1995 年《仲裁法》第 66 条规定涉外仲裁机构可以由中国国际商会组织设立,其并没有否认中国国际商会以外的其他组织设立可受理涉外案件的仲裁机构之权限。国务院于 1996 年 6 月发布《关于贯彻实施〈中华人民共和国仲裁法〉需要明确的几个问题的通知》(以下简称《通知》),该《通知》更是明确表示中国国内的仲裁机构可以审理国内仲裁案件和涉外仲裁案件。紧接着中国国际经济贸易仲裁委员会于 1998 年 4 月对其仲裁规则进行了修改,将受案范围从国际或涉外民商事争议扩大至国内外的民商事争议。

可见,随着仲裁事业的发展,我国已不再区分国内仲裁机构与涉外仲裁

---

⑯ 刘淑珍:《〈中国国际经济贸易仲裁委员会仲裁规则〉最近修改之评析》,载《法学》1998 年第 10 期。

机构,以"仲裁机构"界定国内与涉外仲裁裁决已失去意义。而且在仲裁国际化的大背景下,我国仲裁机构在外国审理仲裁案件和外国仲裁机构在我国内地审理仲裁案件的数量越来越多,对于这类仲裁裁决在判断其国籍归属的问题上存在困境,以至于外国仲裁机构作出的以中国内地为"仲裁地"的仲裁裁决在国内难以得到承认与执行。

四、困境:依"仲裁机构"确立仲裁裁决国籍的弊端

(一)标准冲突:中国成为"不受欢迎的"仲裁地

以"仲裁地"作为仲裁裁决国籍的判断标准已经成为域外各个国家通行的做法。此处的"仲裁地"与传统的"仲裁地"概念不太一样,后者偏重于从地理层面上去定义"仲裁地",是指仲裁活动开始、展开和结束的地理地点,包括仲裁开庭地、仲裁合议地和仲裁裁决作出地⑰。随着信息技术的发展以及国际交往的频繁,在一个仲裁案件中,仲裁开庭地、仲裁合议地和仲裁裁决作出地可能分属不同国家、不同地区,因此地理层面上的"仲裁地"由于太过灵活,在法律层面具有的意义有限;此处的"仲裁地"是法律层面上的"仲裁地",是由双方当事人在仲裁协议中约定,或者在当事人无约定的情况下,由仲裁庭按照特定标准予以确定的仲裁地点,该地点是与某国法律制度相联系的联结点。

在仲裁国际化背景下,中国若置国际通行做法于不顾,坚持以"仲裁机构所在地"为标准,会显得格格不入。境外仲裁机构在中国内地进行仲裁的仲裁裁决。外国法院按照"仲裁地"标准认为这是中国仲裁裁决,但是我国按照"仲裁机构所在地"标准认为这是一个外国仲裁裁决。在这种标准冲突下,法律适用困难,仲裁裁决不能尽快得到承认与执行,仲裁的效率无从体现,使得很多主体都不会选择中国作为仲裁地,包括我国主体。因为影响当事人选择仲裁地的因素包括仲裁地的法律制度和仲裁裁决的执行效率,当我国法律制度无法为他们保驾护航,仲裁裁决在中国内地的执行路径不顺畅时,中国自然沦为"不受欢迎的"仲裁地。这样的后果不符合目前国际商事

⑰ 高晓力:《司法应依仲裁地而非仲裁机构所在地确定仲裁裁决籍属》,载《人民司法(案例)》2017年第20期。

仲裁的发展趋势,也不利于将我国打造成"一带一路"国际争端解决中心和面向全球的亚太仲裁中心。

(二)法律适用困境:"非内国裁决"沦为不得已的选择

按照我国"仲裁机构所在地"的标准,外国仲裁机构在中国内地仲裁的仲裁裁决不是我国裁决,是仲裁机构所在国的仲裁裁决,若对方也是《纽约公约》成员国,能否适用《纽约公约》对仲裁裁决进行承认与执行呢?首先该类裁决并不是《纽约公约》下的外国仲裁裁决,所谓外国仲裁裁决是在执行地国以外的领土内作出的仲裁裁决,而外国仲裁机构在我国内地进行仲裁的仲裁裁决是在我国领土内作出,那么这类仲裁裁决是不是《纽约公约》下的"非内国裁决"呢?《纽约公约》第1条规定:本《公约》对于仲裁裁决经声请承认及执行地所在国认为非内国裁决者,亦适用之。[18] 公约"非内国裁决"的确立是为了尽可能地扩大《纽约公约》的适用范围。在《纽约公约》之前,各国对仲裁裁决国籍的认定标准主要有两个,一是以法国、德国为代表的仲裁适用程序法标准,二是以英国为代表的"裁决作出地标准"[19],《纽约公约》将这两种标准进行融合,以期进一步扩大其适用范围。

对于外国仲裁机构在中国内地仲裁的仲裁裁决到底是不是《纽约公约》下的"非内国裁决",学界一直存在争议。有的学者认为我国在加入《纽约公约》时作出了互惠保留申明,即我国基于互惠原则在承认与执行另一缔约国领土内作出的仲裁裁决时适用公约,[20]而外国仲裁机构在中国内地进行仲裁的仲裁裁决并非是在另一缔约国领土内作出,因此,将该类裁决认定为"非内国裁决"缺乏法律依据[21];也有学者认为外国仲裁机构在中国内地进行仲裁的仲裁裁决既不是国内裁决,也不是外国裁决,或者无国籍裁决,而是"非内国裁决"[22],适用公约承认与执行仲裁裁决的依据不是互惠保留申明而是公

---

[18] 这一条的英文原文是:It(the Convention) shall also apply to arbitral awards not considered as domestic aw—ards in the State where their recognition and enforcement are sought。

[19] 李迅:《我国承认与执行外国仲裁裁决若干问题研究》,载《北京仲裁》2017年第2期。

[20] 参见《关于我国加入〈承认与执行外国仲裁裁决公约〉的决定》,该《决定》申明中华人民共和国只在互惠的基础上对在另一缔约国领土内作出的仲裁裁决的承认和执行适用该公约。

[21] 李庆明:《境外仲裁机构在中国内地仲裁的法律问题研究》,载《环球法律评论》2016年第3期。

[22] 赵秀文:《从相关案例看ICC仲裁院裁决在我国的承认与执行》,载《法学》2010年第3期。

约本身的规定[23]。可见,境外仲裁机构在中国内地仲裁的仲裁裁决是否为《纽约公约》下的“非内国裁决”在理论界存在很大的争议。

“旭普林”案中首次涉及“非内国裁决”的问题,最高人民法院民四庭就该案仲裁裁决的性质进行了探讨,认为按照《纽约公约》第1条的规定,只有在另一缔约国领域内作出的仲裁裁决以及非内国裁决才能根据《纽约公约》在缔约国得到承认与执行。然而,外国仲裁机构在中国内地作出的仲裁裁决并非在另一缔约国领土内作出,难以认定为《纽约公约》下的“外国仲裁裁决”,而且我国法律并没有对“非内国裁决”作出规定,亦难认定为《纽约公约》下的“非内国裁决”,因此难以适用《纽约公约》[24]。但无锡市中级人民法院在最后的裁定书中仍然将其视为“非内国裁决”。[25] 在后来的“德高钢铁案”中经仲裁胜诉的德高钢铁公司向宁波市中级人民法院申请承认并执行仲裁裁决,宁波中级人民法院亦将该裁决认定为《纽约公约》下的“非内国裁决”从而予以承认并执行,但是对其适用理由并未阐述。

《纽约公约》本身并未对“非内国裁决”的含义作出详细解释,而是将明确其内涵的权利赋予各缔约国。然而,除美国以外,拥有“非内国裁决”这一概念的国家并不多,我国亦是如此,立法上并没有明确何为“非内国裁决”。那么在“非内国裁决”的含义本身不明晰,理论界对于外国仲裁机构在中国内地进行仲裁的仲裁裁决是否属于“非内国裁决”存在巨大争议的情况下,我国法院仍适用“非内国裁决”的规定,感觉更像是在法律适用的困境下不得已而选择其规定作为法律适用依据。在仲裁裁决的承认与执行方面“非内国裁决”或许能应一时之急,但是这一不得已的选择并不能解决外国仲裁机构在中国内地进行仲裁的所有问题,比如下文即将提到的仲裁裁决的撤销问题。

(三)司法监督不周延:无法撤销仲裁裁决

仲裁裁决的国籍决定着仲裁裁决的撤销权应由国籍国享有。境外仲裁

---

[23] 赵秀文:《中国仲裁市场对外开放研究》,载《政法论坛》2009年第6期。

[24] 高晓力:《司法应依仲裁地而非仲裁机构所在地确定仲裁裁决籍属》,载《人民司法(案例)》2017年第20期。

[25] 法院该意见从《德国旭普林国际有限责任公司申请承认和执行国外仲裁裁决案》(2004)锡民三仲字第1号裁定书中可以看出。

机构在中国内地进行仲裁,就应该遵循我国仲裁程序法律的相关规定[26]。但是若以“仲裁机构所在地”为判断仲裁裁决国籍的标准,那么境外仲裁机构在中国内地进行仲裁的仲裁裁决将不被认定为国内裁决,法院无法行使撤销权。因为一般来说,国内法院只能撤销本国仲裁裁决,无权撤销外国仲裁裁决,对于外国仲裁裁决只有承认与执行或者拒绝承认与执行的权力。即便按照司法实践的做法将其认定为《纽约公约》下的“非内国裁决”,这一困境仍然无法得到解决。境外仲裁机构在中国内地进行仲裁,我国法院却不能够对违反我国仲裁程序法的仲裁裁决予以撤销,这将使我国陷入仲裁司法监督不周延的局面。

五、路径:确立仲裁裁决国籍判定的“仲裁地”标准

(一)国际通行标准及其借鉴

《纽约公约》对仲裁裁决国籍的判断标准主要体现在其对适用范围的规定上,[27]以“仲裁地”为标准,同时辅之以“仲裁程序法”标准。域外很多国家为了方便仲裁裁决的承认与执行,通过修改国内仲裁立法最终采取“仲裁地”标准,或者采用不与《纽约公约》相冲突的更便于仲裁裁决承认与执行的标准。域外几个主要国家所采用的标准总结见表3。

表3　域外国家对仲裁裁决国际的判断标准

序号	国家	判断仲裁裁决国籍的标准
1	荷兰	1986年《荷兰民事诉讼法典》:仲裁地标准
2	英国	1996年《英国仲裁法》:仲裁地标准
3	德国	1998年以UNCITRAl为基础修订《德国民事诉讼法》:仲裁地标准
4	瑞典	1999年《瑞典仲裁法》:仲裁地标准
5	美国	1925年美国《联邦仲裁法》采综合标准:仲裁地+双方当事人的国籍+其他国际因素
6	法国	1981年《法国民事诉讼法》采混合标准:仲裁地+仲裁适用法律
7	韩国	2010年《韩国仲裁法》:仲裁地+其他因素

---

[26] 高晓力:《司法应依仲裁地而非仲裁机构所在地确定仲裁裁决籍属》,载《人民司法(案例)》2017年第20期。

[27] 《纽约公约》第1条:仲裁裁决,因自然人或法人间之争议而产生且在声请承认及执行地所在国以外之国家领土内作成者,其承认及执行适用本《公约》。本《公约》对于仲裁裁决经声请承认及执行地所在国认为非内国裁决者,亦适用之。

从上述表格可以看出,很多域外国家都采"仲裁地"标准认定仲裁裁决的国籍。如《荷兰民事诉讼法典》第1037条明确了"仲裁地"的概念,[28]第1073条规定该篇关于仲裁的规定适用于仲裁地在荷兰境内的仲裁,[29]第1075条明确缔约国境内作出的仲裁裁决在荷兰申请承认与执行的适用《纽约公约》的规定,[30]从相关条文"境内"与"境外"的表述可以看出,荷兰采用"仲裁地"标准判断仲裁裁决的国籍归属;作为仲裁立法最发达、最久远的英国,其在1996年《英国仲裁法》第3条中对"仲裁地"进行了定义,并将"仲裁地"表述为"仲裁法律地",[31]可见英国将"仲裁地"作为判断仲裁裁决国籍的唯一标准;德国在1998年重新修订《德国民事诉讼法》,放弃了之前一贯主张的"仲裁程序法"标准,改为"仲裁地"标准[32],值得一提的是德国在缔结《纽约公约》时坚持要求按照"仲裁程序法"标准确定仲裁裁决的国籍[33],最后改为"仲裁地"标准是为了便于国际仲裁裁决的承认与执行;瑞典也是采用"仲裁地"标准,《瑞典仲裁法》第22条明确了"仲裁地"的概念,[34]第46条规定该法的适用范围是在瑞典进行的仲裁程序,且无论纠纷是否具有国际因素,[35]第52条规定在国外作出的裁决是外国仲裁裁决,[36]这些规定表明瑞典以"仲裁地"为单一标准。

以上四个国家都采用单一的"仲裁地"标准,也有国家采用包括"仲裁地"在内的混合标准。从1925年美国《联邦仲裁法》第2章的相关规定可以

---

[28] 《荷兰民事诉讼法典》第1037条:仲裁地点应当由双方的协议确定,如无此协议,则由仲裁庭确定。

[29] 《荷兰民事诉讼法典》第1073条:如果仲裁地点位于荷兰境内,本篇规定应予适用。

[30] 《荷兰民事诉讼法典》第1075条:在适用的关于承认和执行条约的缔约国境内作出仲裁裁决可在荷兰境内承认和执行。

[31] 1996年《英国仲裁法》第3条:"In this Part 'the seat of the arbitration' means the juridical seat of the arbi tration"。

[32] 刘彤、杜菁:《外国仲裁机构在中国仲裁的相关问题探讨》,载《北京仲裁》2017年第2期。

[33] 林一飞:《中国国际商事仲裁裁决的执行》,对外经贸大学出版社2006年版,第168页。

[34] 《瑞典仲裁法》第22条:当事人应约定仲裁地。如当事人未能约定仲裁地,则应由仲裁员决定。除非当事人另有约定,仲裁员可以在瑞典国内或国外其他地点举行庭审或其他各种会议。

[35] 《瑞典仲裁法》第46条:本法适用于在瑞典进行的仲裁程序,无论其涉及的争议是否具有国际因素。

[36] 《瑞典仲裁法》第52条:在国外作出的裁决应视为外国裁决。

看出,美国采取综合标准确认仲裁裁决的国籍,[37]考量的多种因素中就包括“仲裁地”因素[38];《法国民事诉讼法典》第1493条则是采用“仲裁地”和“仲裁适用法律”并列的混合标准;[39]《韩国仲裁法》第2条规定“仲裁地在韩国的仲裁适用本法的相关规定”,又补充道该法部分条款亦适用于仲裁地不在韩国的仲裁,[40]可见韩国并不是采用“仲裁地”的单一标准,也考量其他相关因素,但是“仲裁地”标准却是主要标准。

可见,以上几个域外国家要么采用“仲裁地”的单一标准,要么采用包括“仲裁地”在内的混合标准。而且首先都在立法层面明确“仲裁地”的概念,如《荷兰民事诉讼法典》《英国仲裁法》《瑞典仲裁法》,这可能对我国未来“仲裁地”标准的确立有一定的借鉴意义。

(二)明确仲裁裁决国籍归属的“仲裁地”标准

当事人申请承认与执行外国仲裁机构在中国内地进行仲裁的仲裁裁决,若我国法院出现法律适用困难的情形,将会导致当事人缺乏在我国申请承认与执行仲裁裁决的有效途径的后果,司法实践中适用《纽约公约》下的“非内国裁决”的规定已承认和执行外国仲裁机构在中国内地进行仲裁的仲裁裁决,其实质是在“仲裁机构所在地”标准向“仲裁地”标准过渡期间的无奈之选。在国际社会普遍采取“仲裁地”标准的背景下,顺应国际通行的法律原则和规则,提供一个与国际社会接轨的法制环境,可以避免由于标准的不统一导致外国仲裁机构在中国内地仲裁的法律适用困境。这提醒我们从法律层面确立“仲裁地”标准尤为必要,具体而言,确立“仲裁地”标准应分为两步:

---

[37] 美国《联邦仲裁法》第2章第1条:由商事法律关系产生的仲裁协议或仲裁裁决,无论其是否产生于合同法律关系,都适用《纽约公约》,商事法律关系包括交易、合同,或者本章所描述的协议。完全由美国公民之间商事交往所产生的仲裁协议或者仲裁裁决不适用《纽约公约》,除非这种法律关系所涉及的财产在国外,在国外履行,在国外强制执行或者与外国具有其他合理的联系。就本章而言,一个公司如果其注册地或者主要营业地点在美国,则视为美国公民。

[38] 刘彤、杜菁:《外国仲裁机构在中国仲裁的相关问题探讨》,载《北京仲裁》2017年第2期。

[39] 《法国民事诉讼法》第1493条:仲裁协议可以通过直接规定或援引一套仲裁规则来指定仲裁员或者规定他们的指定方式。如果在法国进行的仲裁或者当事人协议适用法国程序法的仲裁在仲裁庭的组成过程中产生任何困难,没有相反规定的,任何一方当事人都可以申请巴黎大审法庭的主席按照第1457条规定的方式行事。

[40] 《韩国仲裁法》(2010年修订)第2条:本法适用于第21条项下仲裁地为韩国的仲裁。即使仲裁地不在韩国或未被确定在韩国境内,本法第9条、第10条的规定仍然适用。本法第37条、第39条还适用于仲裁地不是韩国的仲裁。

一是明确"仲裁地"的概念,我国现行仲裁立法没有出现"仲裁地"的概念,只有"仲裁委员会所在地"的概念。实际上我国很多仲裁机构在其仲裁规则中都已经出现了"仲裁地"这一概念,如《中国国际经济贸易仲裁委员会仲裁规则》第7条、《北京仲裁委员会仲裁规则》第26条、《武汉仲裁委员会(武汉国际仲裁中心)仲裁规则》第75条、《成都仲裁委员会仲裁规则》第29条以及《郑州仲裁委员会仲裁规则》第69条,这也更加突出地反映了我国仲裁立法严重的滞后性,因此从立法层面引入和明确"仲裁地"概念是确立"仲裁地"标准的第一步。

二是确立"仲裁地"的标准,参考域外国家的立法例,确立以"仲裁地"为标准判断仲裁裁决的国籍,那么境外仲裁机构在中国内地进行仲裁的仲裁裁决便是我国国内裁决,在当事人申请承认与执行该类仲裁裁决时不会出现适用法律困难的情形,直接适用我国法律进行审查;同时我国法院可以对该类型的仲裁裁决行使撤销权,更加有利于我国法院进行司法监督。我国的仲裁事业要想走向世界,首先就要国际化,实行与国际接轨的仲裁制度,这样才能争取更多的仲裁案件在中国内地进行,逐步将中国打造成仲裁目的地,这与将我国打造成面向全球的"亚太仲裁中心"的目标是相一致的。

六、结语

境外仲裁机构入驻上海自贸区的现象警醒我们需要重新审视我国的仲裁法律制度,虽然我国在立法和司法实践中确立了以"仲裁地"为审查仲裁协议效力的标准,但是这并不能解决根本性问题。境外仲裁机构在中国内地进行仲裁的仲裁裁决所出现的法律适用困难、司法监督不周延的困境涉及仲裁裁决的国籍问题。在仲裁市场不开放的背景下,我国仲裁立法和司法实践以"仲裁机构所在地"为仲裁裁决国籍的判断标准尚无不可,在如今仲裁国际化背景下若仍然坚持此标准,会使中国的仲裁制度与国际脱轨,将会使中国变为不受欢迎的仲裁地,也与打造"亚太仲裁中心"的战略目标不符。在未来《仲裁法》修改的过程中应当以"仲裁地"为标准来判断仲裁裁决的国籍归属,通过完善仲裁法律制度,为境外仲裁机构在中国内地仲裁提供良好的法制环境,逐步将中国打造成受欢迎的仲裁地,这样才有利于"亚太仲裁中心"的建设。

The Establishment of the Standard of "the Seat of the Arbitration" in the Judgment of Nationality of Arbitral Award

Wu Shuang-Shuang

(Law School of Zhongnan University of Economics and Law, Wuhan 430073)

Abstract: In order to go to the world of arbitration, we must first implement an arbitration system that is in line with international standards. China has always judged the nationality of arbitral awards on the basis of the " arbitration institution ' s location", which is inconsistent with international practices and hinders the development of China ' s arbitration business. Overseas arbitration organizations have set up offices in the Shanghai Free Trade Zone, which has brought back the issue of the nationality of arbitral awards back to people ' s perspective. Currently, arbitration arbitral awards conducted by arbitration institutions in mainland China have difficulties in applying the law and legislation has established " arbitration ". The criterion for the determination of the nationality of the land is particularly necessary.

Keywords: nationality arbitration; the seat of the arbitration institution; seat of arbitration; overseas arbitration institutions; non-domestic country determination

以《中国（上海）自由贸易试验区仲裁规则》为视角探索临时措施制度的发展和完善

陈　胜[*]　于悠然[**]

摘要：面对新的机遇和挑战，上海国际经济贸易仲裁委员会首先在自贸区内设立了一个新的纠纷解决机构提供相关咨询，并颁布了《中国（上海）自由贸易试验区仲裁规则》。该规则借鉴和吸收了斯德哥尔摩商会和国际商会最新仲裁规则和程序，包括临时措施、开放仲裁员名册、合并仲裁等。本文将通过比较《自贸区仲裁规则》和国内及国际仲裁规则中有关临时措施的规定，探索临时措施制度的发展和完善。

关键词：《自贸区仲裁规则》；临时措施；紧急仲裁员制度

中国的商事仲裁实践始于20世纪50年代，随着经济发展的需要，由最初的"对外贸易仲裁委员会"和"海事仲裁会员会"2家机构，发展到目前全国200余家仲裁院，辅以配套的各类仲裁法律法规及行业自治性文件，基本形成了较完整的仲裁体系。自中国实行改革开

* 陈胜，复旦大学经济学院博士后，上海市法学会银行法律实务研究中心主任，邮编200031。

** 于悠然，上海交通大学凯原法学院，法律硕士，邮编200030。

放以来,涉外的商事争端不断增多,与之相关的、符合国际仲裁要求的规范性文件及机构设置,也成为国内仲裁领域的焦点。从1987年加入《承认及执行外国仲裁裁决公约》(《纽约公约》)至今,中国在与国际一般仲裁规则接轨方面取得了长足的发展。其中,2015年1月由上海国际经济贸易仲裁委员会(SHIAC)颁布的、供涉及上海自由贸易试验区(以下简称自贸区)的案件选用的《中国(上海)自由贸易试验区仲裁规则》(以下简称《自贸区仲裁规则》)对中国仲裁制度的完善产生了较大推动作用。

一、《自贸区仲裁规则》对中国临时措施制度的完善

临时措施的意义有两方面,一是为了维持待解决争议中双方的现状,二是为了保证最终裁决得以执行而对仲裁庭所作的指令、命令或是裁决的内容中所指的财产或是证据,规定一方在一定期限内作为或者不作为保全。①

从中国现有的仲裁规则来看,中国2014年之前的仲裁规则(2006年《广州仲裁委员会仲裁规则》、2007年《武汉仲裁委员会仲裁规则》、2013年《上海仲裁委员会仲裁规则》)一般都是针对财产和证据的保全,对于要求当事人一方作为或者不作为的临时措施并没有作出具体的规定,所以理论上其并没有完全达到采取临时措施的目的,也没有达到维持待解决争议中双方现状的目的。《自贸区仲裁规则》完善了关于临时措施的规定,主要体现在以下几点:

(一)扩大仲裁临时措施的范围

《自贸区仲裁规则》通过一个章节,详细地对临时措施予以规定,从理论和实践两个层面规定了临时措施的要求。《自贸区仲裁规则》第18条规定,“临时措施是仲裁庭或法院在仲裁开始前或仲裁进行过程中,根据当事人的申请,所采取的财产、证据、行为以及法律允许的其他保全措施”。虽然有些学者认为这条规定并没有给出临时措施的明确界定,②但是依旧可以从这条中总结出,临时措施的范围包括财产、证据、行为及其他法律允许的保全。

---

① 黄荣楠:《中国(上海)自由贸易试验区仲裁规则评述》,载《上海对外经贸大学学报》第6期。

② 张虎:《关于〈自贸区仲裁规则〉适用的几个问题》,载《上海商学院学报》第15卷第6期。

将保全范围扩大至行为及法律所允许的其他措施,一方面符合2017年修订的《中华人民共和国民事诉讼法》(以下简称《民事诉讼法》)中对于行为保全的规定;[③]同时,这一变化对于日益增多的知识产权类案件意义重大,除了与国际商事仲裁的惯例靠拢外,临时措施对行为保全的一个重要意义就是制止任何侵犯知识产权活动的发生,尤其是制止刚由海关放行的进口商品等侵权商品进入商业渠道。另一方面《自贸区仲裁规则》对于临时措施的种类并没有做出穷尽式列举,这也给予了仲裁庭自由裁量的空间。现今国内仲裁规则中关于临时措施制度的比较见表1。

表1 国内仲裁规则中关于临时措施制度的比较

国内仲裁规则	临时措施的规定
《广州仲裁委员会仲裁规则》(2017)	第26条 保全
《武汉仲裁委员会仲裁规则》(2015)	第18条 仲裁保全;第78条 临时措施
《上海仲裁委员会仲裁规则》(2013)	第21条 财产保全;第40条 证据保全
《自贸区仲裁规则》(2015)	第三章 临时措施(第18~24条)
《北京仲裁委员会仲裁规则》(2015)	第16条 仲裁保全
《上海国际经济贸易仲裁委员会仲裁规则》(2015)	第18条 临时措施
《中国国际经济贸易仲裁委员会仲裁规则》(2015)	第23条 保全及临时措施

(二)增加仲裁前临时措施的规定

2017年修改后的《民事诉讼法》第101条第1款规定:"利害关系人因情况紧急,不立即申请保全将会使其合法权益受到难以弥补的损害的,可以在提起诉讼或者申请仲裁前向被保全财产所在地、被申请人住所地或者对案件有管辖权的人民法院申请采取保全措施。申请人应当提供担保,不提供担保的,裁定驳回申请。"该条规定新增了在申请仲裁前可以申请临时措施,这一变化是中国对于仲裁前临时措施肯定的立法表现,同时也为《自贸区仲裁规则》增设仲裁前临时措施的规定提供了依据。

---

③ 《民事诉讼法》第100条规定。

《自贸区仲裁规则》在临时措施规定上体现出时间的全面性,包括了仲裁前、仲裁中以及仲裁案件受理之后、仲裁庭组成之前,在这几个重要的时间点,为当事人权利的救济和保护提供了更有力的保障。这一规定,填补了现行仲裁规则中有关仲裁前临时措施的空白。值得注意的是,根据《自贸区仲裁规则》第19条的规定,"仲裁前的临时措施可以由当事人直接向具有管辖权的法院提出,也可以请求仲裁委员会协助向有管辖权的法院提出"。这同时保证了与《民事诉讼法》的一致性,即在临时措施的申请上,由当事人向有管辖权的法院提出仲裁临时申请。上海市第二中级人民法院2014年颁布的《关于适用〈中国(上海)自由贸易试验区仲裁规则〉仲裁案件司法审查和执行》(以下简称《若干意见》),也为《自贸区规则》提供了一定的保障。按照《若干意见》,当事人提出仲裁前或仲裁程序中保全申请的,应当立即受理。情况紧急、符合法律规定的保全条件的,应当在24小时内作出裁定并移交执行。对提出仲裁保全申请的当事人,可以责令其提供担保。

(三)引入仲裁庭的决定权

临时措施的决定权通常有三种模式,即仲裁庭、法院和两者并存的模式。尽管越来越多的国家或地区的仲裁制度已将临时措施的决定权完全授予仲裁庭行使,但是为遵循《民事诉讼法》和《中华人民共和国仲裁法》(以下简称《仲裁法》)的规定,中国仍采纳人民法院模式。当事人申请临时保全措施的,需要由仲裁委员会将当事人的申请提交至人民法院,由人民法院对是否需要采取临时措施以及采取何种临时措施作出裁定。这种规定不利于中国仲裁制度的国际化。有学者指出,对于临时保全措施的决定和执行,这两者之间本身就不具有矛盾性,应该鼓励法院更多地支持仲裁的决定权,完善人民法院对仲裁庭的协助。④

《自贸区仲裁规则》第20条第2款规定,"对于临时措施申请,仲裁委员会将根据临时措施执行地所在国家/地区的有关法律及本规则的规定,转交具有管辖权的法院作出裁定,或提交仲裁庭作出决定……"我们认为这一条规定是在现有法律规定下的创新,引入了国际通行做法,虽然没有彻底授予仲裁庭决定权,但是给予仲裁庭在有限范围之内作出临时措施决定的权力。

---

④ 胡获:《论国际商事仲裁中仲裁庭的临时保全措施决定权》,载《南昌大学学报》2013年第4期。

在不违背中国现行法律规定的基础上,《自贸区仲裁规则》巧妙地、创造性地扩大了能够作出临时措施决定的主体范围,但前提是临时措施执行地所在国家或地区的有关法律规定仲裁庭有权作出临时措施决定。换而言之,《自贸区仲裁规则》这一规定可以理解是仲裁庭根据仲裁协议的法律适用,而决定其是否有权做出临时保全措施的决定。⑤显然,这样的规定赋予当事人最大限度上的意思自治。但即使根据仲裁规则,仲裁委员会向法院转交临时措施申请后,这样的申请能否实现仍取决于不同国家的具体法律法规。

除此之外,临时措施制度中的另一个亮点是紧急仲裁员制度,这也是《自贸区仲裁规则》的重大亮点。将在下节具体论述该制度。

二、临时措施制度亮点:紧急仲裁员制度

紧急仲裁员制度本质上是为了解决在仲裁庭组建前,当事人如何向仲裁机构申请临时救济的问题。此规定的意义是弥合纠纷发生时的紧急性和仲裁庭解决纠纷的时效性之间所存在的时间差,⑥确保临时措施的实施,保障当事人的权利。紧急仲裁员制度的存在并不影响仲裁庭对实体争议的审理及当事各方的其他程序性权利。此外,通过紧急仲裁庭来决定临时措施,将确保仲裁的"独立"性,减少法院对于仲裁的干扰。

从比较角度看,紧急仲裁规则已广泛应用于主要的国际惯例。在世界各主要仲裁机构的仲裁规则中,仲裁庭通常都有权根据当事人的申请,发出以保全财产或证据为目的的临时措施指令,向申请方提供临时性救济。2006年,美国仲裁协会(AAA)仲裁规则首次推出紧急仲裁制度的规定。2010年晚些时候,斯德哥尔摩商会(SCC)和新加坡国际仲裁中心(SIAC)也在各自的仲裁规则中增加了紧急仲裁员的规定。根据ICC和SIAC的规定,除非当事人另有约定,紧急仲裁庭可适用所有仲裁规则。至于国内仲裁规则,目前为止,《自贸区仲裁规则》和上海国际经济贸易仲裁委员会仲裁规则中对此有明确的规定。

---

⑤ 朱玉璋:《国际商事仲裁中临时保全措施的决定与执行》,载《安徽教育学院学报》2006年第4期。

⑥ Niclas Rockbom Charlotta Falkman and Johannees Lundblad, The New SCC Emergency Arbitrator Rules:Some features worth considering. Arbitration In Beijing. 2010.4.

《自贸区仲裁规则》第21条对紧急仲裁庭作出规定,体现了与国际仲裁发展趋势接轨,也是仲裁规则制度创新的表现。具体而言,《自贸区仲裁规则》从以下五个方面构建了紧急仲裁庭制度:第一,当事人可以提出书面申请要求成立紧急仲裁庭,申请必须附具理由;第二,决定是否成立紧急仲裁庭的机构是仲裁委员会,由仲裁委员会主任指定一名仲裁员成立紧急仲裁庭;第三,担任紧急仲裁庭的仲裁员应承担披露义务和遵守回避制度;第四,紧急仲裁庭的职权范围与一般仲裁庭的范围相同,在仲裁庭组成之日解散,并应向仲裁庭移交全部案卷材料,紧急仲裁员不能担任该仲裁案件的仲裁员,除非当事人另有约定;第五,紧急仲裁庭程序不影响仲裁程序的进行。⑦

对于中国而言,紧急仲裁规则仍然是一项比较新的规则。有些人可能会将紧急仲裁与临时仲裁(ad hoc arbitration)相混淆。两者虽然都具有程序上的高效率和灵活性,然而却存在基本的差异。首先,紧急仲裁是在特定时期内保护双方当事人的合法权利,即仲裁委员会受理案件后但在尚未组成正式的仲裁庭前所进行的紧急仲裁程序;对于临时仲裁而言,仲裁员不属于任何机构,当事人更想要的是双方自主性较强的机制,而不是现有机构化的机制。其次,两者仲裁决定效力的不同也决定了临时仲裁和紧急仲裁机制的不同。虽然通常紧急仲裁员会被授权在任何必要时作出临时措施决定,但紧急仲裁员的决定并不会影响仲裁庭的最终决定。紧急仲裁员的权力也在仲裁庭正式组成之后终止。然而临时仲裁裁决系基于当事人的协议,其效力是终局的。因此从裁决的效力上来讲,临时仲裁是一种完全不同于紧急仲裁的机制。

下表从紧急仲裁员制度的四个方面,即指定紧急仲裁员、作出仲裁决定时限、仲裁决定形式和费用,对《自贸区仲裁规则》(FTZ)、《中国国际经济贸易仲裁委员会仲裁规则》(CIETAC)、《香港国际仲裁中心机构仲裁规则》(HKIAC)、《新加坡国际仲裁中心仲裁规则》(SIAC)、《国际商会仲裁规则》(ICC)和《斯德哥尔摩商会仲裁院规则》(SCC)进行比较研究(见表2)。

---

⑦ 《中国(上海)自由贸易试验区仲裁规则》解读。

表 2　国内和国际仲裁规则对紧急仲裁庭的比较

仲裁规则 / 内容	FTZ (2015)	CIETAC (2015)	HKIAC (2013)	SIAC (2013)	ICC (2012)	SCC (2010)
指定紧急仲裁员	3 日	1 日	2 日	1 个营业日	2 日	24 小时
作出临时措施裁决时限 *	20 日	15 日	15 日	无限制	15 日	5 日
仲裁决定形式	决定	决定	决定 命令 裁定	决定 裁定	命令	决定 裁定
紧急仲裁程序费用	人民币 10000 * *	人民币 30000	* * *	新币 $ 5000（外国当事人） 新币 $ 5350（本国当事人）	美元 40000 * * * *	欧元 15000

* 该时限为一般规定,当事人提供担保的情况下可以缩短或经过双方当事人同意可以延长。

* * 当事人仅申请一项临时措施时,收费金额为 10000 元,如果为多项临时措施,则每一项申请另收取 2000 元。

* * * 紧急仲裁程序费用包括 HKIAC 的行政费,紧急仲裁员的费用和其他合理的法律支出。紧急仲裁员按照小时费率计算。

* * * * ICC 的紧急仲裁程序费用中包括两部分,其中 10000 美元是 ICC 的行政管理费,还有 30000 美元紧急仲裁员的花费和支出。

通过比较可以看出,各个规则中指定紧急仲裁员的时限均不超过 3 日,而审限则不超过 20 日。与之相对的,《自贸区仲裁规则》中规定的普通仲裁庭应在 15 日内指定仲裁员,[⑧]而对审限未作出明确限制。[⑨] 由此,“紧急”二字的程度可见一斑。

(一)限制指定紧急仲裁员的时间

从上面的表中,我们可以较为清晰地看到紧急仲裁员制度的一个重要特征——效率。以 SHIAC 的一般规则为例,指定仲裁员的时间为 15 日,但是根据《自贸区仲裁规则》第 21 条的规定,如申请临时措施的当事人完成所有手续,那么仲裁委主席可在 3 日内在仲裁员名册中指定一名仲裁员组成紧急仲裁庭处理临时措施申请。

在规定期限内进行紧急仲裁员的任命和临时措施的决定,是主要仲裁机构普遍采纳的原则。目前,SCC 的规定最为严格,以“小时”而非“天”作为计算标准。除此之外,SIAC 使用“营业日”这一个概念也值得注意。一般而言,

---

⑧ 《自贸区仲裁规则》第 28 条第 1 款规定,当事人在收到案件受理通知/仲裁通知之日起 15 日内,可各自选定或委托仲裁委员会主任指定一名仲裁员。

⑨ 《自贸区仲裁规则》中未明确审限。《中国国际经济贸易仲裁委员会仲裁规则》则规定审限一般为 6 个月。

工作日或营业日的表达方式更为准确,但是如果某些紧急仲裁正好发生在公共假期,则仲裁程序的实际程序将不可避免地被延长,因此从紧急仲裁庭程序的目的来考虑,用“天”作为计量单位较为直接和清晰。

(二)加快临时措施裁决的程序

一般情况下,仲裁庭应在组庭之日起45日内作出裁决书。《自贸区仲裁规则》第22条规定了临时措施的决定时限,“紧急仲裁庭应在组成之日起20日内作出,仲裁庭应在收到临时措施申请之日起20日内作出”。如果当事人提供担保,那么还可以加快临时措施裁决的速度,紧急仲裁庭或者仲裁庭应当在当事人提供担保之日起10个工作日内作出。显然通过设置《自贸区仲裁规则》第22条第3款的规定,能更为高效地达到临时措施的效果。考虑到临时措施的性质以及最终裁决前当事人财产的安全性,紧急仲裁庭在合理担保的情况下缩短其作出临时措施保全的时限,能够尽可能保证最终裁决的执行。

与其他国内外仲裁规则相比,这体现出《自贸区仲裁规则》赋予了仲裁庭在临时保全措施上享有更多的自由裁量权。同时,紧急仲裁的程序并不会影响正常的仲裁程序,相反该程序保证了当事人的权利可以得到最大限度的保护。

三、临时保全措施的执行

(一)国内仲裁临时保全措施的执行

临时保全措施作出后,如果不能得到承认与有效执行,那么临时保全措施将变得没有意义。⑩ 就国内仲裁而言,与仲裁裁决的执行不同,中国目前在立法层面,并没有针对仲裁涉及的临时保全措施的执行有专门的法条加以规定,《民事诉讼法》及《仲裁法》中,也仅是散落一些关于临时措施的规定,并不涉及执行。因此,《自贸区仲裁规则》在临时保全措施的执行方面也是暂时留白,仅在第19条作了原则性的表述,规定当事人可以向仲裁委员会及/或具有管辖权的法院提出申请。据此,涉及仲裁中的临时保全措施,当事

⑩ 孔霄萌:《国际商事仲裁中的临时保全措施》,华东政法大学2015年硕士学位论文,第10页。

人向具有管辖权的法院提出,即成为应有之义。同时,《若干意见》第6条给予了积极回应,规定当事人提出仲裁前或仲裁程序中保全申请的应立即受理。《若干意见》还降低了仲裁中临时保全措施的担保门槛,缩短了仲裁保全立案审查与执行的期限。这将促进仲裁保全措施的实施,有利于保障当事人的合法权益。依据该规定,上海市内各区及中级人民法院将支持并执行依据《自贸区仲裁规则》作出的临时保全措施。

事实上,在实践中,即使当事人选择向仲裁机构申请采取临时保全措施,仲裁机构在接到申请后也会移交给具有管辖权的法院,由法院视保全的具体内容依照《民事诉讼法》关于保全措施的规定予以执行。

(二)涉外仲裁临时保全措施的执行

对于涉外的仲裁而言,情况相对复杂,可以分以下两种情况讨论。

第一,仲裁地法院执行。当事人选择的仲裁地和案件本身关联性较强时,临时保全措施往往会在仲裁地执行。除非仲裁地法律有明确规定,否则法院将以无法律依据为由,拒绝执行此类临时保全措施。具体而言,在当事人提出有关外国仲裁机构文书执行的申请后,执行法院首先要审查该文书的性质。在确定申请执行的文书是仲裁临时措施之后,还需判断申请执行的临时措施决定是否属于《纽约公约》所包含的裁决。《纽约公约》中所指的仲裁裁决应是对实体问题的裁决,包括对实体问题的临时裁决、部分裁决和终局裁决,而对程序问题的临时裁决则不属于公约下的裁决。《纽约公约》无明确界定的,法院可依照中国的法律予以解释。根据中国现行法律,法院并没有义务直接承认并执行外国仲裁庭关于仲裁临时保全措施的裁决,这是由司法权的主权性质决定的。所以,《纽约公约》的实现建立在争端当事人意思自治的基础上,更建立在各国司法权让渡的前提下。

第二,仲裁地域外执行。临时保全措施在仲裁地域外执行包含两种情况:国外仲裁庭依据《自贸区仲裁规则》作出的决定在中国境内执行,以及中国仲裁庭作出的决定在境外执行。就前者而言,中国法院主要审查与仲裁涉及的国家间是否存有关于仲裁的司法协助协定。就后者而言,根据《自贸区仲裁规则》,将依据执行地所在国家/地区的法律进行,在该国家/地区与中国已签订司法协助协议或共同加入了某项关于司法协助公约的前提下,临时保全措施将被有条件的执行。

总体而言,受限于现有法律法规,《自贸区仲裁规则》并未对临时保全措施的执行作出详细规定,仲裁机构对于临时保全措施仍主要起“转递”的作用,最终将由人民法院作出相应的民事裁定,以进行相应的执行。

四、自贸区仲裁制度的最新发展

2017年1月9日,最高人民法院召开新闻发布会,发布了《关于为自由贸易试验区建设提供司法保障的意见》(以下简称《意见》),鼓励运用仲裁等多元化机制解决自贸试验区民商事纠纷,支持仲裁机构的创新发展,为多元化解决自贸试验区民商事纠纷提供司法便利。对于自贸区仲裁,最高人民法院主要提出了以下三点指导性意见:⑪

第一,在自贸试验区内注册的外商独资企业相互之间约定商事争议提交域外仲裁的,不应仅以其争议不具有涉外因素为由认定相关仲裁协议无效。此次最高人民法院的意见没有具体讨论涉外因素的成立条件,而是直接规定无论该争议是否具有涉外因素,只要是自贸区注册的外商独资企业之间的争议,皆可提交域外仲裁。该规定是对中国法律之前一直坚持的“无涉外因素争议不能提交境外仲裁”原则的一大突破。

第二,一方或者双方均为在自贸试验区内注册的外商投资企业,约定将商事争议提交域外仲裁,发生纠纷后,当事人将争议提交域外仲裁,相关裁决做出后,其又以仲裁协议无效为由主张拒绝承认、认可或执行的,人民法院不予支持;另一方当事人在仲裁程序中未对仲裁协议效力提出异议,相关裁决作出后,又以有关争议不具有涉外因素为由主张仲裁协议无效,并以此主张拒绝承认、认可或执行的,人民法院不予支持。该规定借鉴了英美法“禁止反言”的思路,客观上将域外仲裁的适用范围做了进一步扩大。

第三,在自贸试验区内注册的企业相互之间约定在内地特定地点、按照特定仲裁规则、由特定人员对有关争议进行仲裁的,可以认定该仲裁协议有效。该款规定可以视为是有限引入了临时仲裁制度,是对中国现行仲裁法律制度的一大突破。如前文所述,临时仲裁具有快速、简便、高效、经济的特点。日后如选择临时仲裁,仲裁效率将大为提高。当然,在选用临时仲裁之时,也须遵守目前司法对域内临时仲裁的三个特定限制,即临时仲裁协议需含有内

---

⑪ 参见《最高人民法院关于为自由贸易试验区建设提供司法保障的意见》第9条。

地特定地点、特定仲裁规则、特定人员的约定。另外,为慎重审查自贸区企业之间临时仲裁协议的有效性,最高人民法院仍采用“上报”制度,一方面可以避免司法审查标准的不统一,另一方面表明最高人民法院对于自贸区企业之间选择临时仲裁的支持态度。

《意见》对自贸区仲裁制度发展提出了新的思路和方向,必将引起更多司法界和实务界的重视,使自贸区仲裁继续蓬勃发展。

五、结语

随着国际经济的发展及商事纠纷的复杂化,仲裁的优势更加明显,国际上也加大了对临时保全措施的研究。扩大仲裁庭的权力是国际商事仲裁的趋势所在,给予仲裁庭与法院平等地位的理念在国际上获得了广泛认可。《自贸区仲裁规则》在遵循中国现行《民事诉讼法》和《仲裁法》等上位法相关规定的前提下,其仲裁规则内容实现了向国际化靠拢的目标,除了赋予了仲裁庭更多的决定权,在自贸区争议解决方面的不断创新外,也紧跟国际主流仲裁规则的发展方向,为当事人的权利提供更多保护,保证仲裁裁决的最终执行力。SHIAC 此次颁布的《自贸区仲裁规则》可以说是目前中国内地开放程度、灵活程度最高的国际化仲裁规则之一,相信随着《自贸区仲裁规则》在施行过程中充分发挥自贸区的扩散效应和改革示范效应,形成可复制、可推广的经验,中国商事仲裁制度的国际化发展将得到进一步的促进和推动。

Research on the Development and Improvement of the Interim Measures System from “China(Shanghai) Pilot Free Trade Zone Arbitration Rules”

Chen Sheng　Yu You-Ran

Abstract: Shanghai International Economic and Trade Arbitration Commission has first set up a new arbitration institute for disputes within Free Trade Zone to provide face-to-face consultation to corporations located in FTZ and then issued a new arbitral rule － China(Shanghai) Pilot Free Trade Zone

Arbitration Rules to ensure that it satisfies the need of clients. The FTZ Rules have adopted the achievement of international arbitration constitutions, including the arbitration rules of Arbitration Institute of the Stockholm Chamber of Commerce and International Chamber of Commerce. Great attention has been paid to the implementation of FTZ Rules as it has introduced innovative procedures to supplement the existing arbitration mechanism, such as interim measures of protection, consolidation of arbitration, amiable composition, etc. This article will mainly focus on the rules of interim measures of FTZ rules from two perspectives: interim measures of protection and emergency arbitrations by highlighting and comparing some noteworthy features.

Keywords: China (Shanghai) Pilot Free Trade Zone Arbitration Rules; Interim Measures; Emergency Arbitrator System

中国参与国际投资争端解决的实践及完善建议

於彦秋
(中南财经政法大学　武汉　430074)

摘要:随着中国从贸易大国向贸易强国的转变和"一带一路"倡议的实施,我国企业走出去的步伐不断加快,对外投资活动日渐频繁。各种投资活动必然会产生投资争端,这就意味着研究国际投资争端解决机制,特别是研究ICSID具有了重要意义。另外还需要结合我国的实践,从实践中得出启示,并提出促进中国国际投资仲裁制度与实践的完善的建议。

关键词:国际投资争端;投资仲裁;ICSID

随着中国资本输出活动的日益频繁,中国与美国、欧洲等关于双边投资协定谈判的深入,国际投资争端解决机制对我国产生着日益深刻的影响。"贸发会议"于2017年6月7日发布的《2017年世界投资报告》显示,2016年对外投资飙升44%,达到1830亿美元,这是中国在该报告中首次成为全球第二大对外投资国。[①] 作为资本输出国,我国也开始关注投资者保护,以ICSID(国际投资争端解决中心)为例,涉及中国的国际投资仲裁

---

① 《UNCTAD:2017年世界投资报告——投资和数字经济》,http://www.sohu.com/a/148121546-810912,最后访问日期:2018年3月16日。

的数量也开始逐年增加。因此研究国际投资争端解决机制,特别是以ICSID为代表的国际投资争端解决机制至关重要。

一、国际投资争端解决机制的概述

(一)国际投资争端(international investment disputes)的概念

国际投资争端有广义和狭义之别。广义的国际投资争端指因各种国际投资在各种主体之间发生的争端;而狭义的国际投资争端是指国家(政府或其机构)同外国私人投资者(自然人或者法人)之间因私人直接投资问题而发生的争端。实践中,国际上通常所述的国际投资争端或关注的国际投资争端主要指狭义的国际投资争端。《华盛顿公约》也对此问题作出了规定,《华盛顿公约》第25条第1款提到中心的管辖适用于缔约国(或者缔约国向中心指定的该国的任何组成部分或者机构)和另一缔约国国民之间直接因投资而产生并经双方书面同意提交给中心的任何法律争端。[②] 不难看出其也是采狭义概念,本文亦是如此。

1. 争端主体

从《华盛顿条约中》可以看出,在国际投资争端中,投资者和国家是争端主体,投资者被称为申请人,国家被称为被申请人。

《华盛顿公约》第25条第2款对"投资者"作出了规定:"在双方同意将争端交付调解或仲裁之日以及根据第28条第3款或者第36条第3款登记请求之日,具有作为争端一方的国家以外的某一缔约国国籍的任何自然人;在争端双方同意将争端交付调解或者仲裁之日,具有作为争端一方的国家以外的某一缔约国国籍的任何法人,以及在上述日期具有作为争端乙方缔约国国籍的任何法人。"根据该款规定,投资者包括公民、法人,但是又对其作出了一定的限制,自然人投资者排除永久民居,并且对于国籍的情况有严格限制;法人如果受到外国控制,也不能认为是本国国民。

关于国家的含义则更为明确,缔约国或者缔约国向中心指定的该国的任何组成部分或者机构都被称为国家。

---

② 《华盛顿公约》,载 https://baike.baidu.com/item/华盛顿公约/15275858#3_1,最后访问日期:2018年3月20日。

2. 争端的内容

国际投资争端是有关国家同外国私人投资者之间因私人直接投资问题而发生的争端,争端的内容便是因直接投资问题而产生的争端,那么对投资的界定就会直接影响到争端的内容,也就是说,如果对投资界定地比较宽泛,那么由直接投资引起的争端的内容就比较多;反之则得出相反的结论。

《华盛顿公约》并没有对"投资"作出明确的规定,但是该公约曾在第一次起草会议提出将"投资"定义为:"任何维持不确定但不少于五年的货币或者其他有经济价值的资产。"各方代表对此意见不一,最终通过了没有"投资"定义的《华盛顿公约》。③

我国所签订的 BITs 对"投资"的界定,典型的立法例体现在《1988 年中国和澳大利亚签订的投资保护协定》中。④ 该协定第 1 条第 2 款规定:"投资"系指各种资产,为缔约一方的国民所拥有、控制或投入,并为缔约另一方依照其随时适用的法律和投资政策所接受,包括:(1)有形和无形财产,包括权利,如抵押权、留置权、质权;(2)公司,股票,在公司的其他利益或在该公司财产中的利益;(3)对金钱的请求权,或有经济价值的行为请求权;(4)知识产权和工业产权,包括与版权、专利、商标、商名、工业设计、贸易秘密、专有技术和商誉有关的权利;(5)法律或法律允许按照合同赋予的任何权利,包括从事农业、林业、畜牧业、渔业的权利,勘探、开采或开发自然资源的权利以及制造、使用和销售产品的权利;(6)用于再投入的收益。投资或再投资财产形式上的任何变化都不应影响其作为投资的性质。可见我国对于"投资"的界定范围比较宽泛,不仅包括有形财产、无形财产,还包括各种行业的经济权利。

争端的内容便是基于上述中的各种投资所产生的争端,这里需要注意的是,必须是因直接投资产生的争端才是"投资争端"中所涉的争端,而其他的则不应该包括在内。

(二)国际投资争端解决机制的产生背景

作为专门解决国际投资争端的国际投资争端解决机制并非凭空产生,

---

③ 胡勇、秦丽:《"投资"定义与 ICSID 管辖权》,载《宜宾学院学报》2006 年第 11 期。

④ 《1988 年中国和澳大利亚签订的投资保护协定》,载 http://tfs.mofcom.gov.cn/aarticle/h/av/200212/20021200058345.html,最后访问日期:2018 年 5 月 18 日。

其产生于一定的背景之下。国际投资争端解决机制起因于20世纪五六十年代,当时刚赢得独立的第三世界的国家都将西方殖民者建立的企业收归国有,导致了大量投资争端的产生,这个时候催生了专门针对投资争端的国际投资协定(International Investment Agreement)。在近50年的时间里,各国对国际投资的态度发生了显著的改变,在20世纪70年代,大部分发展中国家对国际投资持有敌对态度,并且还会采用较为严格的外资制度去限制外国投资者进入本国市场。20世纪80年代和90年代,发展中国家逐渐地意识到国际投资对于国内经济发展的重要性,也纷纷加入国际投资的浪潮当中。有投资必然会产生争端,双边投资条约和多边投资条约的激增也使国际投资争端的数量不断增加。

在这种情况下,起重要作用的便是依据《华盛顿公约》建立的国际投资争端解决中心(ICSID)。

(三)以ICSID为代表的国际投资争端解决机制

1. 国际投资争端解决中心

国际投资争端解决中心(ICSID)是依据《解决国家与他国国民间投资争端公约》(以下简称《华盛顿公约》)而建立的世界上第一个专门解决国际投资争议的仲裁机构,其宗旨是在国家和投资者之间培育一种相互信任的氛围,从而促进国外投资不断增加。⑤

ICSID是目前世界上受理投资纠纷数量最多的仲裁机构。⑥ ICSID在2017年10月13日第51次行政理事会会议后发布2017年年度报告,该报告指出,ICSID管理的投资条约仲裁案件数量呈持续增长趋势。截至2017年6月30日的一个财政年度中,ICSID共管理了258起案件,占该机构自1966年成立以来受理案件总量(619件)的42%。该年报显示,2016年6月至2017年6月共有49起新登记的案件。仲裁庭和特设委员会共作出了32个裁决、499个决定以及程序性命令。这是ICSID历史上作出裁决数量最

⑤ 来自百度词条:国际投资争端解决中心,载https://baike.baidu.com/item/国际投资争端解决中心/7156555?fr=aladdin#5,最后访问日期:2018年3月1日。

⑥ 根据UNCTAD发布的数据,截至2015年,在所有已知的条约下投资仲裁案件中,大约有63%的投资者—东道国仲裁提交ICSID仲裁中心,联合国国际贸易法委员会(以下简称UNCITRAL)仲裁规则下的临时仲裁约占据全部比例的26%,剩下的机构则占据更小的比例,如斯德哥尔摩商会仲裁员(SCC)则只占据全部数量的5%。

多的一个年度。在2016年财政年度,ICSID共作出27个裁决和377个决定。[⑦] 从该年度报告中可以看出,ICSID受理投资仲裁案件的数量在不断增加,各缔约国对ICSID的信任程度较高,这也使ICSID成为解决国际投资争端的主要方式。

ICSID能成为解决国际投资争端的主要方式说明其具有一定的优越性。ICSID的一大主要优势就在于ICSID是一个去本土化的体系,仲裁地的仲裁程序法不会影响ICSID的仲裁程序,这点可以从《ICSID》公约第44条中体现出来。该条规定:"任何仲裁程序应依照本节规定,以及除双方另有协议外,依照双方同意提交仲裁之日有效的仲裁规则进行。如发生任何本节或仲裁规则或双方同意的任何规则未作规定的程序问题,则该问题应由仲裁庭决定。"ICSID通过对仲裁的根本主权的把握,从而可以发挥最大的独立性,但是仲裁庭独立性的行使不能超过正当性的范围。ICSID可以有效排除仲裁地所在国仲裁法律的使用,有利于提高仲裁程序的高效性和安全性,所有程序的实施和裁决的作出都是由仲裁庭完成的,从而可以提高效率,减少仲裁成本。

虽然ICSID成为解决国际投资争端的主要方式,但是也有一些反对之声。第一种是认为ICSID的应用破坏了法治,是对国家司法权的外包,威胁到了国家主权,给予了外国投资者大量的权利,但却不赋予他们相应的责任。第二种是对于ICSID这一机构的批评是"双重身份"(double hatting)做法,即个人在担任仲裁员的同时,在其他案件中担任律师。原则上来说,这种现象的存在可能会引起利益冲突以及其他道德问题。[⑧]

从目前的形势可以看出,对ICSID的批评并没有影响ICSID受理投资仲裁的案件数量。

如上文所述,在所有条约下的投资仲裁案件中,除了ICSID受理63%的投资者—东道国仲裁之外,联合国国际贸易法委员会(UNCITRAL)仲裁规则下的临时仲裁和斯德哥尔摩商会仲裁院(SCC)也对解决投资者—

---

⑦ 环中商事仲裁:热点观察ICSID投资条约仲裁案件持续大幅,载http://www.sohu.com/a/223658042-650578,最后访问日期:2018年3月5日。

⑧ 环中商事仲裁:热点ICSID投资条约仲裁案件持续大幅增长,载http://www.sohu.com/a/223658042-650578,最后访问日期:2018年3月5日。

东道国纠纷起着一定的作用,因此有必要对这两种纠纷解决方式进行简单介绍。

2. UNCITRAL 国际投资仲裁

联合国国际贸易法委员会(贸易法委员会,United Nations Commission on International Trade Law,UNCITRAL)于 1966 年由大会设立(1966 年 12 月 17 日第 2205 × ×I 号决议)。大会在设立贸易法委员会时承认,各国的国际贸易法律存在差异,给贸易流通造成了障碍,因此,大会把贸易法委员会视作联合国可籍此对减少或消除这些障碍发挥更积极作用的工具。

UNCITRAL 作为投资者—东道国投资仲裁的第二个路径,其与 ICSID 在很多方面有着不同之处,主要体现在以下三个方面:(1)在管辖权方面,UNCITRAL 仲裁规则下的仲裁建立管辖权的要求只有一个,即在合同、条约或者内国法中存在同意将争议提交 UNCITRAL 仲裁的条款,没有其他的管辖权障碍,ICSID 与此相比则复杂得多;(2)在结构方面,UNCITRAL 仲裁庭缺乏一个预先存在的用于支持仲裁行政事务的常设机构,当仲裁因为一些原因导致仲裁无法进行时,如当事人对仲裁员的选定存在异议、临时仲裁因缺乏常设机构的辅助,而无法介入某些特定程序问题或者协助当事人,从而确保仲裁程序顺利进行,而 ICSID 则不会有这样的问题出现;(3)在机构依附方面,UNCITRAL 并没有依附任何一个国际机构,可能不如 ICSID 更受到国家的重视。

3. 斯德哥尔摩商会仲裁院(SCC)

斯德哥尔摩商会仲裁院是斯德哥尔摩商会处理仲裁事务的全国性机构,成立于 1917 年。瑞典的中立国地位及其完备、灵活的仲裁制度,使之逐渐成为东西方商事仲裁中心,声誉颇佳,赢得了国际商界的信任。该院宗旨是:(1)按照仲裁规则对有关商业和工业的争议参与最后解决;(2)参与部分或者全部与其仲裁规则不尽相同的审理;(3)提供有关事务的资料,下设由商会执行委员会任命、任期为 3 年的 3 人委员会。任主席的有解决商业或者工业争议经验的法官、开业律师、受到商业界信任者,并设与委员会由相同资格的副职一人。副职在受委员委托时,有与委员同等的职权。两名委员即为法定多数,对委员会以多数作出的决定,商会无权复审。[⑨]

值得关注的是,SCC 并没有仲裁员名单,当事人可以自由指定任何国家、任何身份的人作为仲裁员。通常情况下是双方当事人各自选择一位同胞作为仲裁员,并共同选择第三名仲裁员组成三人仲裁庭。此举取消了仲裁员名单对当事人挑选最心仪的仲裁员的限制,有利于提高当事人对仲裁结果的可接受度。

通过对第一部分的介绍,可以看出国际投资争端解决机制的概况,特别是 ICSID 在国际投资争端解决中的重要作用。而我国参与国际投资争端解决的实践非常有限,基本上都集中在通过 ICSID 解决国际投资争端,因此接下来是对我国参与国际投资争端解决的介绍。

二、中国参与国际投资争端解决的实践

(一)加入《华盛顿公约》及与部分国家签订双边投资条约

《解决国家和他国国民之间的投资争端公约》(以下简称《华盛顿公约》)于 1966 年 10 月 14 日开始生效,1990 年 2 月 9 日,中国签署《华盛顿公约》;1993 年 1 月 7 日交存批准书,自 1993 年 2 月 6 日起,《华盛顿公约》对中国生效。中国政府在交存批准书时就声明,仅同意将征收、国有化补偿款额争议交付 ICSID 解决。中国加入该公约的批准书的全文是:"中华人民共和国主席根据中华人民共和国政府代表朱启祯于一九九〇年二月九日在华盛顿签署的《关于解决国家和他国国民之间投资争端公约》。中华人民共和国声明,根据公约第二十五条第四款的规定,中国政府允许提交解决投资争端国际中心仲裁的案件目前仅限于关于征收、国有化补偿款额的争议。中华人民共和国主席杨尚昆(签字)中华人民共和国外交部长钱其琛(签字)一九九二年七月一日于北京。"[⑩]

中国自 1982 年与瑞典王国签订第一个双边投资保护协定(BIT)以来,

---

⑨ 百度百科:斯德哥尔摩仲裁院,https://baike.baidu.com/item/瑞典斯德哥尔摩商会仲裁院/1913120?fr=aladdin&fromid=15977686&fromtitle=斯德哥尔摩仲裁院,最后访问日期:2018 年 3 月 6 日。

⑩ 蔡从燕、陈安:《国际经济法学刊(第 17 卷·第 1 期)(2010)》,北京大学出版社 2011 年版,第 22 页。

截至2010年年底,中国已经与130多个国家签订了双边投资保护协定。[11]

(二)涉及中国的ICSID仲裁实践

尽管中国持续多年都是外国资本主要投资地,且中国签订有大量双边投资保护协定,近年的自由贸易协定中也包含有投资一章,中国也是ICSID公约的缔约国,但一直以来涉及中国的国际投资仲裁案件并不多。在2010年之前,由于我国一直采取保守做法,中国未被卷进投资争端仲裁案件之中。2010年之后,情况发生了变化,先后有两起中国政府作为被申请人被诉至ICSID的案件和两起中国企业作为投资者将外国政府诉至ICSID的案件,分别是:2011年的伊佳兰公司(Ekran Berhad)诉中华人民共和国仲裁案(ICSID)案件编号No. ARB/11/15)、2012年的平安集团诉比利时王国仲裁案(ICSID)案件编号No. ARB/12/29)、2014年的安城住宅产业有限公司(Ansung Housing Co,Ltd)诉中华人民共和国仲裁案(ICSID)案件编号No. ARB/14/25和2014年的北京城建集团(Beijing Urban Constrution Group Co. Ltd)诉也门政府仲裁案(ICSID案件编号No. ARB/14/30)。[12] 在ICSID仲裁庭审理的涉及中国内地已经有了仲裁结果的四起仲裁案件中,中国政府和中国投资者在ICSID仲裁取得了两胜(北京城建案、韩国安城案)、一和(马来西亚依桂兰案)和一败(平安案)的成绩,接下来是对以上四个案件的概述。

1. 伊桂兰公司诉中华人民共和国案

"伊桂兰诉中华人民共和国仲裁案"(ICSID案件编号No. ARB/11/15)于2011年5月24日在ICSID秘书处正式登记立案。根据ICSID官方网站,2011年7月22日,双方就中止仲裁程序达成一致,2013年5月16日,双方达成和解,于是要求仲裁庭根据ICSID规则的规定停止仲裁。[13] 本案中,海南万宁县政府依据海南的地方性法规,收回外商投资企业的国有土地使用权。我们认为,从国际法的理论来说,地方政府的行为在国际层面上可以归结为中央政府的行为。

---

[11] 商务部:《已与130个国家签订了双边投资保护协定》,载http://www.fdi.gov.cn/1800000121_21_10126_0_7.html,最后访问日期:2018年4月2日。

[12] 参见ICSID官网:http://icsid.worldbank.org/en/Pages/cases/,最后访问日期:2018年4月2日。

[13] ICSID仲裁规则http://china.findlaw.cn/info/zhongcai/zcfl/zhongcaiguize/377885_7.html,最后访问日期:2018年4月2日。

这是中国在 ICSID 被诉的第一起案件,标志着中国开始参与国际投资仲裁,使中国增长了国际投资仲裁方面的经验,从这个方面来说该案具有很强的标杆意义。

2. 安城住宅产业有限公司诉中华人民共和国仲裁案

安城住宅产业有限公司诉中华人民共和国仲裁案(ICSID 案件编号 No. ARB/14/25)于 2014 年 11 月 4 日在 ICSID 秘书处正式立案,2016 年 9 月 2 日仲裁庭正式成立,仲裁庭于 2017 年 3 月 9 日作出裁决,驳回申请人的全部诉讼请求。本案的事实背景涉及申请人(安城住宅产业有限公司)在江苏省射阳县的投资,涉及的主要法律问题是两个,第一是申请人提出仲裁申请时是否已经超过 3 年诉讼时效;第二是 BIT 中的最惠国待遇能否适用于 ISDS 机制。

本案是中华人民共和国在 ICSID 被诉的第二起案件,实际上也是中国真正进入仲裁程序实体审理的第一案,最终中国在仲裁中取得胜利,具有很强的示范作用。

3. 平安集团诉比利时王国仲裁案⑭

2012 年 9 月 19 日中国平安保险集团、中国平安人寿保险股份有限公司诉比利时王国投资条约仲裁案(ICSID 案件编号为 ARB/12/29)在 ICSID 正式立案,2013 年 2 月 26 日仲裁庭正式成立,2015 年 4 月 30 日,仲裁庭作出裁决,认定无管辖权。

本案是中国企业因为国有化和征收争端而起诉东道国政府的第一案。该案件尚未进入实体程序 ICSID 就因无管辖权作出裁决,这体现出我国企业在海外维权方面还是比较困难的。当然对于中国企业来说,该案是中国企业首次运用国际投资争端仲裁解决机构维护自身的合法权益,具有很强的标杆意义。目前中国企业对外投资的规模快速增长,其中有许多分布在发展中国家,这些国家多数国内法治水平比较低,极易导致外资企业遭受不公平的征收等国有化措施,中国企业在外国遭受不公平的征收等国有化措施时,可以通过提起投资仲裁来维护自身的合法权益。

---

⑭ PING AN Insurrance(Group)Company of China, Limited v. Kingdom of Belgium, ICSID Case No. ARB/12/29,最后访问日期:2018 年 2 月 28 日。

4. 北京城建集团诉也门政府仲裁案[15]

北京城建集团诉也门政府仲裁案(ICSID 案件编号 No. ARB/14/30)于2014 年 12 月 3 日在 ICSID 秘书处正式立案,2015 年 7 月 10 日仲裁庭正式成立。对也门政府提出的管辖权异议作出裁决,仲裁庭裁定对本次争议拥有管辖权。本案的争议焦点有两个,一是北京城建在也门的建筑工程合同是否属于"投资";二是本案争端是否属于同意条款的范围。

本案是第一起中国工程承包商因在海外的承包项目而在 ICSID 提起的国际投资仲裁案。本案程序问题涉及最惠国待遇条款是否适用于程序性事项、征收补偿数额型仲裁条款的解释、投资定义的解释、合同之诉(Contract Claim)与条约之诉(Treaty Claim)的关系等多个问题,加之申请人一方为国有企业,争议围绕国企提出投资仲裁的资格问题,争议项目又是工程承包领域,是我国企业走出去过程中涉及较多的行业领域,非常具有现实意义。

(三)中国国际投资仲裁实践与制度缺陷分析

从上述案例中可以看出,中国(包括中国作为东道国和中国投资者)参与国际投资仲裁的实践还是比较有限的,在 ICSID 仲裁庭审理的涉及中国内地已经有了仲裁结果的也只有有限的四起,从这些案件中可以反映出中国在国际投资仲裁中的不足之处,这主要体现在以下四点。

第一,作为国际投资仲裁的参与者,中国缺乏经验。中国在 2010 年之前一直处于保守状态,未参与其中,2011 年之后国际投资仲裁中才有了中国的身影。与其他国家相比,中国起步晚,经验缺乏,这是中国在国际投资仲裁中一个很大的缺陷,缺乏实践的中国很难在仲裁中摸索到一些技巧方法,更不需谈如何走出一条适合中国的国际仲裁之路了。

第二,中国在国际投资仲裁上的影响力不足。目前,中国在国际投资仲裁领域还没有发出自己的声音,处于主导地位的主要是美国和一些欧洲国家。发生投资投资争端时,无论是东道国还是投资者都比较倾向于选择 ICSID、UNCITRAL 以及 SCC 这些热门的、在国际上由影响力的机构去解决纠纷,而目前中国没有在国际上具有影响力的解决国际投资争端的机构,这直接导致我国在国际投资仲裁上的影响力不足。

---

[15] Beijing Urban Construction Group. Co. Ltd. v. Republic of Yemen, ICSID Case No. ARB/14/30,最后访问日期:2018 年 2 月 28 日。

第三,中国虽与全世界130个国家签订了双边投资保护协定,但是有些双边投资协定措辞不准确,需要根据实践情况做相应的修改。例如,最惠国待遇条款可否适用于争议解决条款、仲裁时效,分别是北京城建案和韩国安城案涉及的焦点问题,仲裁庭经过分析认为最惠国待遇条款不适用于争议解决条款和仲裁时效,其缘由也在于老一代条约对此语焉不详而引起歧义。面对新形势,中国政府有必要对老一代条约进行清理、归集、修改、完善。

第四,我国的国际投资仲裁制度建设不足,一方面表现为能够受理国际投资争端的仲裁机构数量少,另一方面表现为能够受理国际投资争端的机构在国际上的影响力不足,不能成为一种主流的、热门的争端解决方式。

三、ICSID仲裁制度及其实践对我国的启示

通过上文对我国国际投资仲裁实践与制度缺陷进行的分析,可以清晰地看出目前我国在国际投资仲裁实践中存在的诸多问题,本文在上述分析的基础上,提出以下促进我国投资仲裁制度与实践完善的建议。

(一)积极参与国际投资仲裁实践

1. 提高中国投资者的海外维权意识

中国目前已经成为全球第二大对外投资国,吸引外资金额位居全球第三,但通过上述案件可以看出中国企业的海外维权意识没有跟上国家快速发展的步伐。受"民不与官斗"等传统观念的影响,加之长期国内实践的经验,在面临东道国不公正待遇时,中国企业往往选择忍气吞声;部分企业模仿国内"办事"的思路去解决此类纠纷,则常常是"赔了夫人又折兵",发生在东南亚国家及东欧部分国家的中资企业行贿案便是明证。

中国企业应该吸取此类经验教训,在对外投资的过程中,应该首先想着不制造争端,尽量避免投资争端的产生,如果投资争端不可避免的产生了,那么在出现投资争端的时候应学会使用国际投资仲裁等法律途径维护自己的合法权益,提高维权意识,更好地"走出去"。

2. 中国政府要积极应对与外国投资者的纠纷

作为全球第三大外资输入国,中国庞大的市场、良好的经济秩序会源源不断地吸引外国投资者来中国投资,在外国投资者来中国投资的过程中,会有发生投资争端的可能,进而会有发生国际投资仲裁的风险。中国作为东

道国自然而然的成为国际投资争端的被申请人,这是一个不可避免的趋势,马来西亚依桂兰公司诉中国案、韩国安城公司诉中国案就是中国作为被申请人的先例。随着全球化程度的加深,各国之间的贸易往来越来越密切,任何国家特别是中国这类吸引投资的大国都可能被外国投资者提起国际投资仲裁。

从北京城建案可以看出,无论中国在缔约时的意图如何,试图将此类型争端解决条款限制在"征收补偿额争议"的主张在国际仲裁实践中已较难立足。中国早期 BIT 大多规定,仅允许将有关征收补偿数额的争议提交国际仲裁,但对此表述往往措辞不一。有的 BIT 采用了"涉及(involving)征收补偿数额",有的采用了"关于(concerning)征收补偿数额",有的采用了"因征收发生的补偿数额"(resulting from),还有如北京城建案《中国—也门》BIT 所采用的"与征收补偿数额有关"(relating to)。尽管有些措辞的细微差异可能不会造成实质性的影响,但有些却可能意味着国家提交仲裁的争端不仅仅是实际补偿数额的问题。

中国在面对与外国投资者的纠纷时,应尽量使用国际化的准则处理纠纷中涉及的各种问题,避免多次成为被告。当然,在中国政府成为国际投资仲裁的被告时,中国政府也应该积极应对,树立良好的大国形象。

(二)密切关注国际投资仲裁制度的改革与发展

ICSID 目前已经成为受理国际投资仲裁数量最多的机构,受理案件的数量在一定程度上代表着参与者对 ICSID 的认可,其制度本身是值得研究和学习的。2017 年 5 月 9 日,ICSID(国际投资争端解决中心)在其网站发布了针对 16 个方面的潜在规则修订清单,启动了新一轮的规则修订计划。据悉,这将是 ICSID 继 1984 年、2003 年和 2006 年以后的第四次规则修订计划。[16] 从

---

⑯ 《重磅 ICSID 启动新一轮规则修订　国际投资仲裁规则将迎来新时代》,载 https://mp.weixin.qq.com/s?subscene=23&__biz=MzI5MTM0OTUzMw==&mid=2247483879&idx=1&sn=a47c38e432d4d3452d59aefd1f956701&chksm=ec10b495db673d83437ad00f2abf5b1177e0406f22da549ce34bab2ce0ba272352c9c3506d28&scene=7&key=65cef860e155b68b7e0bae9e5742b1f50898e493c6015d1c12971a6ec85e98e5d3dcdd42911d8a862389ee92aff2e4c31b0708e3231bd04672dd9f88b56848fb387be3ce2f72258961a4e7afd3dbe7ef&ascene=0&uin=MjUwNDA5NTMzMg%3D%3D&devicetype=Windows+7&version=62060038&lang=zh_CN&pass_ticket=m%2FDdcInggnQG33yFcJeMRRhsibmXllHuGaontMFtDL%2Fp20nuNQ3dothoV3KuGF4z&winzoom=1,最后访问日期:2018 年 3 月 9 日。

中可以看出国际投资仲裁的适应能力和更新换代能力非常强，可以说，ICSID代表了国际投资仲裁的方向，发挥着“领头羊”的作用。

与之形成鲜明对比的是，中国的国际投资仲裁制度建设还处于萌芽阶段，需要学习和借鉴先进的经验并结合中国的实际情况，因此密切关注国际投资仲裁的改革与发展是至关重要的。

（三）加强我国投资条约仲裁制度建设

除上文提到的这三种主要的国际投资仲裁机构外，可以处理国际投资仲裁的机构还有瑞典斯德哥尔摩商会仲裁院（SCC）、海牙常设仲裁法院（PCA）、国际商会仲裁院（ICC）和新加坡国际仲裁中心（SIAC），SIAC还制定了专门的投资仲裁规则。

与此形成对比的是，现在我国仲裁机构有250家之多，机构仲裁案件量在世界上是最多的，但处理的都是跟我国有关的仲裁案件，有国际影响力的品牌仲裁机构还没有真正建立起来。从这可以看出，我国投资条约仲裁制度建设太强差人意，与我国全球第二投资大国、全球第三大外资输入国的形象不符。为此，我们一定要做到“四个一流”：一流的法治环境、一流的仲裁法律制度、一流的仲裁管理服务和一流的仲裁品牌机构。这是我国成为国际商事仲裁目的地、成为世界级国际商事仲裁中心的必要条件。⑰

值得一提的是，我国在解决国际投资争端方面有了新进展，中国国际经济贸易仲裁委员会（以下简称贸仲委）发布了《国际投资争端仲裁规则》，并于2017年10月1日起施行。该规则的指定填补了我国国际投资仲裁领域的空白，可谓是在解决国际投资争端问题上有了“中国方案”。

四、中国国际投资仲裁制度与实践的完善

“一带一路”是“丝绸之路经济带”和“21世纪海上丝绸之路”的简称。它将充分依靠中国与有关国家既有的双多边机制，借助既有的、行之有效的区域合作平台，借用古代丝绸之路的历史符号，高举和平发展的旗帜，积极发展与沿线国家的经济合作伙伴关系，共同打造政治互信、经济融合、文化包容的利益共同体、命运共同体和责任共同体。2015年3月28日，国家发

⑰ 黄进：《关于“一带一路”商事争议解决机制的三点构想》，载《中国审判》2017年第15期。

展改革委、外交部、商务部联合发布了《推动共建丝绸之路经济带和21世纪海上丝绸之路的愿景与行动》。“一带一路”经济区开放后,承包工程项目突破3000个。2015年,我国企业共对“一带一路”相关的49个国家进行了直接投资,投资额同比增长18.2%。2015年,我国承接“一带一路”相关国家服务外包合同金额达178.3亿美元,执行金额达121.5亿美元,同比分别增长42.6%和23.45%。2018年1月25日,商务部发布的数据显示,“一带一路”经贸合作取得明显成效,2017年我国与沿线国家贸易额达7.4万亿元人民币,同比增长17.8%。

随着“一带一路”倡议的实施,我国与外国之间的贸易往来在不断增长,在经贸合作方面有着显著成效,经济贸易的往来必然会产生一些国际投资争端,这就会不可避免地发生国际投资仲裁。再加上我国企业在不断地“走出去”,同样也会涉及国际投资仲裁。我国在投资仲裁制度建设方面可以说是零,这对我国企业“走出去”和“一带一路”倡议的实施是非常不利的事情。因此,推动我国投资仲裁法律制度建设是迫在眉睫的大事,笔者认为可以从以下几个方面来推动我国投资仲裁法律制度建设。

(一)修改我国《仲裁法》,扩大受理案件的范围

我国《仲裁法》于1994年8月31日第八届全国人民代表大会常务委员会第九次会议通过,2009年8月27日第十一届全国人民代表大会常务委员会第十次会议《关于修改部分法律的决定》对其进行了第一次修正;2017年9月1日第十二届全国人民代表大会常务委员会第二十九次会议《关于修改〈中华人民共和国法官法〉等八部法律的决定》对其进行了第二次修正。

《仲裁法》第2条规定,平等主体的公民、法人和其他组织之间发生的合同纠纷和其他财产权益纠纷,可以仲裁。这就意味着我国《仲裁法》只解决平等主体之间发生的合同纠纷和其他财产权益纠纷,不解决不平等主体之间发生的纠纷。也就是说,《仲裁法》总则就将“投资者—东道国投资纠纷”排除在外。随着社会的不断发展,我国《仲裁法》中难免有跟不上社会的发展,与国际脱轨并且需要改进的条款。

可喜的是,《国际投资争端仲裁规则》在第2条中这样规定:“《投资仲裁规则》可以适用于一方当事人为投资者而另一方为国家、政府间组织、经政府授权或其行为可归责于国家的其他任何机构、部门或者其他实体。当事人可以在合同、条约、法律法规或其他文件中明确选择按照该规则仲

裁。”这部规则的出台预示着中国在国际投资争端领域中，特别是涉及中国投资者的争端中，开始争取属于自己的话语权。

笔者认为，我们要从根本上解决受案范围的问题，那么就要对实施20多年的《仲裁法》的第2条进行修改，通过法律规定或者司法解释的方式，明确投资者和东道国之间的投资条约争议属于可仲裁事项，仲裁庭作出的仲裁裁决是可执行的法律文书。这样才能从根本上解决问题，使我国有条件的仲裁机构可以受理国际投资争端，通过作出公正的裁决获得国际上的认可，吸引投资者来中国进行国际投资仲裁，不断提高我国在国际仲裁领域的话语权。

（二）鼓励具备条件的仲裁机构受理和管理投资条约仲裁案件

贸仲委发布的《中国国际商事仲裁年度报告》（2016）显示，2016年，我国251家仲裁委员会共受理案件208545件，比上年增加71621件，增长52%；案件标的总额为4695亿元，同比增长14%。⑱ 从报告中可以看出，我国251家仲裁委员会一年受理案件的数量是非常多的，比去年增长了一半。这说明仲裁越来越被当事人接受，其优越性也得到了很好的发挥。但是需要反思的是，我国有251家仲裁机构，可谓是数量庞大，但是能受理国际投资仲裁的却没有几家，大多数的仲裁机构还是处于比较保守的状态，受理案件的类型单一。这既不利于仲裁机构的发展，也不利于我国的仲裁制度与国际化接轨。

ICSID可以受理全球60%的国际投资争端，可以说ICSID在国际投资仲裁领域处于遥遥领先的位置。反过来看看中国，我国的仲裁机构虽然很多，但是能受理国际投资仲裁的则寥寥无几，更谈不上审理国际投资仲裁的实践。中国国际经济贸易仲裁委员会秘书长王承杰说，“建立投资仲裁机制是平等保护中国投资者在境外投资、外国投资者在中国投资的合法权益，建立公平有序的国际经济新秩序的现实需要，也是提升我国在国际投资法制发展中话语权的必然要求”。中国现在发展迅猛，已经成为全球第二大对外投资国，吸引外资金额位居全球第三，但是中国投资仲裁制度的发展却与此格格不入。正如王承杰秘书长说的那样，建立投资仲裁机制不仅可以保护投资者的合法权益，更是提升我国在国际投资法制发展中话语权的必

⑱ 王莉莉：《解决国际投资争端有了中国方案》，载《中国对外贸易》2017年第10期。

然要求,有了更大的话语权才能更好地保护中国投资者的合法权益,为中国企业走出去保驾护航。

目前,中国的仲裁机构中可以受理国际投资仲裁的是深圳国际仲裁院。2017 年 12 月 25 日,深圳市机构编制委员会发布编号为深编〔2017〕78 号的深圳市机构编制委员会关于优化资源配置整合设立仲裁机构的通知,宣布将华南国际经济贸易仲裁委员会(深圳国际仲裁院)与深圳仲裁委员会进行整合成为深圳国际仲裁院(深圳仲裁委员会),当事人约定由上述两家仲裁机构的仲裁案件,均有合并后的仲裁院负责受理。[19] 但这是远远不够的,我国大部分仲裁机构还是需要不断努力,提高公信力,从而获得国际上的认可。

笔者认为,中国可以建立更多具备能力的国际仲裁中心,并鼓励有能力的仲裁机构扩权到国际民商事争端,从政策层面引导仲裁机构深化体制机制改革,形成有利于参与国际仲裁市场竞争的制度安排,坚持专业化、市场化的发展方向,推动仲裁机构加强能力建设。仲裁机构特别是一些符合条件的仲裁机构,应当适当修改仲裁规则或者制定专门的投资条约仲裁规则,扩大受理案件的范围,在受理普通商事仲裁案件之外还可以受理投资仲裁案件。

(三)积极推动《国际投资争端仲裁规则》的实践

贸仲委出台的《国际投资争端仲裁规则》以及在北京设立的规则默认仲裁中心——贸仲委投资争端解决中心,旨在为响应“一带一路”倡议走出去的中国企业提供支持。同时,该规则还为那些担心外国争端解决机构因不了解中国法律实践而可能产生偏见的中国投资者提供了一个备选的争端解决方案。[20]从这里可以看出,《国际投资争端仲裁规则》可以给中国投资者提供一个信得过的争端解决方案,是极大地有利于中国投资者的一件好事。中国投资者在走出去的过程中难免会发生国际投资争端,大多数还是会选择通过 ICSID 进行仲裁。通过上一部分的分析可知,中国投资者的海外维

---

⑲ 《中国两主要仲裁机构合并,深圳国际仲裁院(深圳仲裁委员会)诞生》,载 http://fzb.wuxi.gov.cn/doc/2017/12/27/1699936.shtml,最后访问日期:2018 年 2 月 20 日。

⑳ 金杜研究院:《中国贸仲委出台〈投资仲裁规则〉——为中国投资条约争端领域填补空白》,载 http://www.pkulaw.com/lawfirmarticles/ec9651e71bb1967660ce7f7a5085d588bdfb.html,最后访问日期:2018 年 3 月 6 日。

权意识比较薄弱，海外维权也比较艰难，在这个当口，贸仲委出台的《国际投资争端仲裁规则》使中国投资者在海外发生国际投资争端时又多了一条选择，不仅可以选择受理案件量巨大的ICSID以及瑞典斯德哥尔摩仲裁院等，关键还可以选择中国的《国际投资争端仲裁规则》，给了那些担心在外国的仲裁机构得不到公正裁决的中国投资者一条不错的选择。

既然《国际投资争端仲裁规则》是为中国投资者发布的，那么中国投资者在“走出去”的时候也应该多多选择《国际投资争端仲裁规则》，推动《国际投资争端仲裁规则》的实践。一个制度好不好，不在于它的文字有多流畅，语句有多优美，而是看它能否在实践中发挥作用。就拿《国际投资争端仲裁规则》来说，该规则有很多亮点，它的发布也有很重大的意义，但是《国际投资争端仲裁规则》制定出来不是为了让人们驻足观赏，而是应该将其投入到实践中。鉴于中国的国际投资仲裁制度起步晚，发展慢，一般来说外国投资者是不太看好中国的仲裁，会对《国际投资争端仲裁规则》持怀疑或者观望态度，所以外国投资者优先选择适用《国际投资争端仲裁规则》的可能性比较小。因此中国投资者更应该发挥其作用，在与外国发生投资争端的时候尽可能地使用《国际投资争端仲裁规则》，让《国际投资争端仲裁规则》在实践中得到发展，这样才能推动中国国际投资仲裁的发展。

中国投资者在走出去的过程中不仅要为中国的经济做出贡献，还承担着一定的使命，就是帮助《国际投资争端仲裁规则》成长。只有《国际投资争端仲裁规则》乃至中国的投资仲裁制度不断完善，中国投资者的合法权益才能到更好的保障。商务部研究院国际市场研究所副所长白明指出，我国过去在投资仲裁上确实相对滞后，此次出台《国际投资争端仲裁规则》就是要弥补这样的滞后。中国不仅要成为贸易大国，将来更要成为投资大国甚至投资强国，“如果自己都没有规矩来保护我们企业的合法权益，那么投资强国也无法实现”。[21]

（四）加强投资条约仲裁研究

中国国际投资仲裁制度才刚刚起步，还有很多需要向外国学习的地方，

---

[21] 央广网：《〈国际投资争端仲裁规则〉出炉 让中企“走出去”更有底气》，载 http://finance.cnr.cn/txcj/20170920/t20170920_523956778.shtml，最后访问日期：2018年3月9日。

所以要加强投资条约仲裁研究和国际交流,取其精华、去其糟粕,不断推动我国国际投资制度的发展,推动中国国际投资制度进入“新时代”。我们应多多关注投资条约仲裁的案例,特别是以 ICSID 为首的一些国际投资仲裁的案件。得益于 ICSID 等仲裁机构每年处理大量案件,投资条约仲裁的实践正处于成型—变革—发展之中,我们必须密切注意这一国际动向。联合国“贸发会议”在《投资者—东道国争议解决:2016 年发展回顾》中指出,2016 年有 62 件投资条约仲裁案件,至此国际投资仲裁案件累计达到了 767 件,涉及 109 个国家,其中投资者胜诉的占 60%,东道国胜诉的占 40%。我们需要及时关注裁决中争议的问题,与中国有关的国际仲裁案件中就涉及一些词语的解释问题,如有关征收的补偿额、最惠国待遇条款的引用等问题,这都会成为珍贵的案卷材料。如果不注意收集,仔细分析,在以后的仲裁中很可能就会处于不利的地位,从而导致败诉。

中国企业在不断地“走出去”,与外国进行经济贸易往来,同时在法律制度方面也要走出去,进行国际交流。通过交流可以使外国人更了解中国的制度,也可以使中国人更加知晓外国的一些制度,从而有利于互相学习,促进投资仲裁制度的发展。

五、结语

2017 年 10 月 18 日,中国共产党第十九次全国代表大会在北京开幕。党的十九大报告提出了中国发展新的历史方位——中国特色社会主义进入了新时代。在新时代的背景下,中国的国际投资仲裁制度也要迈向新时代,更好地促进本国投资的发展和本国企业不断地“走出去”。“一带一路”倡议是新时期中国大国崛起的关键们,也是实现国家复兴的关键,在这项战略中,中国资本走向沿线各国各地区,进而走向全世界,树立中国的大国形象,扩展中国的影响力。与此相对应的就是中国的国际仲裁制度也应该不断地发展,适应中国经济发展的大势,最终形成一个具有公信力的中国国际仲裁制度。笔者在文中分析中国参与国际投资争端解决机制的实践,从中获得一些启发,并据此提出了推动我国投资仲裁法律制度建设的若干建议,希望能给中国国际仲裁制度的发展带来一些帮助。

The practice of China's participation in the settlement of International Investment Disputes and suggestions for perfection

Yu Yan-Qiu

(Law School of Zhongnan University of Economics and Law, Wuhan 430074)

Abstract: With the shift from the treat nations to treat power in China and "The Belt and Road" initiative implementation, Chinese enterprises are accelerating the pace of foreign investment activities, various investment activities will inevitably produce investment disputes, Chinese enterprises "going out" process is not everything is going smoothly. There will be exist some problems in the process of solving international investment disputes. The author lists the ICSID cases about China and analysis the cases, thus obtains some enlightenment, and puts forward some suggestions to promote the investment arbitration legal system construction in China.

Keywords: international investment dispute; investment arbitration; ICSID

融资租赁案件仲裁情况调研

——以上海金融仲裁院为视角

陆春玮[*]　龚　骏[**]

前　言

融资租赁由于兼具融资与融物的特征,并有物权与债权的双重保障,已成为全球范围内广泛运用的一种金融工具。在我国,融资租赁业务发展极其迅速,根据中国租赁联盟和天津滨海融资租赁研究院统计,截至2017年年底,全国融资租赁企业(不含单一项目公司、分公司、SPV公司和收购海外的公司)总数约为9090家,比2016年年底的7136家增加了1954家,同比增长27.4%;注册资金统一以1∶6.9的平均汇率折合成人民币计算,约合32031亿元,较上年年底的25569亿元增加6462亿元,同比增长25.3%;全国融资租赁合同余额约为60600亿元人民币,较2016年年底的53300亿元增加7300亿元,同比增长13.7%。① 随着包括上海自贸区在内的全国多个经济自贸区的设立,各自贸区陆续出台了有利于融资租赁公司业务发展的多项优惠政策,给融资租赁行业的发展带来了新的机遇。在法律配套方面,1999年施行的《中华人民共和国合同法》将融资租赁合同列为15

---

* 陆春玮,上海仲裁委员会副秘书长兼金融仲裁院副院长。

** 龚骏,上海仲裁委员会仲裁三部副部长兼国际航运仲裁院副院长。

① 《2017年全国融资租赁业发展报告》。

种有名合同之一,并单列一章。[②] 2014 年 3 月 1 日出台的《最高人民法院关于审理融资租赁合同纠纷案件适用法律问题的解释》(以下简称《融资租赁合同司法解释》),则为融资租赁业务的健康发展提供了更为明确的法律保障和裁判依据。

与之相对应,上海仲裁委员会金融仲裁院(以下简称上海金融仲裁院),作为全国最早设立的专业金融仲裁机构之一,其办公地址位于上海自由贸易区内,通过近些年来的案件审理积累与对外推介,已有十余家融资租赁公司将争议解决方式设定为提交金融院仲裁,并形成了稳定的案件来源。据统计,自上海金融仲裁院成立以来,融资租赁纠纷的收案量呈逐年递增的趋势。2012 年至 2016 年,累计收案量已达 918 件,成为金融院受理数量最多的案件类型。大量的案件实例为金融院处理融资租赁纠纷提供了丰富的研究素材和宝贵的裁判经验。

为提升办案质量,厘清融资租赁案件的法律特点和裁判思路,上海金融仲裁院汇集了长期经办融资租赁案件的各位仲裁员、行业从业专家、学者教授、资深律师及一线工作人员。本文从审理案件的角度出发,对融资租赁合同内容的完备性、履行过程的规范性、仲裁请求表达的准确性、举证责任的充分性等案件审理的实体问题进行研究和评述,并以 2012 年至 2016 年金融院处理的融资租赁案件为蓝本,作了如下相关调研和分析。

一、融资租赁案件的基本审理情况及案件特点

(一)审理基本情况

1. 收案数量、争议金额、所占金融院案件的收案比例

2012 年至 2016 年,上海金融仲裁院累计受理融资租赁合同案件 918 件,争议金额为 6.18 亿元人民币。其中,2012 年收案 80 件,争议金额 2699 万元人民币;2013 年收案 236 件,争议金额 1.67 亿元人民币;2014 年收案 234 件,争议金额 1.02 亿元人民币;2015 年收案 264 件,争议金额 2.21 亿元人民币;2016 年收案 104 件,争议金额 1.01 亿元人民币。案件的一方为融资租赁公司,包括了金融租赁公司、内资融资租赁公司和外资融资租赁公司,另一方则

② 《中华人民共和国合同法》第十四章。

为一般企业、自然人。

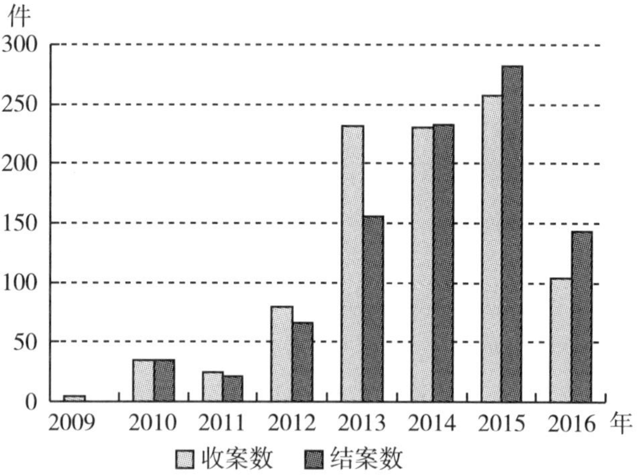

图1　2009～2016年金融院融资租赁案件的收、结案

另根据统计,融资租赁案件的收案数在金融院同期受理的案件中占比达41.66%,已成为收案数最多的案件类型。

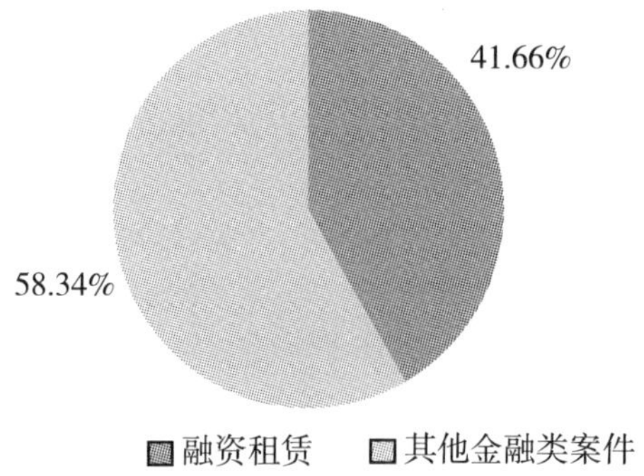

图2　融资租赁案件收案数占比

2.结案方式、审理周期

2012年至2016年,上海金融仲裁院共审结融资租赁案件891件,结案率为97.06%。其中裁决结案的662件,占比74.33%;调解结案的共84件,占比9.4%;撤回结案的共144件,占比16.27%。

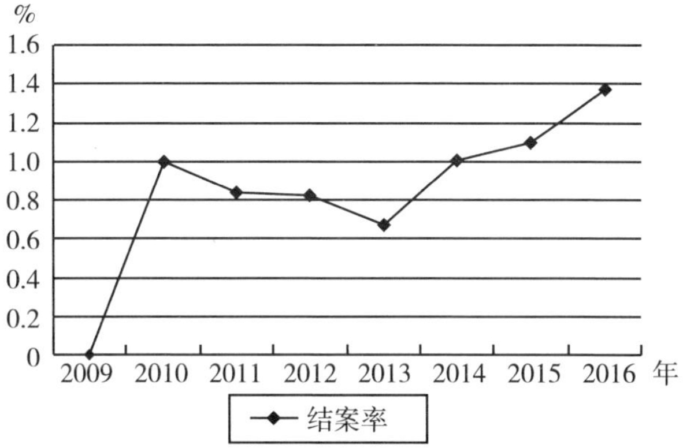

图 3　2009～2016 年融资租赁案件结案率趋势

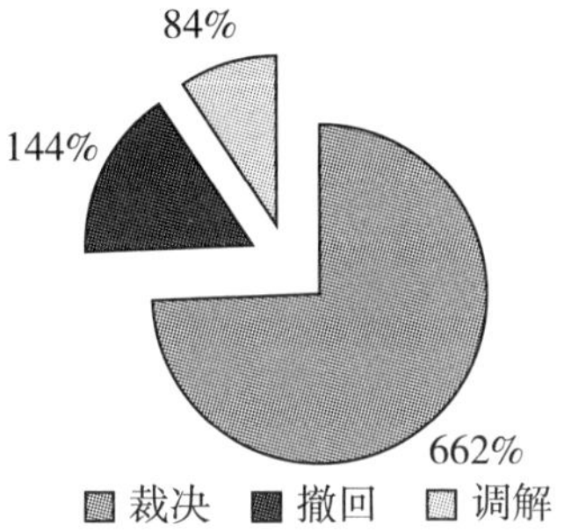

图 4　融资租赁案件结案方式统计

此外,融资租赁案件的平均审理周期为 58.84 天,显著短于受理的其他金融案件的平均审理周期 85.13 天。

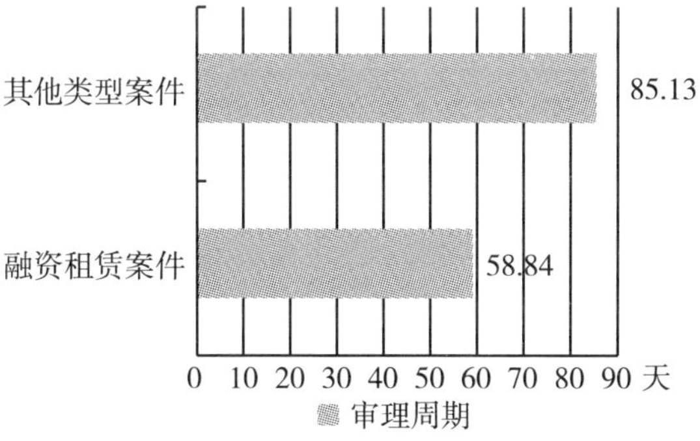

图 5　融资租赁案件和会其他类型案件的审理周期比较

(二)融资租赁合同纠纷案件的特点

1. 案件的发起人多为出租人

根据统计,在上海金融仲裁院受理的918件融资租赁案件中,申请人为融资租赁公司即出租人的有907件,所占比例达98.61%,而由出租人发起仲裁程序将融资租赁公司作为被申请人的案件仅11件。两者相差如此悬殊,主要原因有三点:(1)融资租赁合同一般为出租人事先制订的合同文本,合同内容专业术语较多,部分条款表述较为复杂、晦涩。出租人为了保障自己的权益,往往在文本中设置多项针对不同情形的违约责任,对这些违约责任条款,出租人的理解和运用显著优于承租人或担保人等。(2)承租人通常都是有融资需求的企业和自然人,其为了尽快获得所需租赁物以便投入生产和运营,对于租金数额、各类手续费用、付款周期以及违约责任等重要的权利义务条款一般不会提出异议,而这些条款可能是日后引发纠纷的依据所在。(3)根据现有法律规定,作为出租人的融资租赁公司在合同项下的主要义务是交付租赁物,且一般租赁物系承租人自主选择,出租人对租赁物的质量亦不承担瑕疵担保责任。实践中,融资租赁公司在这方面的操作均较为规范,故发生违约的情况概率较低。相反,在较为漫长的合同履行期限内,承租人由于其自身支付能力、法律意识等原因,可能会出现未按约支付租金或合理使用租赁物的情况,使其在履行过程中较易成为违约的一方而被出租人提起仲裁。

2. 案件缺席审理率高

从办案实践看,融资租赁案件缺席审理的比例较高。分析其原因,主要有两点:一是融资租赁案件当事人地域范围广,承租人等回应仲裁请求的难度较大。由于出租人的业务往往覆盖全国,因此融资租赁合同的当事人很少系互为同一住所地的主体。金融院处理的众多案件中,申请人多为注册在上海本地的融资租赁公司,被申请人即承租人或担保人等近则位于江浙两省,远则位于新疆、内蒙古地区,而且有些并非在城市,而是处于偏远郊县或农村。针对融资租赁纠纷的当事人地域分布范围广的特点,仲裁制度在送达方面的便捷性得以体现。按照上海金融仲裁院现行《仲裁规则》第7条的规定,只要仲裁院向当事人的住所地、联系地或者为人所知的最后一个地址发送了仲裁文件,即视为已完成送达义务,此举相较于诉讼中的公告程序更为快捷。二是在履约过程中确系承租人违约的占多数。因融资租赁合同条款较为严密,出租人相对而言履约情况较好,故实际较易成为违约一方的多为承租人。很多承租人对自己的违约情形是明知的,其往往会以消极态度面对出租人的仲裁申请。可以预见的是,在现有的融资租赁交易环境下,承租人缺席案件审理的情况还将继续延续。

3. 当事人人数和所涉法律关系众多

融资租赁业务涉及买卖、租赁、担保等多个法律关系,往往一个案件里面包含了出租人、承租人、担保人、出卖人等多个主体。出租人为了最大限度地保护自己的权益,往往还会在融资租赁业务中设置共同承租人,由承租人、共同承租人就租金支付等合同义务承担连带责任。同时,考虑到承租主体通常是偿债能力较弱的经济个体,出租人又会尽可能要求承租人提供多个担保人,为承租人的债务提供连带担保义务。实践中,还存在部分融资租赁公司要求自然人承租人的配偶签署《家属同意书》,由其配偶与承租人就债务承担连带清偿责任。除上述相对传统的案件主体外,部分出租人将回购也增加为一种担保方式,回购人作为主体的案件也在逐步增加。随着融资租赁业务的不断发展,担保形式日趋多样化,单个案件所涉及的案件当事人仍将呈现有增无减的态势。

4. 出租人的仲裁请求事项呈多样化发展

较早阶段上海金融仲裁院所受理的大部分融资租赁案件中,出租人的仲裁请求事项基本为要求承租人支付拖欠租金以及要求保证人承担连带担保义务。随着融资租赁业务的不断发展和成熟,《融资租赁合同司法解释》对诸如售后回租合同是否属于融资租赁、出租人的损失如何计算等许多之前悬而未决的疑惑进行了释疑。如此,出租人的仲裁请求相应地扩大至要求承租人支付已到期、未到期的全部租金,解除合同、收回租赁物,支付收回租赁物前的欠租并赔偿损失,主张逾期付款利息或违约金,确认租赁物所有权,变更租赁物的权属登记等,并且有不断“推陈出新”的趋势。不断涌现的新类型的仲裁请求,以及《融资租赁合同司法解释》颁布不久,对于部分条款的理解尚存不同的认识的客观情况,在一定程度上增加了仲裁庭审理案件的难度。

二、发现的问题及原因

(一)合同的订立及内容不尽完善

1.如前所述,融资租赁合同是集融资、融物为一体的,专业性较强的金融交易合同,其中条款繁多,专业术语对普通承租人而言生涩难懂,例如,何为共同承租人、何为不安抗辩权、何为宣布合同提前到期等,均涉及承租人的重大权利义务。而在实践办案过程中,部分出租人所提供的格式合同中对于专业术语并无有关定义的解释和说明;在大多数承租人系缺乏资金的小微企业或自然人的情况下,其对于专业术语的理解程度较差的弱点大大增加了违约的风险。

2.融资租赁合同多为反复使用的文本,仅就租金数额、支付期数和方式等条款需要双方协商后在出租人预先设定的表格中予以载明。而出租人为了保障自己的权益,一般会设定较多的违约条款和触发要件,这些条款并不一定固定在"违约责任"章节中,而是散落在合同的各个部分。一旦出租人提起仲裁申请,承租人使用频率最高的抗辩理由即是系争合同为出租人提供的格式合同,其没有尽到谨慎的告知及说明义务。尽管有部分出租人在签署合同时会要求承租人一并签署"承租人、共同承租人共同申明"的文件,载明承租人已经明确知晓合同中涉及重大权利义务及违约责任的条款,但大部分出租人的合同中对此仍有欠缺,甚至未进行加粗、加下划线等醒目标记,增加了仲裁庭在判定出租人是否尽到了妥善告知义务时的难度。

3.融资租赁合同等相关文本通常是由出租人在当地的业务员人员同承租人、担保人等进行洽谈并签订。然而,由于业务人员文化素质参差不齐,或者业务人员为完成工作业绩仓促签订合同,合同双方往往对权利义务条款缺乏充分认识,进而更易导致双方的纠纷,具体表现在:(1)一式多份的合同,出租人与承租人持有的合同内容不一致;(2)合同存在涂改,但涂改处并无双方的签章确认;(3)合同抬头主体名称与合同落款名称不一致等。以上这些签订合同过程中的瑕疵,一般都会成为承租人或担保人在案件审理过程中极力主张的抗辩意见,甚至会导致合同不成立或无效的法律后果。

4.融资租赁合同设计条款较为复杂,其中很多内容与传统的借贷合同有一定的相似性,如租金和借款、租金支付方式和借款还款方式、租金利息和借款利息等。对于承租人、尤其是专业知识较差的中小企业或自然人承租人来说,他们所熟悉的通常是传统的银行借贷,而非融资租赁。在案件的处理过程中,多次出现过承租人表示误以为自己是签订的机构借款合同或者分期付款合同,出租人是具有放贷资质的金融机构的意见。经过审理,这种情况的原因主要有两点,一是在签订合同过程中双方并未充分协商并相互明确权利义务;二是出租人的业务人员存在误导承租人签订合同的情形,使承租人误认为自己签订的是银行借贷性质的合同。尽管这两种情况在实践中承租人都较难举证予以证明,但增加了案件审理的复杂性,也较易激化双方的矛盾,不利于案件的协调。

(二)合同履行过程不尽规范

1. 依据《合同法》第248条、《融资租赁合同司法解释》第12条等相关规定,无论是出租人请求承租人支付租金,还是请求要求解除合同、收回租赁物,其前提必须是已经事先尽到了妥善的催告义务。然而在审理案件的过程中发现,出租人未进行有效催告的情况较为普遍,如未予催告、催告意思表达不够明确,或前后催告函件的内容存在矛盾。尤其是在缺席审理过程中,仲裁庭发现申请人虽然发出过有关催告信函,但寄送地址却非双方合同上约定的有关联系地址,亦非对方当事人的法定住所地址。在催告程序存在瑕疵的情况下,加大了申请人仲裁请求得到支持的风险。

2. 相关付款、交接凭证的管理存有瑕疵是在审理过程中发现的另一个较为突出的问题。在融资租赁业务过程中,至少涉及买卖、租赁这两层法律关系,复杂的还要涉及担保、回购等多重法律关系,而在它们之间除了有效签署的合同,最能证明实际已经履行了义务的书面材料无疑是有关付款或交接的凭证。但是,部分融资租赁公司仅重视合同条款的设置,对于上述凭证的管理却有诸多疏漏。例如,各期租金应是通过合同指定的承租人的有关账号支付至出租人的账号,并应记载付款事项,但实际情况却是支付人为合同以外的他人。对此,出租人常常会简单地仅根据付款金额一致就放任这种付款人并不对应的情况存在,并导致在案件审理过程中遭到承租人不认可其已切实受领到租赁物、双方并未真正履行合同的抗辩。又如,双方签订的是售后回租赁合同,承租人交付的购买租赁物的发票凭证却和实际标的物不相符,但出租人并未予以重视或作出相应措施,导致案件审理中承租人抗辩称双方实际是以融资租赁合同的形式掩盖借贷合同尤其是企业间借贷合同的事实。

在没有相反证据佐证的情况下,会增加融资租赁合同被仲裁庭认定为其他性质法律关系的风险。

(三)违约金数额的比例一直是融资租赁案件审理的主要争议焦点

承租人、担保人参加案件审理的,往往会对违约金的计算方式提出抗辩意见,认为约定过高,要求减免,甚至要求认定违约金条款无效。要求减免的理由主要是基于融资租赁合同中所约定的违约金计算标准一般远高于同期银行贷款利率的4倍,故认为超出部分为无效;而要求认定合同无效的理由,则主要基于合同是出租人制定的格式条款,违反公平合理原则。对于违约金条款无效的意见,一般仲裁庭根据双方的签订、履约情况,以及出租人是否尽到了足够的提示义务后,较易作出明确的判断。但对于违约金的计算标准是否过高,或者是否应以民间借贷合同规定的银行同期贷款利率的4倍作为适用标准,在实践审理中的确存有一定的争议。无论是《合同法》第十四章,还是最高人民法院出台的《融资租赁合同司法解释》,对于违约金的计算标准均未有明确的规定。承租人提出的要求减免违约金的直接法律依据应是《合同法》总则部分第114条的规定。但是,该条仅是原则性的规定,也并未明确在融资租赁法律关系中违约金的计算上限标准是什么。另外,尽管民间借贷合同中确有利息或违约金不得超过银行同期贷款利率4倍的有关规定,且2015年实施的《最高人民法院关于审理民间借贷案件适用法律若干问题的规定》对此也有了进一步的明确和规定。但是,融资租赁与民间借贷毕竟是两个不同法律关系,其合同性质、交易方式、风险大小均有巨大差异,故机械地以4倍利率上限作为融资租赁合同违约金计算的限定标准,不尽妥当。在笔者接触的诸多融资租赁公司中,所设定的违约金计算标准超出同期银行贷款利率4倍的占绝大多数。出租人为购买租赁物,前期承担了较大的资金压力,租赁物又是承租人指定的特定物件,一旦承租人发生违约,即便能够收回租赁物,但该租赁物本身对于出租人并无实际效用,再行转让往往会导致价格大幅贬损。因此,出租人设定较高的违约金计算标准,并不是单纯地为了赚取违约金利润,更多地是为了防止和震慑承租人违约情形的发生。如一味地认定超出部分无效,不仅不利于维持合同的严肃性和稳定性,还不利于行业整体的发展。实践中,仲裁庭一般都是通过查明案件事实、承租人的违约程度,并结合融资行业的特点,综合进行判断。

(四)出租人提出的仲裁请求事项不准确是困扰仲裁庭的一个重要因素

主要表现在:(1)请求事项性质重复,如即主张了延迟付款的延迟利息,同时又叠加了延迟付款的违约金;(2)请求事项的基础矛盾,如在租赁期限届满前同时主张未到期的全部租金,又主张收回租赁物;(3)请求事项同合同履行的实际情况重叠,如在已发出解除合同函的情况下仍在案件中主张解除合同,而不是确认合同已经解除;(4)仲裁请求事项范围不够明确,典型的是要求承租人赔偿因解除合同造成的出租人的损失,但损失金额未明确具体构成。这些问题主要还是出租人本身对于融资租赁合同的有关法律规定掌握不够明确、仲裁经验不足所致。

除了以上出租人自身的原因,部分法律规定尚不够具体也是出租人请求事项不尽准确的原因之一。例如,在融资租赁法律关系中,租赁物的所有权属于出租人,在正常履行全部的租金后,双方往往会在合同中事先约定承租人再支付一笔留购款后,出租人将租赁物的所有权转移给承租人。对于该笔留购款,在双方发生纠纷的情况下,出租人如何主张留购款则成了一个难点。如在解除合同、收回租赁物的情形下,出租人是否能将留购款作为预期利益的损失向承租人要求赔偿?诸如此类的问题,需有待于最高人民法院进一步作出指导性意见。

三、对策与建议

(一)提高法律意识

融资租赁这一交易业态目前被广泛采用,其融资融物的双重属性以及两份合同(买卖合同与租赁合同)、三方主体(出卖人、买受人暨出租人、承租人)的特点,要求合同的各方主体在交易模式的设定、合同的订立以及履行过程中要符合法律规定,依法开展交易。我国《合同法》中有融资租赁合同的专章规定,最高人民法院也出台了司法解释,对于交易过程中涉及的合同条款的理解、担保行为的认定,还应当谙熟《合同法》总则以及《物权法》《担保法》的相关规定。同时,在法律和合同就特定事项规定或约定不明确的情况下,融资租赁行业惯例和交易主体之间的交易习惯也会被考虑。所以交易各方应当注重提高自身的法律意识和专业素养。

(二)具备主体意识

1. 资质和尽职调查。融资租赁涉及主体较多,各交易对象之间宜作充分的了解,察看并保存好对方的主体资格材料,必要时可作相应的尽职调查,以在交易启动初期评估对方是否系合适的交易伙伴,从而避免今后因主体不适格而造成的进一步损失。如融资租赁公司是否具备相应的资质,承租人是否具备履约能力等,保证人或者担保物是否真实存在等。相关主体资格材料的保存也为今后发生纠纷时采取法律途径打好了基础。

2. 了解交易的性质和风险。基于融资租赁不同于普通的租赁或者借贷,交易各方应充分了解融资租赁的本质和风险,避免因认识上的误区而导致交易未能如约履行完毕。如对于租金价格的磋商议定,对于不按约支付租金的法律后果,对于担保方式的引入以降低承租人不履约的风险,对于售后回租这种特殊形式的把握等,都需有依法充分的认识。

(三)树立合同意识

1. 合同条款明确完备。在通常情况下,双方当事人订立合同即产生法律效力,合同是仲裁庭在处理案件时衡量双方权利义务的最主要依据。因此,合同条款宜完备明确,并由双方充分协商而订立。例如,涉及非合同文本提供方的重要义务条款,宜作相应的标注,并应对方的要求予以解释和说明,以使合同相对方充分了解其内容和风险。对于租赁物质量瑕疵担保责任,由承租人直接向出卖人主张的约定,宜同时在融资租赁合同和买卖合同中予以体现。对于租赁物残值的价值评估,可在合同中约定明确的计算方法,以在仲裁过程中节省因委托评估而产生的额外的时间和费用成本。

2. 明确送达地址条款。在合同中宜载明交易各方的联系地址,并作为合同履行过程中彼此之间通知以及未来如果产生争议后在仲裁过程中法律文书的发送地址,并明确相应的法律后果。此举可方便守约方对违约方的相关维权通知的有效送达。在仲裁过程中,有相应仲裁规则配套的仲裁机构可据此发送仲裁文书并产生送达的法律后果,从而使整个仲裁送达程序更为简便快捷。

3. 审慎选择争议解决方式。争议解决条款也是合同中一个重要的组成部分,合同各方可充分协商,综合考虑纠纷解决机构的公信力、维权成本、便捷程度和效率等因素,选择最能满足自身需求的纠纷解决机构,并约定于合同中。具有涉外因素的合同还可约定法律的适用和仲裁协议准据法的适用。

对于引入担保的融资租赁交易，建议主合同和从合同约定相同的纠纷解决方式和机构，以便于使纠纷“一揽子”获得解决。如上海金融仲裁院近年来受理的案件中，基于主从合同中约定了同一仲裁机构，大约有90%的案件出租人在一案中同时向承租人主张权利并要求担保人承担担保责任，而获得了仲裁庭一并的裁决支持。

（四）完善履行意识

1. 租赁物交付及签收。租赁物的交付是融资租赁交易中的一个重要环节，也是出租人的一个最主要的合同义务。因此，无论是承租人自行交付还是出卖人直接交付，建议在合同中做好相应的约定，并规范租赁物交付及签收的手续。同时，也尽可能由承租人在接受租赁物时对其做表面外观上的验收，并作相应的备注，以确定交付时租赁物的状态是否从形式上符合合同约定。

2. 款项支付。租金支付是承租人的主要义务。实践中由于承租人的付款义务包括初始租金、分期租金、租赁保证金、手续费等多项内容，其付款行为如何一一对应，往往会有不同的认识。在同一承租人和出租人签订多份融资租赁合同的情况下，出租人的某笔支付行为究竟对应哪份合同，也会产生争议。因此，建议承租人在付款时注明款项的性质及对应的合同编号，出租人收取款项后也应及时核对或确认。

3. 及时催告。融资租赁合同履行中法律规定了一些程序环节。如我国《合同法》第248条规定：“承租人应当按照约定支付租金。承租人经催告后在合理期限内仍不支付租金的，出租人可以要求支付全部租金；也可以解除合同，收回租赁物。”《最高人民法院关于审理融资租赁合同纠纷案件适用法律若干问题的解释》第12条也有类似的规定。因此，当事人在履行合同或者行使权利时，应当符合法律规定的程序要件。

（五）增强证据意识

融资租赁合同交易主体较多，履行期限较长，因此证据意识宜贯穿于整个过程之中，不仅包括纠纷发生后的主张权利阶段，而且在合同的订立及履行过程中更应注重证据的收集和保留。例如，合同权利义务的变更宜订立书面补充协议以有据可查；相关通知的发送宜保留好寄件凭证并及时查询投递结果。

我国仲裁秘书回避问题研讨

邓琳霞

(中南财经政法大学　武汉　430073)

摘要:仲裁秘书作为仲裁委员会的工作人员,在整个仲裁程序中的作用至关重要。仲裁秘书与案件存在利害关系则影响裁决的公正,公正是仲裁的本质追求。参照保证仲裁员的独立公正性而设立的回避制度以及从仲裁实务的需求来看,仲裁秘书的回避问题值得探讨。本文结合仲裁秘书的职能影响和实务中对仲裁秘书回避问题的做法提出建立仲裁秘书回避制度的构想,同时从必要性和可行性方面提出建议。

关键词:仲裁秘书;回避制度;仲裁员;公正独立性

一、问题的提出

仲裁是双方当事人合意选择解决争议的方式之一。在国内机构仲裁发展越来越成熟的背景下,仲裁员和仲裁秘书两支队伍的建设显得尤为重要。仲裁员的核心职能是通过对案件事实的审理作出裁决,裁决的公正性一方面靠仲裁员自身的专业能力,另一方面通过仲裁员回避保证程序公正。仲裁秘书与仲裁员不同,仲裁秘书在被指定而进入特定仲裁案件后,俨然成为整个案件的“大管家”。仲裁秘书“大管家”职能的行使对仲裁程序的进行以致仲裁结果作出至关重要。既然仲裁秘书的职能影响与案件存在某种程度关联,那么程序上仲裁秘书应当保持独立公正,而构建仲裁回避制度正是应对这一问题的办法。我国 1995 年《仲裁法》并没有对仲裁秘书的回避做出具体的规定,在仲裁实践操作中,各仲裁委员会的仲裁规则对仲裁秘书的回避问题规定不一,因此在适用过程中仲裁秘书是否应当回避取决于各仲裁委员会的内部做法。而全国 250 多家仲裁机构,每个仲裁机构拥有自己的仲裁规则,不统一的做法普遍存在。这种现象不利于塑造仲裁的公信力,影响仲裁事业的发展。

正是由于仲裁秘书职能的特殊性、复杂性,既要熟悉办案流程,又要面对各类当事人,还要和仲裁庭的每位仲裁员沟通好开庭等事项。仲裁秘书所承担的事项烦琐且细微,仲裁秘书的任何一项工作如果没有做好都会影响仲裁裁决最终的结果、裁决的质量和当事人对仲裁服务的满意程度。在特定案件中仲裁秘书与一方当事人或其代理人存在利害关系而没有回避,基于理性人的一般判断,另一方当事人必定会对仲裁程序的正当性以致仲裁裁决结果的公正性产生怀疑。

在仲裁制度中,立法和学者将关注焦点更多地放在仲裁员的回避制度研究上。仲裁界有这样一句谚语:有什么样的仲裁员,就有什么样的仲裁。在仲裁员越来越专注于实质审裁时,仲裁秘书的职能也在不断扩张,不仅涉及仲裁辅助性事务,仲裁秘书在案件裁决结果形成中也会不可避免的参与其中。现今国内很多仲裁机构的仲裁员委托仲裁秘书起草仲裁裁决书,虽然只是为仲裁员提供框架性的范本,不涉及仲裁庭的裁决意见,但是仲裁秘书的主观意向或多或少对仲裁员有一定的参考。再者在仲裁秘书促使当事人和解、调解等方面,与当事人的联系、协商过程中也会无形融入仲裁秘书的意向。因此,仲裁秘书在程序性工作和实体性工作中都会掺杂一定的自身的意识,在回避制度适用主体范围中加入仲裁秘书是必要的。

二、仲裁秘书的职能定位与实际影响

(一)仲裁秘书的职能定位

秘书广泛意义上是指“掌管文档、安排事务并协助机构或部门负责人处理日常工作的人员”。而仲裁秘书是指在民商事仲裁机构中专职从事仲裁业务,负责案件的程序管理和服务工作的人员。[①] 在我国和国际仲裁机构的仲裁规则中,对仲裁秘书的职能定义有如下几种形式,天津仲裁委员会的《天津仲裁委员会秘书行为规范》第2条这样规定,“秘书是指本委员会负责接待、立案和经指派到仲裁庭工作的人员”;[②]北京仲裁委员会(以下简称“北仲”)的仲裁规则第1条第4款规定“本会办公室指派工作人员担任案件秘书,负责案件程序管理和服务工作”;[③]武汉仲裁委员会(以下简称“武仲”)的仲裁规则第2条第4款规定“办公室指定特定工作人员担任仲裁秘书,承担仲裁案件的程序管理和服务工作”。而香港国际仲裁中心的仲裁规则、德国仲裁委员会的仲裁规则以及俄罗斯国际商事仲裁院的仲裁规则等都没有直接使用“仲裁秘书”的字眼,而是在仲裁规则中使用“秘书处”来界定秘书的组织形式,在其各自的内部规则中对秘书处职能进行细化、明确化。另外,伦敦国际仲裁院的仲裁规则使用“书记员”称谓;新加坡国际仲裁中心的仲裁规则中,使用“仲裁主簿”的概念,结合《新加坡国际仲裁中心仲裁规则》的内容来看,仲裁主薄类似于国内仲裁秘书的概念;斯德哥尔摩商会仲裁院使用“仲裁行政秘书”的称谓。[④] 无论使用何种称谓,仲裁秘书的职能范围是共同的。

对于仲裁秘书的具体职能,我国仲裁法没有直接的法律规定,而是将权力授予仲裁机构,由仲裁机构对其内部人员制定行为规范准则。1995年国务院办公厅印发的《重新组建仲裁机构方案》中对仲裁机构的组织形式规定,“仲裁委员会下设办事机构,负责办理仲裁案件受理、仲裁文书送达、档案管理、仲裁费用的收取与管理等事务。办事机构日常工作由仲裁委员会秘书长负责”。[⑤] 国内各仲裁机构的设置以此为蓝本。结合上述仲裁秘书的定义,仲裁秘书的职能大致可以分为以下几个方面:

第一,仲裁案件的管理职能。案件管理是指对仲裁案件整个流程的管理。一般包括立案受理,文书送达,组庭通知,组织开庭以及记载笔录,沟通联系当事人、仲裁员,组织证据交换,档案管理,裁决书的草拟,仲裁费用的

---

① 徐剑坪:《仲裁秘书微探》,载《经济与法》2007年第7期。

② 参见《天津仲裁委员会秘书行为规范》第2条。

③ 参见:《北京仲裁委员会仲裁规则》第1条第4款。

④ 参见《斯德哥尔摩商会仲裁员仲裁规则》(2017版)第3条。

⑤ 参见1995年国务院办公厅颁布《重新组建仲裁机构方案》第二部分第5条。

收取等程序性事项或仲裁委员会内部安排的其他事项。[⑥] 由于仲裁员活动的高度专业性，仲裁秘书承担了仲裁程序管理的主要工作，仲裁员专注于仲裁案件的审理和裁决，除此之外的其他工作委托仲裁秘书行使。

第二，协调职能。协调职能是案件管理职能的补充。在国内机构仲裁中，仲裁秘书有专门的办公场所；而仲裁员绝大多数是兼职的，只有案件开庭时才会出现。因此，庭审工作的进行完全由仲裁秘书安排协调。仲裁秘书成为联系当事人、代理人以及仲裁员的纽带。如何顺利地组织开庭、合议，向当事人传达仲裁员的旨意以及协调仲裁员之间的分歧是衡量一个仲裁秘书协调技能的关键，且仲裁秘书的协调职能并不是短暂的理论知识的摄取，而是通过多年的仲裁实务经验，在与当事人、仲裁员的联系过程中不断累积起来。

第三，监督矫正职能。仲裁秘书作为仲裁委员会的工作人员。在案件管理过程中同时承担着对当事人、仲裁员行为合法性的监督。首先，仲裁员对于案件的审理享有不受干扰的独立的裁判权，在仲裁案件中享有的权力很大，权力越大越需要接受监督。其次，由于大部分仲裁员属于兼职仲裁员，只有开庭时才会在仲裁机构，相较来说，仲裁秘书是与仲裁员接触时间较多的人，且仲裁秘书作为办案人员代表仲裁机构的形象，在仲裁机构追求提升核心竞争力的背景下，委托仲裁秘书监督仲裁员不言而喻。因此，仲裁秘书监督仲裁员的行为以及对某些事项的纠正和提醒有利于降低裁决文书被司法审查否定的风险。

第四，程序释明职能。仲裁秘书因专门从事案件管理，一般对仲裁程序比较了解。双方当事人的法律知识、仲裁经验、辩论技巧、举证能力等都会存在差异，这种差异有可能导致裁决结果的不公正，由于上述因素而导致仲裁不公显然违背了当事人选择仲裁解决纠纷的意愿。仲裁员不存在单向与当事人接触的情况，这些工作都是由仲裁秘书向当事人说明和解释，仲裁秘书与当事人及时有效的沟通有利于保证当事人之间的实质平等，促进实体公正。另外，仲裁秘书承担着仲裁机构业务推广和文化传播职能。作为多元化纠纷解决机制的一环，相比于诉讼方式，仲裁为社会大众所熟知的程度不深，因此在仲裁服务竞争市场中，仲裁秘书的承办案件的能力，与当事人

---

⑥ 将犁：《仲裁秘书刍议》，载《法制日报》2007 年 12 月 26 日，第 6 版。

的沟通协调能力是展现仲裁机构服务特色的重要体现。因此仲裁秘书的形象一定程度上代表了仲裁机构的信誉。

(二)仲裁秘书职能的实际影响

结合上述仲裁秘书职能的分类,仲裁秘书是仲裁程序的"全程陪护"。一位负责、细致的仲裁秘书往往能发现仲裁程序中的错误并及时予以提醒和纠正。从社会性的角度来看,在工作之外,仲裁秘书仍然是一个独立的社会人,与外界有着千丝万缕的联系,其不可避免地会受到社会关系、人伦亲情甚至自身价值观的影响,不可能完全地超然脱俗。仲裁回避制度作为一种程序制度设计,其目的就是减少各种因素的干扰,促使责任人公正履行职责。除了提供单纯的支助服务外,有些仲裁庭还希望让秘书履行包括法律研究和其他专业协助在内的更为实质性的职能。在仲裁庭的组成上,并不是每一位仲裁员都是法律专业出身,有很多仲裁员是相关专业领域的专家,譬如房地产专业类仲裁员、建筑工程专业类仲裁员等。在很多涉及法律程序问题时,这些专家都会向本庭仲裁秘书咨询。所以,仲裁秘书在提供实质性职能方面,保持独立、公正尤其重要。在某一特定仲裁案件中,仲裁秘书与一方当事人存在某种利害关系,则对方当事人当然会提出异议且是一种合理的正当性怀疑;或者说仲裁秘书在仲裁程序中收受一方当事人请客送礼,违背仲裁程序作出不利于对方当事人安排等。为了消除当事人的疑虑和可能产生的抵触程序,仲裁秘书主动回避或者赋予当事人申请回避的权利有助于维系当事人与仲裁机构之间的信赖关系。

更进一步来说,仲裁程序实行一裁终局制度,当事人不能申请类似于诉讼"上诉""再审"的救济手段,对裁决结果的公正性要求更高,因此,回避制度在仲裁中具有更大的现实意义。我国仲裁机构大都建立了仲裁裁决书的核阅制度,裁决书的核阅层层上报,核阅的内容不仅包括文书的格式、文字校对、计算错误,还包括仲裁员对案件裁决实体结果的核阅(裁决结果与以往相类似案件裁决结果的匹配性)等。核阅过程发现的问题首先向案件的仲裁秘书汇报、沟通,再由仲裁秘书向仲裁员反映。进而,会产生这样一种疑问:仲裁秘书对案件的实体参与,仲裁秘书的独立性与裁决结果的公正性是否产生冲突?当事人对仲裁秘书参与实体问题或仲裁程序的公正是否会产生异议?

三、构建仲裁秘书回避制度的必要性和可行性

本文主要探讨仲裁秘书这类群体办案的规范性方面,通过程序制度(回避制度)设计,内部制约的形式来保证仲裁程序的公正。紧接着上文的疑问,下文讨论构建仲裁秘书回避制度的必要性和可行性。

(一)构建仲裁秘书回避制度的必要性

仲裁秘书回避这一问题的提出是仲裁实务发展所面临的新问题之一。提出构建仲裁秘书回避制度一是基于程序保障作为“底线保障”的最基本的要求,二是为仲裁机构在处理秘书回避问题时统一路径。

1. 构建仲裁秘书回避制度是仲裁实务发展的需求

鉴于在仲裁实务中出现的当事人申请仲裁秘书回避问题。不同仲裁机构的处理决定有所差异。如“武仲”没有关于仲裁秘书回避问题的规定,结合笔者在武仲的实习经历,如果在特定案件中,当事人提出仲裁秘书回避且其理由合理,仲裁机构会考虑其理由,回避当前的仲裁秘书更换另一位秘书;或者当事人利用仲裁秘书回避问题阻挠仲裁程序的顺利进行以及对仲裁秘书的行为频繁向仲裁机构投诉等,仲裁机构为了案件的稳步推进,安抚当事人的情绪也会回避当前秘书更换一位秘书。有的仲裁机构直接驳回申请。仲裁实践中存在需求,而仲裁机构没有程序化的应对措施,跟不上实务发展的步伐。

2. 建立仲裁秘书回避制度有利于保证仲裁程序的公正

仲裁制度的基石是意思自治,自愿原则在仲裁程序中处处可见,如仲裁员的选定、开庭的方式、程序的选择、仲裁规则适用等都尊重当事人的选择。仲裁回避制度是当事人所享有的程序公正的程序权利。程序公正是现代多元化纠纷解决追求的目标之一,公正、高效的仲裁程序是当事人选择仲裁的原因,因此如果仲裁秘书的职权行使影响程序公正,那么建立仲裁秘书回避制度正是对程序公正的回应。仲裁秘书回避制度的建立也是保证仲裁高效,节省当事人成本的方式。当事人认为仲裁秘书的行为影响裁决的公正作出,提出仲裁秘书的回避申请,更换仲裁秘书仲裁程序继续进行相比较于在裁决作出后否定裁决书的效力,申请撤销仲裁裁决或不予执行而进入司法监督程序不仅是对司法资源的浪费,也增加当事人解决纠纷的成本。

3. 建立仲裁秘书回避制度有利于塑造仲裁公信力

仲裁程序公正从另一角度来说是保证实体公正。裁决结果的公正不仅是当事人追求的目标,而且是发展仲裁事业的目的。仲裁的公信力由仲裁程序公正和仲裁实体公正体现,仲裁公信力建设是仲裁服务市场竞争的核心竞争力,市场的竞争性不会阻断公信力的建设反而会使仲裁机构更加注重仲裁服务的完善,赢得市场信誉。上文提到仲裁秘书的职能是兼具程序管理和实体参与,如果仲裁秘书与特定当事人存在利害关系或仲裁秘书某些行为已严重越权,这种情况下不给当事人申请回避的机会,有失公正。

(二)构建仲裁秘书回避制度的可行性

从仲裁委员会的机构建设来看,仲裁机构内部针对仲裁秘书规范管理制定特定的文件。这是机构管理秘书团队监督秘书工作的重要体现。深圳仲裁委员会在《错案追究制度》中规定:“由于案件程序方面的问题造成的错案,分别不同情况有仲裁庭组成人员和仲裁秘书各自承担相应的责任。”在《秘书人员办案规定》中规定:“仲裁庭秘书在合议时可以随时提出意见或建议,供仲裁庭参考。”这是对仲裁秘书参与实体问题的一种提倡,但并不是说干涉仲裁员裁决案件。仲裁秘书在仲裁程序中记录出错、和双方当事人的沟通方式不对、情绪急躁等都会阻碍仲裁程序的推进甚至造成错案的发生。笔者认为,仲裁机构自身在管理仲裁秘书的过程中,为了保证仲裁秘书的独立性、公正性,也应当将回避制度规定在其仲裁规则或其他形式的文件中。规范的程序设置不仅可以提升仲裁工作的效率,更重要的是为当事人提供完善的仲裁服务以此加强仲裁机构竞争力。因此,仲裁机构要培养专业、细心的仲裁秘书,首先要从源头管控,制定科学的秘书管理办法,用制度引领、规范秘书行为;其次是要经常化地学习培训以不断提升素养,如通过培训使秘书能熟练操作新技术软件等。

从参考仲裁员回避制度的内容看,仲裁秘书回避制度的建立是仲裁回避制度的补充。仲裁回避制度是仲裁制度的组成部分,不管在诉讼制度中还是仲裁制度中,回避制度都是不可或缺的部分。回避制度设置的目的是保证程序的公正,程序正当才能保证裁判结果的公正。归结到仲裁秘书回避制度,仲裁秘书在审判案件过程承担仲裁程序推进和安排的职责,办案秘书的工作将导致仲裁法律关系的产生和变更,并和一定的法律后果紧密相连。仲裁庭秘书对程序控制不严格乃至违反仲裁程序,会导致裁决被撤销或不予执行的法律后果。[7] 因此,笔者认为建立仲裁秘书回避制度是对仲裁回避制度的完善和补充。

四、国内外仲裁秘书回避制度探索与镜鉴

(一)国内关于仲裁秘书回避问题的探索

我国1995年《仲裁法》仅规定了仲裁员的回避。第34条到第38条分别对仲裁员回避的适用情形、回避的决定主体、回避决定的后果等作出规定。此规定是参照民事诉讼中有关审判人员、书记员等的回避制定的,没有突出仲裁员回避情形的特殊性。在仲裁实务中,仲裁秘书是否回避,适用程序比较模糊,国内各仲裁机构的做法不一。在涉及仲裁秘书回避的具体案例中,鉴于仲裁的保密性特点,如果没有进入司法监督程序,相关的具体资料无法收集。进入到司法监督程序中,涉及仲裁秘书回避问题的案例数量有限。列举两个案例进行说明。案例一:申请人成勋诉被申请人陈广伟、李博婷申请撤销仲裁裁决一案(2017)辽01民特63号,[8]申请人认为仲裁秘书违法办案且拒不回避,因此向仲裁委员会申请,仲裁委员会决定不予回避。在审理中,法院认为当事人没有提出的仲裁秘书回避的事实理由和证据因此不予认可。案例二:申请人北京国投协力股权投资基金与苏州素志汇成投资有限公司、苏州浩腾箱包有限公司等申请撤销仲裁裁决案(2016)京04民特29号,[9]申请人北京国投力协认为在仲裁秘书回避方面存在问题,为防止程序问题对本案公正审理造成影响,向仲裁委员会秘书长要求更换经办秘书。仲裁委员会没有及时更换经办的秘书,本案相继又出现了很多程序问题。法院审理后认为依据不足,不予采纳。

综合以上两个案例可归纳出以下几点,第一,仲裁机构对仲裁回避问题处理热情不高,对当事人申请回避没有足够的重视,或者作出不予回避的决定但是决定的作出没有充分的说理;第二,法院裁定书的内容对当事人提出仲裁秘书回避问题的主张要么简单地不予采信没有像其他决定一样进行充足的说理论证,要么认为当事人提出的申请缺乏理由不符合《仲裁法》

---

⑦ 余霞:《论中国〈仲裁法〉仲裁回避制度的完善》,吉林大学2014年硕士毕业论文,第11页。

⑧ 摘自中国国裁判文书网。

⑨ 摘自中国国裁判文书网。

的规定。归结于两点:一方面我国《仲裁法》仅规定仲裁员的回避,对仲裁秘书的回避问题,法院没有直接的法律依据对当事人的申请作出回应;另一方面仲裁机构内部也没有关于这一问题的规范性文件,因此也显得捉襟见肘。

国内仲裁机构发展比较迅速,但并不排除在实务操作中仲裁秘书主动申请及当事人申请导致仲裁机构作出仲裁秘书回避决定的情形。另外,某些仲裁机构在仲裁规则中没有规定仲裁秘书的回避,但是在仲裁机构的内部行为规范中规定了仲裁秘书的回避。笔者收集的文献资料中,《天津仲裁委员会秘书行为规范》第9条规定,仲裁秘书有下列行为的应当主动提出回避:"(一)是本案当事人、代理人的近亲属;(二)与本案有利害关系;(三)与本案当事人、代理人有其他关系,可能影响案件公正裁决的;(四)立案前就本案向当事人、代理人提供过法律咨询,可能影响案件公正裁决的;(五)有其他应当回避情形的。"⑩该规范列举了具体的仲裁秘书主动提出仲裁回避的事由以及兜底条款。这是天津仲裁委员会对仲裁秘书的内部约束,但是对外没有规定当事人申请仲裁秘书回避的程序。不难看出,这些回避条件照搬了《仲裁法》对仲裁员回避原因的规定,没有突出仲裁秘书与仲裁员职权的不同特性。将仲裁秘书回避制度规定到仲裁规则中,甚至是在《仲裁法》中直接规定仲裁秘书回避制度在新阶段来看存在困难。

(二)国外关于仲裁秘书回避的体现

仲裁秘书的职能与限制在国外仲裁发展过程中引起了热议。有人提出仲裁秘书是"第四位仲裁员"或"第二位仲裁员"的观点。一方面,仲裁员的专业化使得仲裁员不能亲自承担仲裁程序中诸多工作,从而增加了对行政秘书的依赖;另一方面,仲裁程序的透明度要求导致了求助行政秘书的现象循环。著名的"Yukos"案便是一个典型的例子:为撤销伦敦国际仲裁院(LCIA)常设仲裁庭作出的终局裁决,俄罗斯联邦对仲裁庭赋予其助理或秘书的职能提出质疑。产生质疑主要是因为仲裁庭主席把本该发送给仲裁秘书的一封邮件错误地发给了一方当事人(申请人)。在这封邮件中,仲裁庭主席请仲裁秘书就申请人最近发送的一封信件发表看法(该信涉及仲裁庭

---

⑩ 参见:《天津仲裁委员会秘书行为规范》第9条。

签发的程序指令的执行,申请人在信中提交了延期执行请求)。该事件引发的后果首先是申请人请求解除该仲裁庭,因该仲裁庭毫无根据地将其职能委托给仲裁秘书,然后,因不完全满意仲裁裁决,申请人第二次提出申请,要求将该仲裁庭成员从高等法院的仲裁员名册中剔除。这一案件折射出了仲裁秘书职能的权限。我们无法得知仲裁庭向仲裁秘书咨询看法后,仲裁秘书的看法是否影响仲裁员裁审权的行使,是否对仲裁庭的独立审判产生约束。在仲裁实践中,仲裁员或多或少会将某些工作委派给仲裁秘书完成,那么仲裁员的委托是否正当以及委托工作的性质是否超出影响仲裁员独立、公正性的立场在实践中很难判断。仲裁员的某些委托只是口头的,没有一定的书面形式,如果当事人认为仲裁秘书的职权超越权限而申请回避,那么在提出理由证明方面很难成立。

对此,笔者结合国外几个具有代表性的仲裁机构的规定进行说明。首先,结合上述案例,伦敦国际仲裁院(LCIA)对仲裁员说明制定了专门的文件《Notes for Arbitrators》(仲裁员的说明指导意见)。该指导意见第8条对仲裁秘书的选定、批准以及仲裁秘书在仲裁程序中行使权力的限度和仲裁秘书费用收取等作出了详细的说明。[⑪] 从第8条对仲裁秘书的职能限定可以看出:(1)仲裁庭委派给仲裁秘书的任务须经当事人的同意;(2)仲裁秘书不能因争议事实与当事人任何一方有单方接触;(3)仲裁秘书的任务有明确规定。仲裁秘书除执行程序性任务外,还有执行实质性任务的权利。笔者认为,在"Yukos案"中,仲裁庭主席向仲裁秘书咨询程序令执行的看法并没有影响仲裁员的核心裁审权,仅涉及程序性事项执行。

其次,《斯德哥尔摩商会仲裁院仲裁规则》第24条明确规定了仲裁行

---

⑪ 参见伦敦国际仲裁院(LIAC)制定的《Notes for Arbitrators》第8条第70段:仲裁法庭必须确保仲裁庭秘书;a)只执行双方当事人同意的任务;b)在当事人根据下文第74段核准之前,不提供援助;c)不执行与LCIA签订的任何与LCIA规则有关的任务;和d)不与任何一方或任何一方的代理人就仲裁或双方的争端进行任何单方面接触.仲裁法庭必须告知当事人其提议的法庭秘书有权执行的任务.虽然LCIA不支持任何特别的任务,但作为法庭秘书执行的必要条件,仲裁庭可能希望提出建议任何或所有以下的:a)法庭秘书执行行政任务,例如代表仲裁法庭进行沟通/组织文件/校对/组织程序事项/处理与发票有关的事项;b)法庭秘书出席听证/会议和审议;和c)法庭秘书执行实质性任务的范围,如总结提交/审查权限/准备裁定书的起草/或部分裁定和程序命令。

政秘书的选定和独立公正性。[12] 仲裁行政秘书应当签署声明书,如果当事人根据披露事实对行政秘书产生怀疑可以申请撤换。该规则直接规定了仲裁行政秘书的披露义务和回避事项。斯德哥尔摩商会仲裁院的仲裁规则紧跟仲裁实践的发展,体现了仲裁规则更新的与时俱进,为其他仲裁机构的规则更新提供了范本。另外,新加坡国际仲裁中心 2015 年 2 月发布的关于仲裁庭秘书的指南《PRACTICE NOTE》(PN – 01/15,2 February 2015)第 3、4 条规定,仲裁行政秘书的选定需要当事人的同意,在被任命之前,仲裁行政秘书应当宣告其执行任务保证独立、公正。综观所举的三个仲裁机构,仲裁行政秘书的选定都应当征得当事人同意并签署保持独立、公正的声明。只要仲裁行政秘书违反作出的声明,当事人就可以申请回避。国外仲裁机构对仲裁秘书回避的问题研究得比较深入,尽管没有直接适用“回避”的字眼,但是对仲裁秘书职能权限规定得较为明确,注重仲裁秘书在仲裁程序中的独立、公正。当事人对仲裁秘书的行为产生合理怀疑可以申请撤换,不仅体现了仲裁程序的基石——当事人的意思自治,还保证了裁决的公正。国外仲裁机构规则以及内部规范的制定值得国内仲裁机构学习和借鉴。但是不同的仲裁机构、仲裁规则、仲裁秘书行为指南等,以及仲裁员、当事人在不同的案件中依据不同的情况事实对仲裁秘书的委派工作都会潜在塑造仲裁秘书的职能。在实践操作中申请回避存在困难。有的人坚持仲裁秘书的职能应当受到限制,而有些则认为仲裁秘书的职能可以更加宽泛。如何规定一个准确而不失公正的回避制度是各国仲裁法研究、仲裁机构仲裁规则的制定需要深入思考的课题。

一个显著的区别就是,仲裁秘书在国内隶属于仲裁机构,是仲裁机构本身的工作人员,但在国际仲裁中是仲裁庭临时聘请的人员,有些委托需要征得当事人的同意。尽管回避问题属于仲裁程序,但国内和域外对仲裁秘书回避的适用和如何具体操作应当有区别,在考虑构建我国的仲

---

[12] 参见《斯德哥尔摩商会仲裁院仲裁规则》第 24 条:仲裁庭行政秘书(1)仲裁庭在仲裁程序中的任何时间均可向仲裁院提议指定一名特定人选作为行政秘书,该指定应经当事人确认同意;(2)仲裁庭应就行政秘书的职责征询当事人意见,并不可授予行政秘书任何决策权;(3)行政秘书必须独立公正,仲裁庭应确保行政秘书在仲裁程序的每个阶段均保持独立公正;(4)在被指定前,潜在的行政秘书应签署时间保证和公正独立声明书,披露可能对其独立公正性产生合理怀疑的任何情形,当事人可以依据第 19 条规定的程序申请撤换行政秘书。

裁秘书回避制度时要立足于本国国情,不能直接照搬国际做法,否则只会造成水土不服。只有去粗取精,进行本土化的考量和适用才是科学的方式。

五、构建我国仲裁秘书回避制度的若干思考

我国现行《仲裁法》中仲裁回避制度的对象仅适用于仲裁员,没有对仲裁秘书回避作出规定。这是一个大的前提背景。抛开法律形式的限定,对仲裁回避制度的概念学界有不同表述。有学者认为仲裁回避制度是指在仲裁活动中,仲裁员以及其他可能影响案件公正裁决的有关人员,在遇有法律规定的特别情形时,退出某一案件的仲裁程序的制度。[13] 这里提及仲裁员和可能影响案件公正裁决的有关人员都应当回避,其他有关人员包括办案秘书、翻译人员、专家证人等。在民事诉讼制度中,回避对象不仅包括审判人员,还包括陪审员、书记员、法官助理、翻译人员、鉴定人、勘验人。这些人员虽然未直接参与案件的审判,却是审判案件的协助者,他们的协助活动也会影响案件的公正处理。[14] 仲裁秘书的回避涵盖在仲裁回避制度之中,因此,需要对仲裁秘书回避制度进行程序设计,笔者在此提出如下可行性的建议:

(一)将仲裁秘书作为仲裁回避的主体之一加入《仲裁法》

将仲裁秘书作为回避主体纳入《仲裁法》为制度完善提供了法律基础,也是法律制度发展的必然趋势。但修法是国家大事,法律不能朝令夕改。在现阶段仲裁发展的大好趋势和仲裁机构规模不断扩大、仲裁事业不断发展创新的背景下,仲裁制度已不能满足市场对仲裁法律服务的需求。无论是仲裁实务界还是仲裁理论界,对《仲裁法》修改的呼声不断高涨。在一些重要的全国性的仲裁会议和相关论坛上,《仲裁法》的修改成为学者、实务专家的热议话题。这种交流不再是简单的修改问题,而是深入到仲裁的具体制度和程序,有些专家提出的具体方案得到支持。笔者认为,从1995年至今,仲裁经历了明显的演变和发展。现今社会正处于转型时期,纠纷的不

---

⑬ 王小莉:《关于完善仲裁回避制度的几点思考》,载《仲裁研究》第11辑。

⑭ 谭兵、李浩:《民事诉讼法》(第2版),法律出版社2012年版,第92页。

断增多和多元复杂使仲裁作为替代性纠纷解决方式的需求增加,同时,复杂的、新型的经济纠纷的出现对仲裁提出了更高的要求。在《仲裁法》的适用无法满足社会需求时,修法是目前来说最好的方式。2017 年 9 月 1 日全国人大常委会通过的《仲裁法》对仲裁员的资格作出修订,笔者期待下一次修法将仲裁秘书纳入对仲裁回避制度的范围。

(二)申请仲裁秘书回避的期限

仲裁秘书回避可以分为主动回避和申请回避。在国内机构仲裁中,仲裁秘书相较于仲裁员在前期就已经接触案件,所以在仲裁秘书主动申请回避的期间应当是在被分配案件之时到案件裁决作出之前。当事人申请回避的期限,仲裁法的规定是首次开庭前,但有些回避事由是当事人在开庭后才得知,这显然过于苛刻。笔者认为回避期限可以是当事人得知仲裁秘书回避事由后的合理期限内提出。至于合理的期限可以 15 天为标准,应当在裁决作出前提出。

(三)回避的事由

我国《仲裁法》第 34 条对仲裁员回避事由的规定参照了民事诉讼中的回避事由。在高度尊重当事人意思自治的仲裁解决纠纷的方式中,回避事由的规定不能过于死板,上文提到的《天津仲裁委员会秘书行为规范》对仲裁秘书回避事由有一定的延伸,但还是没有脱离第 34 条的模式。在法律中规定回避事由应当采取弹性规定辅之以部分列举,既要发挥法律的原则性指导作用,也要对仲裁规则的具体制定留有空间。在此,简单介绍国际投资争议解决中心(ICSID)的仲裁员回避制度的“客观第三方”标准。所谓“客观第三方”,其实就是很大程度上审理者的自由心证。具体来说,目前比较明确的回避事由主要有二:一是仲裁员多次受到其中一方当事人的指定;二是仲裁员处理过的案件中,存在与正在审理的案件高度类似的案件。经过调整后,ICSID 的回避门槛也仅仅与斯德哥尔摩仲裁院、伦敦仲裁员等主要国际仲裁机构持平。[15] 但这一标准也受到了争议。另外,可以借鉴《联合国

---

⑮ 何东闽:《ICSID 仲裁员回避制度的“客观第三方”标准》,载《中国律师》2017 年第 2 期。

国际商事仲裁示范法》第12条规定的仲裁员回避的事由。[16] 采用一种原则性概括的方法,但是申请回避应当提出理由即有因回避。结合我国机构仲裁的实践,构建仲裁秘书回避制度应当考量机构仲裁的特点和仲裁秘书职能特点和实际影响。可以由《仲裁法》作出一般原则性规定,各仲裁机构的仲裁规则根据原则性的规定作出细化的具体规定,但不能偏离和超越法律的主治范围。

(四)完善仲裁秘书信息披露

虽然我国并未建立完善的仲裁员信息披露制度,但有些仲裁机构如"北仲""武仲"在仲裁规则中已确立。作为保证仲裁员独立性和公正性的首要措施,信息披露义务对仲裁员来说显得尤其重要。由于《仲裁法》制定较早,某些规定存在缺漏,笔者认为应当在完善仲裁员信息披露制度的同时完善仲裁秘书的信息披露,使法条规则的逻辑关联度更加紧密,制度完善更加合理、科学。首先,仲裁程序是一种高度体现当事人意思自治的方式,那么作为程序和实体都参与其中的仲裁秘书,信息披露是一种天然的要求,仲裁秘书应当尽可能的披露存在利益冲突的相关情况。其次,披露是当事人申请回避权的重要基础。[17] 实践中,当事人得知回避事由的渠道并不通畅,也没有像仲裁员名册这样的方式让当事人知晓仲裁秘书的情况,所以仲裁秘书主动披露也是对当事人权利的保护。最后,披露也可以在某种程度上阻止当事人滥用权利。实践中,存在一方当事人知晓仲裁秘书与另一方当事人有某种利益的关联,但是在仲裁中并不提出,而是等到裁决作出后申请撤销仲裁裁决,这显然不利于及时解决纠纷。因此仲裁秘书的信息披露不仅是对仲裁委员会,还包括对仲裁员、对当事人在涉及具体案件时及时反映情况,避免仲裁程序的拖延。

(五)回避决定的作出

无论是仲裁秘书自行提出回避,还是当事人依法提出回避申请,仲裁秘

---

⑯ 参见《联合国国际商事仲裁示范法》第12条:(1)某人被询有关他可能被指定为仲裁员的事情时,他应该可能会对他的公正性或独立性引起正当的怀疑的任何情况说清楚。仲裁员从被指定之时起以至在整个仲裁程序进行期间,应不迟延地向当事各方说清楚任何这类情况,除非他已将这类情况告知当事各方。(2)只有存在对仲裁员的公正性或独立性引起正当的怀疑的情况或他不具备当事各方商定的资格时,才可以对仲裁员提出异议。当事一方只有根据作出指定之后才得知的理由才可以对他所指定的或他参加指定的仲裁员提出异议。

⑰ 武汉仲裁委员会编:《执念——武汉仲裁20年》,法律出版社2017年版,第162页。

书是否回避,都要由特定的机构或特定的人员对回避理由予以审查,并作出是否准许回避的决定。我国《仲裁法》将决定仲裁员是否回避的权利赋予了仲裁委员会。那么可以将对仲裁秘书的回避决定主体赋予仲裁委员会(一般由仲裁委员会主任决定),和仲裁员回避制度相一致。

(六)明确仲裁秘书在回避作出前继续履行其职责

在回避决定作出前,仲裁秘书应当暂停行使职能还是继续履行?在此应当考虑仲裁高效、快捷的特点,决定作出前秘书暂停工作将会导致仲裁程序的部分中止,浪费仲裁员、当事人的时间成本;而且在实践中,当事人申请回避仅仅是为恶意拖延程序。因此,笔者认为仲裁秘书在回避决定作出前继续履行职能是有现实意义的。值得注意的是,如果仲裁秘书在明知的情况下隐瞒事实、不主动申请回避,应建立仲裁秘书的责任承担机制。对于仲裁秘书的责任承担问题,可以由仲裁委员会内部对仲裁秘书行为规范制定责任制约。

六、结语

仲裁秘书回避是仲裁制度完善不容忽视的部分,笔者结合仲裁秘书在现今机构仲裁中角色的重要性,仲裁工作分工专业化和高效化的要求,对仲裁秘书职能定位的合理探讨,分析建立仲裁秘书回避制度建立的必要性。由于我国仲裁法颁布时间久远,仲裁实践的发展日新月异,完善仲裁法的缺漏是时代赋予立法者的责任。同时,仲裁机构仲裁规则的更新可以为仲裁制度的完善提供经验。

Reflections on the Challenge of Arbitration Secretaries

Deng Lin-Xia

(Law School of Zhongnan University of Economics and Law, Wuhan 430073)

Abstract: As the staff of the Arbitration Commission, the arbitration secretary, plays an important role throughout the entire arbitration process. The interest relationship between the arbitration secretary and the case affects the fairness of the award, and justice is the essential pursuit of arbitration. Referring to the challenge system of arbitrator and the requirement of arbitration practice, the challenge of arbitration secretary is worth discussing. This thesis puts forward the idea of establishing the challenge system of arbitration secretaries based on the influence and practice of the arbitration secretary in practice, and puts forward some suggestions on the necessity and feasibility.

Keywords: Arbitration secretary; Challenge system; Arbitrator; Independence and impartiality

不予执行劳动仲裁裁决救济途径的检视与反思

——以违反法定程序为视角

赵书博[*]　吴雪伟[**]

摘要:司法实践中,法官对不予执行劳动争议仲裁案件性质、救济程序和审查标准存在不同理解。从违反法定程序的视角,比较商事仲裁和劳动争议仲裁异同,结合劳动争议处理"一裁两审"独特程序设计,能进一步辨析不予执行劳动争议仲裁案件性质、救济程序和审查标准,为规范办理不予执行劳动争议仲裁案件抛砖引玉。

关键词:不予执行劳动仲裁;违反法定程序;救济途径;执行审查

目前司法实践中各地法院对申请不予执行行为的法律性质理解不同,因此进一步导致各地法院处理该类案件的程序、审查标准不同,严重影响了劳动争议的裁审衔接。本文从违反法定程序后申请不予执行劳动仲裁的角度探讨了申请不予执行行为的法律性质、程序及审查标准。

---

* 赵书博,法学硕士,北京知识产权法院研究室法官助理,联系电话:010—89082472/18518656089,电子邮箱 56854461@qq.com。

** 吴雪伟,法律硕士,北京市延庆区人民法院执行一庭负责人,联系电话:13810927602。

一、检视:不予执行劳动仲裁裁决中的问题

2015年,《最高人民法院关于适用〈中华人民共和国民事诉讼法〉的解释》(以下简称《民事诉讼法司法解释》)和《最高人民法院关于人民法院办理执行异议和复议案件若干问题的规定》(以下简称《执行异议和复议案件规定》)相继实施,对被执行人申请不予执行仲裁裁决案件作了最新规定,本文从中国裁判文书网随机选取100份自2016年至2017年审结的被执行人申请不予执行劳动仲裁裁决的执行裁定书(每年50份)。经整理分析发现,各地区法院乃至同一市不同区法院办理申请不予执行案件的案件类型代字差异、审查标准差异明显。申请不予执行案件类型代字差异表现为给申请不予执行案件分配"执"字案号还是"执异"字案号;审查标准差异表现为以法释〔2001〕14号第21条还是《民事诉讼法》第237条作为不予执行劳动争议仲裁裁决的审查标准。

(一)案件类型代字差异

以北京市各基层法院为例,均为申请不予执行劳动争议仲裁裁决案件分配"执异"字案号,但陕西、甘肃、山东、河北等地不少基层法院为申请不予执行劳动争议仲裁裁决案件分配"执"字案号。而且,在"执"字案号当中,部分法院为区分申请执行人申请强制执行劳动争议仲裁裁决案与被执行人申请不予执行劳动争议仲裁裁决,还将"执"字案号后加"之一"或"—1",即"××执字第××号之一"或"××执字第××号—1"。

根据《人民法院案件类型及其代字标准》的规定,"执"字代表首次执行的执行实施类案件;"执异"字代表执行审查类案件中的执行异议案件。各地法院对申请不予执行劳动仲裁裁决案件类型代字存在不同选择,说明其对申请不予执行案件的法律关系性质、适用程序存在不同认知。①

被执行人提出不予执行劳动仲裁裁决申请,其性质(法律关系)是否等同于申请执行人申请强制执行(执行实施)已生效的劳动仲裁裁决,能否被同一个执行实施法律行为所吸收?还是与申请执行实施行为相对独立的

① 《关于人民法院案件案号的若干规定》(法〔2015〕137号)第7条第1款:"确定案件的类型代字,应结合案件所涉事项的法律关系性质与适用程序的特点。"

申请执行审查行为？这是法院为该类案件分配不同类型代字的核心分歧所在。

(二)法律救济途径差异

各地法院对被执行人申请不予执行劳动仲裁裁决的行为存在不同法律理解,不仅实体上表现为分配该案件类型代字差异,程序上还体现在执行裁定书尾部对提醒当事人采取后续法律救济途径采取不同的表述方式。而这恰好深层次反映了各地法院对该类案件的适用程序存在理解差异。

对于作出驳回被执行人不予执行劳动仲裁裁决的申请,还是以北京市各基层法院为例,东城法院、丰台法院、大兴法院等基层法院,不允许当事人就驳回不予执行裁定书提起复议,执行裁定书一经送达立即生效;而朝阳法院、海淀法院等基层法院,允许当事人在收到执行裁定书次日起10日或30日内就该类执行裁定书向上一级法院提起复议。上一级法院为该类案件分配"执复字",其所作执行复议裁定才为终审裁定;还有部分法院干脆不"多此一举"提醒当事人后续是否享有相应法律救济途径,免得把握不当而"言多必失"。

在不允许当事人就驳回不予执行裁定书提起复议的文书中,还存在提醒当事人后续"重新申请劳动仲裁"或"就该劳动争议事项向人民法院起诉"还是兼而有之的表述差异。如部分执行裁定书尾部提示被执行人"如不服本裁定,可在收到裁定书之次日起30日内,就该劳动争议事项向人民法院起诉",或"如不服本裁定,在收到裁定书之次日起30日内,可以重新申请仲裁,也可以就该劳动争议事项向人民法院起诉"等。

对于作出不予执行劳动仲裁裁决的执行裁定,申请执行人能否再提出执行异议或复议的问题,《民事诉讼法司法解释》第478条已作出了明确规定:"依照《民事诉讼法》第二百三十七条第二款、第三款规定,人民法院裁定不予执行仲裁裁决后,当事人对该裁定提出执行异议或者复议的,人民法院不予受理。当事人可以就该民事纠纷重新达成书面仲裁协议申请仲裁,也可以向人民法院起诉。"因此,在本文随机搜取的100份执行裁定书中,未见明确允许对作出不予执行劳动仲裁裁决的执行裁定进行复议的情况。

(三)审查标准差异

从实体法角度,法院是否作出不予执行劳动仲裁裁决的执行裁定,取决于不予执行劳动仲裁的审查标准。法释〔2001〕14号第21条从劳动争议仲裁机构是否具有管辖权、法律适用是否确有错误、仲裁员是否徇私枉法以及仲裁裁决是否违背社会公共利益四个方面审查是否不予执行劳动仲裁裁决；《民事诉讼法》第237条从劳动争议仲裁机构是否具有管辖权、劳动仲裁是否违反法定程序、定案证据是否伪造或被隐匿、仲裁员是否徇私枉法以及仲裁裁决是否违背社会公共利益五个方面审查是否不予执行劳动仲裁裁决。

表1　不予执行劳动争议仲裁裁决审查规范对比

《劳动争议司法解释一》(2001)	《民事诉讼法》(2012)
1. 裁决的事项不属于劳动争议仲裁范围,或者劳动争议仲裁机构无权仲裁的; 2. 适用法律确有错误的; 3. 仲裁员仲裁该案时,有徇私舞弊、枉法裁决行为的; 4. 人民法院认定执行该劳动争议仲裁裁决违背社会公共利益的	1. 当事人在合同中没有订有仲裁条款或者事后没有达成书面仲裁协议的; 2. 裁决的事项不属于仲裁协议的范围或者仲裁机构无权仲裁的; 3. 仲裁庭的组成或者仲裁的程序违反法定程序的; 4. 裁决所根据的证据是伪造的; 5. 对方当事人向仲裁机构隐瞒了足以影响公正裁决的证据的; 6. 仲裁员在仲裁该案时有贪污受贿,徇私舞弊,枉法裁决行为的。 7. 人民法院认定执行该裁决违背社会公共利益的,裁定不予执行

对比上表,不难发现二者不同之处在于,法释〔2001〕14号从法律适用角度审查劳动仲裁裁决是否不予执行,《民事诉讼法》从法定程序和定案证据角度审查劳动仲裁裁决是否不予执行。

《仲裁法》所指的仲裁通常被理解为商事仲裁,不仅仲裁基础来源于当事人之间的仲裁合意,而且仲裁裁决具有"一裁终局"的效力。而劳动争议仲裁既不需要当事人之间达成仲裁合意,除特定请求事项外,不服劳动争议仲裁的,可以就劳动争议事项向法院起诉。商事仲裁与劳动争议仲裁本质可能一致,但商事仲裁较之于劳动争议仲裁具有更高的自主性和独立性,当事人不满仲裁裁决的法律救济手段也存在显著差异。《民事诉讼法》第237条所称的仲裁仅特指商事仲裁,还是包含劳动争议仲裁?

如果认为《民事诉讼法》第237条所称的仲裁包含劳动争议仲裁,那么法释〔2001〕14号第21条属于旧法、下位法和特别法中的特殊规范,《民事诉讼法》第237条属于新法、上位法和普通法中的特殊规范。按照《立法法》规定的“上位法优于下位法、新法优于旧法、特别法优于普通法”三类法律冲突适用规则,只有在相互冲突的“新旧规范”或“普特规范”没有与上位法相抵触的前提下,“新法优先”或“特别法优先”规则才能成立。特别法与普通法或者新法与旧法,只要其中的任何一个规定与其上位法相抵触,“新法优先”或“特别法优先”规则就无从适用。而作为上位法的《民事诉讼法》第237条和作为下位法的法释〔2001〕14号第21条,对于不予执行劳动仲裁裁决这一同一法律事项,显然存在不一致之处。因此,应该按照“上位法优于下位法”的规则,对不予执行劳动仲裁裁决的审查标准,优先适用《民事诉讼法》第237条。

但本文收集的100份执行裁定书中,有91份执行裁定书以〔2001〕14号第21条作为是否不予执行劳动仲裁裁决的审查依据,只有另外9份执行裁定书以《民事诉讼法》第237条作为是否不予执行劳动仲裁裁决的审查依据。被执行人称法律适用确有错误的有61份、称仲裁程序违反法定程序的有79份、称定案证据被伪造或隐匿导致仲裁认定案件事实错误的有57份、称劳动争议仲裁委员会无管辖权的有6份。可以窥见,被执行申请不予执行劳动仲裁的焦点集中于劳动争议仲裁委员会的仲裁程序、法律适用和证据认定。法院更倾向于选择法释〔2001〕14号第21条作为审查不予执行劳动仲裁裁决的标准。

二、反思:不予执行劳动争议仲裁裁决的规范方式

(一)规范案件类型代字

解决被执行人申请不予执行劳动仲裁案件类型代字差异的前提是确定该类案件属于执行实施类案件还是执行审查类案件。本文认为该类案件属于执行审查类案件,应采用“执异”字案件类型代字。理由如下:

首先,根据《关于执行案件立案、结案若干问题的意见》(以下简称《意见》)第1条的规定,执行案件包括执行实施类案件和执行审查类案件。执行实施类案件是指人民法院因申请执行人申请、审判机构移送、受托、提级、指定和依职权,对已发生法律效力且具有可强制执行内容的法律文书所确定的事项予以执行的案件;执行审查类案件是指在执行过程中,人民法院审查和处理执行异议、复议、申诉、请示、协调以及决定执行管辖权的移转等事项的案件。《意见》所称执行审查类案件包含的审查对象涵盖执行行为、执行标的和执行依据,比《民事诉讼法》第225条执行异议所涉执行行为、第227条

案外人异议所涉执行标的审查范围更广。

其次,按此规定,执行实施类案件的申请主体是申请执行人;执行依据是生效且具有可强制执行内容的法律文书所确定事项,当事人、利害关系人对执行依据均不持异议;目的是对执行依据所确定的执行标的实施强制执行行为。综上,执行实施类案件的核心内容是在当事人、利害关系人对执行依据、执行标的和执行行为均不持异议时,法院具体采取何种强制执行行为得以顺利执结案件。

再次,执行审查类案件的申请主体可以是申请执行人、被执行人或其他利害关系人;执行依据被认为可能存在失去法律效力或强制执行力的法定情形;目的是通过执行审查程序否认执行依据、执行标的和执行行为。综上,执行审查类案件的核心词汇是"审查",即该类案件的核心内容是审查对各方利益主体(包括案外人)对执行依据、执行行为、执行标的提出的异议成立与否,而非具体采取何种强制执行行为得以顺利执结案件。

最后,被执行申请不予执行劳动仲裁裁决案件的申请主体是被执行人;被执行人对执行依据持有异议是由于认为执行依据可能存在不予执行的情形;目的是否认执行依据的法律效力或强制执行力。因此,被执行人申请不予执行劳动仲裁裁决案件属于执行审查类案件中的执行异议案件。

(二)规范法律救济途径

确定被执行人申请不予执行劳动仲裁裁决案件属于执行异议案件类型后,按照《民事诉讼法》《关于人民法院执行工作若干问题的规定》(试行)(以下简称《执行规定》)、《执行异议和复议案件规定》,各利害关系人所享有的法律救济途径也随之明晰。

对于不予执行劳动仲裁的执行裁定,《意见》第10条第3项规定,允许当事人就此提出执行异议或复议;但与《民事诉讼法司法解释》第478条规定不允许当事人就此提出执行异议或复议相互冲突。②

---

② 《最高人民法院关于执行案件立案、结案若干问题的意见》第十条:"下列案件,人民法院应当按照执行复议案件予以立案:……(三)当事人不服人民法院针对本意见第九条第(六)项作出的不予执行公证债权文书、驳回不予执行公证债权文书申请、不予执行仲裁裁决、驳回不予执行仲裁裁决申请的裁定,向上一级人民法院申请复议的。"《民事诉讼法司法解释》第四百三十七条:"依照《民事诉讼法》第二百三十七条第二款、第三款规定,人民法院裁定不予执行仲裁裁决后,当事人对该裁定提出执行异议或者复议。"

由于《民事诉讼法司法解释》属于司法解释,其法律位阶高于属于司法文件的《意见》,而且《民事诉讼法司法解释》较之于《意见》实施在后,属于新法,根据上位法优先、新法优先的法律适用规则,不难得出应以《民事诉讼法司法解释》第478条的规定解决不予执行劳动仲裁的执行裁定的执行异议或复议问题,即不允许当事人就不予执行劳动仲裁裁定向上一级法院提出执行异议或复议。《民事诉讼法司法解释》生效后,绝大多数法院已不再准许当事人对不予执行劳动仲裁的执行裁定提出执行异议或复议,但在重新向劳动争议仲裁委员会提起仲裁还是向人民法院起诉之间还存在争议。

对于驳回不予执行劳动仲裁的执行裁定,由于《民事诉讼法》及相关司法解释未明确规定,理论界和司法实践对于当事人能否就该类裁定提出执行异议或复议仍存在较大分歧。

最高人民法院修改后民事诉讼法贯彻实施工作领导小组编著的《最高人民法院民事诉讼法司法解释理解与适用》一书中的倾向性观点认为:执行法院对具有法律效力且可执行的劳动仲裁裁决书审查是对执行依据的司法监督,是法院执行工作的一部分,并非执行行为。不予执行仲裁裁决本质上属于对执行依据的监督程序,并非对执行程序中的执行行为提出异议。因此,不应当将不予执行仲裁裁决的裁定作为执行行为纳入执行异议和复议程序的范围内。尤其是仲裁作为一种方便快捷的纠纷解决方式,一裁终局是其基本特征之一,当事人自愿选择了仲裁程序,享受制度优势的同时也不可避免地要承受仲裁制度本身的固有缺陷。当事人提出不予执行的抗辩,法院裁定驳回,审查中已经对仲裁裁决进行了司法监督,无须再提供救济途径。因此,对驳回不予执行仲裁裁决申请的,当事人也无权提出执行异议或复议。另外,根据《执行规定》第129条、第13条的规定,上级人民法院依法监督下级人民法院的执行工作,而裁定不予执行仲裁裁决无疑也是人民法院执行工作的一部分,上级人民法院有权进行执行监督。③

显然,最高人民法院修改后民事诉讼法贯彻实施工作领导小组对驳回不予执行劳动仲裁裁定能否提出异议或复议所持倾向性意见建立在"仅能对执行行为提出异议或复议"的理解上。

---

③ 参见沈得永主编、最高人民法院修改后民事诉讼法贯彻实施工作领导小组编著:《最高人民法院民事诉讼法司法解释理解与适用》,人民法院出版社2015年版,第1267~1268页。

前文已述，被执行人提出不予执行劳动仲裁申请的实质是对执行依据提出异议，请求法院对法庭之外形成的执行依据进行审查。《民事诉讼法》及相关司法解释虽未明确是否允许当事人、利害关系人对法庭之外形成的执行依据提起审查申请，但《最高人民法院关于执行案件立案、结案若干问题的意见》对此进行了专门回应。

对于不予执行劳动仲裁的执行裁定，《意见》第 10 条第 3 项规定允许当事人就此提出执行异议或复议；但与《民事诉讼司法解释》第 437 条规定不允许当事人就此提出执行异议或复议而冲突。[④] 虽然《意见》的法律位阶较低，但毕竟未与《民事诉讼法司法解释》第 437 条发生冲突，且目前仍然具有一定的法律效力，可以辅助理解《民事诉讼法司法解释》第 437 条的规定，以解决《民事诉讼法司法解释》未明确规定当事人对该类裁定能否提出异议或复议的法律漏洞。

而且，公证债权文书与劳动仲裁裁决书都是法庭之外形成的具有强制执行效力的法律文书（执行依据），且公证程序与仲裁程序都是准司法程序，二者的目的都是在诉讼之外化解社会矛盾，节约司法资源。理论上对不予执行公证债权文书的法律救济方式和对不予劳动仲裁裁决的法律救济应存在相通之处。《执行异议和复议案件规定》第 10 条允许不服驳回不予执行公证债权文书申请的当事人自收到裁定之日起 10 日内向上一级人民法院申请复议，那么，在司法最终审查理念下，允许不服驳回不予执行劳动仲裁裁决的当事人自收到裁定之日起 10 日内向上一级人民法院申请复议，并无逻辑不当。

（三）规范审查标准

前文已述，如果《民事诉讼法》第 237 条所称的仲裁包括劳动争议仲裁，则应优先适用本条规定审查是否不予执行劳动仲裁裁决。但司法实践却又

---

④ 《最高人民法院关于执行案件立案、结案若干问题的意见》第十条："下列案件，人民法院应当按照执行复议案件予以立案：……（三）当事人不服人民法院针对本意见第九条第（一）项作出的不予执行公证债权文书，驳回不予执行公证债权文书申请，不予执行仲裁裁决，驳回不予执行仲裁裁决申请的裁定，向上一级人民法院申请复议的。"《民事诉讼法司法解释》第 437 条规定："依照《民事诉讼法》第 237 条第二款、第三款规定，人民法院裁定不予执行仲裁裁决后，当事人对该裁定提出执行异议或复议的，人民法院不予受理，当事人可以就该民事纠纷重新达成书面仲裁协议后申请仲裁，也可以向人民法院起诉。"

是另外一番情景。法释〔2001〕14 号第 21 条以绝对优势成为司法实践中审查不予执行劳动仲裁裁决的标准,其中可能涉及以下两种原因:

第一,鉴于劳动争议仲裁非合意性与非一裁终局性(一般情况),与商事仲裁合意性、一裁终局性差异较大,部分观点认为《民事诉讼法》第 237 条所称的仲裁不包括劳动争议仲裁。本文认为,劳动争议仲裁与商事仲裁虽然在合意基础、裁决终局性方面差异较大,但这些差异根源于不同仲裁事项包含的额外价值追求,不构成两种事物的本质区别。

换句话说,劳动争议仲裁有赋予在劳资冲突中弱势一方的劳动者更多救济手段,以保障劳动者权益的价值追求;而商事仲裁则无须对平等商主体给予额外保护。所以劳动争议仲裁的程序设置、救济手段、诉裁对接方式都可能与商事仲裁有所差异。但不论差异如何,二者都是合意委托或法定委托法院以外第三者组成的机关通过仲裁程序对争议事项作出具有法律意义判断的准司法行为。⑤

不仅如此,法释〔2001〕14 号第 21 条规定还明确包含引致《民事诉讼法》第 217 条(1991 年版,现为第 237 条)的条款,即"……人民法院可以根据《民事诉讼法》第 217 条之规定,裁定不予执行……"如果二者所称仲裁不属于同一法律概念,何来引致之说。

第二,质疑最多的恰是法释〔2001〕14 号第 21 条对 1991 年《民事诉讼法》第 217 条不完全引致。部分观点认为,法释〔2001〕14 号第 21 条仅从《民事诉讼法》第 217 条中选取了其中的四项事由作为不予执行劳动仲裁裁决的法定事由,而将违反法定程序和认定事实的主要证据不足两项事由排除在外,是出于解决劳动争议仲裁执行效力的特别需要,构成特别法上的特别规定。虽然这种论断有罔顾《立法法》法律效力等级规则的嫌疑,但司法实践证明了法释〔2001〕14 号第 21 条规定在特定历史阶段存在的现实合理性。

不予执行劳动仲裁裁决多被用人单位作为执行阶段的救济方式之一,既要尊重劳动仲裁正当、独立裁决,又要发挥好其救济功能,还要避免沦为用人单位恶意拖延诉讼、规避执行的手段。考虑 2001 年正当程序、程序正义价值

---

⑤ 参见[日]谷口安平:《程序的正义与诉讼》(增补本),王亚新、刘荣军译,中国政法大学出版社 2002 年版,第 344 ~ 354 页。

观念未深入人心，法律层面（不包括行政规章）的劳动仲裁程序也尚未建立，不存在违反法定程序的依据，而且劳动争议仲裁还不存在特定事项一裁终局的情况，为避免用人单位滥用不予执行手段阻碍劳动者维权，法释〔2001〕14号第21条未采纳违反法定程序标准；由于认定事实的主要证据充足与否直接牵涉案件主要事实认定的实体问题，在执行程序中审查争议实体问题不符合裁执分离的原则，不利于维护劳动争议仲裁制度的独立发展，故亦未采纳“认定事实的主要证据不足”的标准。

法释〔2001〕14号第21条和《劳动争议调解仲裁法》第49条都将“适用法律确有错误”作为仲裁监督的审查标准之一，旨在案件实体之外审查劳动争议仲裁是否适用已失效或尚未生效的法律法规、错误援引法条或违反法律关于溯及力规定。法律适用看似不牵涉事实认定，但定案事实是在法律适用与待审查事实之间反复穿梭中得以形成。法律适用不仅涵盖诸如非典型用工类型是否属于劳动关系、用人单位法定解除权权利边界、用人单位自主用工权如何行使等实体问题，而且包括当事人提交的证据是否具备证据资格、举证责任分配是否妥当等证据问题，还包括是否按程序性规定送达法律文书、是否充分辩论等程序问题。因此，再将“适用法律确有错误”作为一项仲裁监督审查标准，不符合“审执分离”原则中执行程序不审查当事人实体权利的共识。

表2　不予执行、撤销仲裁裁决审查标准对比

不予执行仲裁裁决			撤销仲裁裁决	
《民事诉讼法》（1991/2007）《仲裁法》	《民事诉讼法》（2012）	法释〔2001〕14号	《仲裁法》（1994）	《劳动争议调解仲裁法》（2007）
1. 无管辖权； 2. 违反法定程序； 3. 认定事实的主要证据不足； 4. 适用法律确有错误； 5. 仲裁员违法； 6. 违背社会公共利益	1. 无管辖权； 2. 违反法定程序； 3. 伪造、隐瞒定案证据； 4. 仲裁员违法； 5. 违背社会公共利益	1. 无管辖权； 2. 适用法律确有错误； 3. 仲裁员违法； 4. 违背社会公共利益	1. 无管辖权； 2. 违反法定程序； 3. 伪造、隐瞒定案证据； 4. 仲裁员违法； 5. 违背社会公共利益	1. 无管辖权； 2. 违反法定程序； 3. 适用法律、法规确有错误； 4. 伪造、隐瞒定案证据； 5. 仲裁员违法

自法释〔2001〕14号生效实施距今已16年,不仅《劳动争议调解仲裁法》已经出台,建立了法定程序依据;而且在特定劳动争议事项上实行一裁终局,劳动仲裁向商事仲裁有所靠近;更重要的是程序正义理念已深入人心,成为一项重要的价值追求。仲裁程序越来越诉讼化,按照《民事诉讼法》的法定程序要求对劳动仲裁活动进行司法监督,既从法定程序角度"把关"仲裁裁决,又促使仲裁活动本身更加重视法定程序,最终提升仲裁质量,提高当事人对仲裁裁决的可接受度。

《民事诉讼法》关于不予执行仲裁裁决的审查标准已与《仲裁法》中撤销仲裁裁决的审查标准相统一,完全抛弃实体审查转向更具客观表象的程序和证据审查。如今法释〔2001〕14号对于审查是否不予执行劳动仲裁裁决来说已显得过时,不予执行劳动仲裁裁决的审查标准到了回归《民事诉讼法》的时候。

三、建议:允许劳动者重提劳动仲裁

不予执行劳动仲裁裁决的案件类型代字、法律救济程序和审查标准既已阐明,还剩下一个附带问题需要进一步解决,即劳动争议仲裁裁决被人民法院裁定不予执行的,当事人可否重新申请劳动争议仲裁?

劳动争议仲裁裁决被裁定不予执行后即丧失法律效力,该文书所确认的劳动争议权利义务关系返回不稳定的初始状态。按照《民事诉讼法》第237条第4款赋予不服不予执行仲裁裁决的当事人重新达成合意提前仲裁或向法院起诉的权利的精神,考虑劳动争议仲裁无须达成仲裁合意,当事人可以直接向劳动争议仲裁委员会提起劳动争议仲裁申请。持相反意见者则认为劳动仲裁裁决既然已被法院裁定不予执行,而且多数裁决事项并不具备一裁终局效力,当事人再申请劳动仲裁纯属浪费时间,完全没有必要。

本文认为,赋予劳动者法律救济程序选择权并非纯粹只有宣誓性意义,劳动争议仲裁有别于诉讼程序的独立意义。如劳动争议仲裁委员会由劳动行政部门代表、工会代表和企业方面代表组成,仲裁员可能是从事人力资源管理或者工会等专业工作满5年的专业人士,劳动者可能认为仲裁程序较之于诉讼程序对抗性更弱、调解成功率更高、专业性更强。更何况对于"一裁终局"的情况,劳动争议仲裁可能更有效率。退一步而言,多给劳动者一种法律救济途径,即使劳动者把劳动争议仲裁当作诉讼程序的“预演”,劳动争议仲裁亦有其独立意义。

现实中,对于不予执行劳动仲裁裁决,既有部分劳动争议仲裁委员会以“一事不再理”或“无法律依据”等理由不允许当事人重新提起劳动争议仲裁申请,又有其他劳动争议仲裁委员会予以重新仲裁的情形。目前,劳动争议仲裁委员会不允许当事人重新提起劳动争议仲裁申请的,当事人只能选择向法院起诉。因此,本文建议在《劳动争议调解仲裁法》中增设一条规定“不服不予执行劳动仲裁裁决当事人,可以自收到裁定书10日内向劳动争议仲裁委员会重新提起劳动争议仲裁申请或向人民法院起诉”。

农村土地承包经营纠纷仲裁的制度与实践

呼　倩

（农业部农村合作经济经营管理总站　北京　100125）

摘要：农村土地承包仲裁依托农村土地承包管理部门设立，实行“或裁或审”“裁后可诉”的纠纷化解机制，有效利用了现有资源，方便快捷、贴近农村实际，但同时也造成行政色彩较浓、专业性不足、与司法衔接不畅、当事人恶意起诉影响仲裁权威等问题。充分发挥仲裁在农村土地纠纷化解中的作用，不但有赖于基层干部和广大农民群众法律意识的提高，还要从完善仲裁制度、培养专业化仲裁员、加强仲裁与司法有效衔接等方面入手，提升农村土地承包的规范化专业化水平，使之成为农民群众愿意选择的渠道。

关键词：农村土地承包仲裁；农村土地承包管理部门；行政色彩

2010年1月1日《农村土地承包经营纠纷调解仲裁法》（以下简称《调解仲裁法》）正式实施。该法引入仲裁理念，从程序角度对农村土地承包经营纠纷的调解和仲裁做出明确规定，确立了符合我国农村实际和土地承包经营制度特点的纠纷调解仲裁制度，也使各地农业主管部门从20世纪90年代以来开展的农业承包合同仲裁工作得以调整规范。这对维护农村土地承包制度和农村社会和谐稳定意义重大，标志着农村土地承包经营纠纷化解和涉农纠纷仲裁进入一个新的发展阶段。同时，该法与《仲裁法》《劳动争议调解仲裁法》共同组成具有中国特色的仲裁法律体系。受法律颁布实施时间相对较短、调整对象特殊、实际仲裁案件较少等因素影响，各界对农村土地承包仲裁的研究和关注相对较少。本文试图对农村土地承包仲裁制度、实践情况等做出全面梳理，以期引发思考关注，从而推动法律深入贯彻实施和制度完善，对有效保护农民土地权益有所助益。

一、立法背景和制度安排

（一）立法背景

土地是农民赖以生存的基础。从1949年开始，经过几次制度改革和政策完善，我国最终形成了以家庭承包经营为基础、统分结合的双层经营体制，期间经历了20世纪80年代的一轮土地承包、90年代的二轮土地延包、2003年农村土地承包法出台和2006年全面取消农业税。由于历史跨度时间长，政策不断调整完善，执行过程中形成了一些历史遗留问题。随着经济社会发展，土地持续增值，国家支农惠农力度不断加大，农民对土地越来越重视，农村土地承包经营纠纷大量发生。

为维护土地承包经营制度，保护农业生产顺利进行，在20世纪90年代，各地就开始积极探索，采取多种措施解决农业承包合同纠纷，县乡两级农村土地承包合同管理部门开展了土地承包合同仲裁工作。据农业部统计，为规范土地承包合同管理和仲裁活动，从1988年开始到1995年，全国有19个省（自治区、直辖市）制定了农业承包合同管理条例等地方法规，对农业承包合同纠纷仲裁做了原则性规定，北京、辽宁、安徽、广东等省（市）专门制定了农业承包合同纠纷仲裁办法。这是农村土地承包仲裁早期的实践基础。

土地纠纷是特殊的民事纠纷，土地承包合同的订立、履行、变更、解除、终止均具有一定的强制性，且受相关国家政策的调整。[①] 考虑这种特殊性，

① 常廷彬：《农村土地承包经营纠纷仲裁若干问题探究》，载耿卓主编：《土地法制科学》（第1卷），法制出版社2017年版。

1994 年颁布的《仲裁法》明确规定,“劳动争议和农业集体经济组织内部的农业承包合同纠纷的仲裁,另行规定”。2003 年《农村土地承包法》颁布实施,规定发生农村土地承包经营纠纷后,“当事人不愿协商、调解或者协商、调解不成的,可以向农村土地承包仲裁机构申请仲裁,也可以直接向人民法院起诉”,明确了农村土地承包纠纷的仲裁解决方式,为后续调解仲裁法律制定出台奠定了基础。

为贯彻仲裁法和土地承包法规定,完善农村土地承包仲裁纠纷化解机制,回应各地实践需要,2003 年开始,全国陆续在 326 个县(区、市)进行了试点改革,为立法提供实践支撑。农村土地承包仲裁法律草案提交全国人大常委会后,历经三次审议,于 2009 年 6 月 27 日正式颁布,自 2010 年 1 月 1 日起施行。

(二)制度安排

按照《调解仲裁法》规定,农村土地承包仲裁调整的是平等主体,如农民、村集体经济组织等之间的农村土地承包经营纠纷。与商事仲裁和劳动仲裁相比,农村土地承包仲裁涉及的当事人、标的物以及法律实施环境等具有一定的特殊性。因此,农村土地承包仲裁制度设计在借鉴仲裁优势的基础上,根据农村土地承包纠纷特点进行了调整,反映了中国农村土地制度特征,是农村土地由农户家庭承包经营的特色土地制度下的纠纷化解方式。

1. 机构

农村土地承包仲裁机构是农村土地承包仲裁委员会。《调解仲裁法》第 12 条第 1 款规定,农村土地承包仲裁委员会,根据解决农村土地承包经营纠纷的实际需要设立。农村土地承包仲裁委员会可以在县和不设区的市设立,也可以在设区的市或者其市辖区设立。据农业部统计,截至 2017 年年底,全国已设立农村土地承包仲裁委员会 2452 个,比 2010 年增长 1.35 倍,基本覆盖全国各个涉农县(市、区)。按照仲裁制度设计,农村土地承包仲裁委员会之间、其与有关机构之间的关系如下:

一是农村土地承包仲裁委员会之间相互独立。与商事仲裁一样,农村土地承包仲裁委员会不按照行政级别设置,相互之间不具有隶属关系。一般在县级设立,因市级所辖区内承包土地不多、纠纷量小,在市级设立的仲裁委也只负责受理所辖区内纠纷,与市所辖县设立的仲裁委员没有上下级关系。这种设置方式,符合土地的不动产特性,方便农民申请仲裁,避免了行政式多层领导,有助于保持农村土地承包仲裁委员会的独立性。

二是农村土地承包仲裁委员会与本级人民政府之间是指导与被指导关系。《调解仲裁法》第6条、第12条分别规定,县级以上人民政府应当加强对农村土地承包经营纠纷仲裁工作的指导,农村土地承包仲裁委员会在当地人民政府指导下设立。第46条规定:“仲裁庭依法独立履行职责,不受行政机关、社会团体和个人的干涉。”第52条规定:“农村土地承包经营纠纷仲裁不得向当事人收取费用,仲裁工作经费纳入财政预算予以保障。”因此,本级人民政府负责提供经费,指导和支持农村土地承包仲裁委员会开展工作,但不得干预仲裁庭独立裁决案件。在实践中,工作经费纳入财政预算的农村土地承包仲裁委员会仅占一半左右,其余工作经费在政府拨付的农村土地承包管理部门经费中开支。

三是农村土地承包仲裁委员会与农村土地承包管理部门之间,后者是前者日常工作的承担者。《调解仲裁法》规定,农村土地承包仲裁委员会日常工作由当地农村土地承包管理部门承担。农村土地承包管理部门隶属于各级农业局,主要负责本区域内的农村土地承包及承包合同管理工作,县级农村土地承包管理部门通常为农村合作经济经营管理站(局)(实践中简称为农经站或经管站)。实践中,一般是在经管站(局)外加挂农村土地承包仲裁委员会牌子,仲裁工作人员由经管人员兼任。

2. 人员

目前,仲裁相关人员包括三类:一是农村土地承包仲裁委员会组成人员。主要是来自政府部门、有关团体、农民集体等组织的代表。二是农村土地承包仲裁委员会办公室工作人员。负责仲裁办日常事务,由农经人员兼任。三是仲裁员。仲裁员由农村土地承包仲裁委员会依法聘用,需要满足下列条件之一:(1)从事农村土地承包管理工作满5年;(2)从事法律工作或人民调解工作满5年;(3)在当地威信较高,并熟悉农村土地承包法律及国家政策的居民。

据统计,2017年各地农村土地承包仲裁委员会聘任仲裁员达到5.33万名,比2010年增长了3.7倍。仲裁委员会组成人员按时参加仲裁委员会定期举行的会议即可,案件受理和裁决主要由仲裁工作人员和仲裁员完成。法律规定是清晰的,但从实际情况看,仲裁工作人员、仲裁员及农经人员高度重合。据估算约有80%的仲裁员由农经人员兼任,大部分仲裁工作人员同时是仲裁员。

3. 案件处理机制

按照《调解仲裁法》的规定,农村土地承包仲裁程序可分为以下环节:一是申请和受理。纠纷发生后,当事人可以向纠纷涉及的土地所在地的农村土地承包仲裁委员会提起仲裁申请。农村土地承包仲裁委员会按照案件受理条件进行审查,5 个工作日内作出是否受理决定。二是组成仲裁庭。当事人根据仲裁委员会提供的仲裁员名册,分别选定 1 名仲裁员,再共同选定 1 名首席仲裁员,组成仲裁庭。当事人不能选定时,由仲裁委员会主任指定。对事实清楚、权利义务关系明确、争议不大的案件,经双方当事人同意,可以独任仲裁。三是开庭和裁决。除涉及国家秘密、商业秘密和个人隐私及当事人约定不公开等情况外,仲裁庭组织公开开庭仲裁案件,经过当事人陈述、提供证据、质证、辩论等程序,仲裁庭根据认定的事实和法律政策作出裁决,并制作裁决书。四是送达。仲裁委员会在仲裁裁决作出之日起 3 个工作日内将裁决书送达当事人。仲裁期限从受理仲裁申请之日起算,不得超过 60 日;案情复杂需要延长的,延长期限不得超过 30 日。

二、制度特征及优势分析

农村是熟人社会,农民轻易不打官司,司法解决农村土地承包经营纠纷常常导致“一场官司十年仇”,判决也较难执行。信访解决程序多、周期长、成本高,农民不满意,政府压力大。在农村土地承包经营纠纷大量出现情况下,农村土地承包仲裁制度应势而生,目的是疏通纠纷化解渠道,维护农村社会和谐稳定。因此,农村土地承包仲裁制度紧贴农村实际,具有不同于商事仲裁和劳动仲裁的制度特征,在农村土地承包纠纷化解中具有独特的优势。

(一)制度特征

一是在纠纷处理方式上,可裁可审,当事人可自行选择。《农村土地承包法》和《调解仲裁法》均规定,纠纷发生后,当事人和解、调解不成或者不愿和解、调解的,可以向农村土地承包仲裁委员会申请仲裁,也可以直接向人民法院起诉,即“可裁可审”。这种方式给了当事人最大的自由选择权,即在发生农村土地承包经营纠纷时,和解、调解、仲裁、诉讼等主要纠纷化解途径当事人均可以选择。在商事仲裁中,在已达成仲裁协议情况下,除仲裁协议无效等法定情形外，当事人只能选择仲裁渠道解决纠纷。在劳动仲裁中，仲裁为前置程序，纠纷非经仲裁，人民法院不予受理。

二是在仲裁程序启动上，不需要有仲裁协议，一方当事人申请即可。农村土地承包经营纠纷多发生在农户、村集体经济组织或村民委员会等主体之间，当事人以农民为主。相对于其他主体而言，他们普遍文化水平不高，部分年纪较大的当事人甚至不识字。农民重人情轻契约，守约意识不强。因此，在农村土地承包仲裁制度设计中，充分考虑纠纷主体情况。在仲裁程序启动上，法律规定，只要一方当事人申请即可启动农村土地承包仲裁程序。如要求他们需要提前订立仲裁协议方可申请仲裁，会导致仲裁渠道形同虚设，不具有现实可行性。在申请方式上，书面或口头申请均可，可以自行到仲裁场所提交申请，也可邮寄或者由他人代为递交申请。这与商事仲裁充分尊重双方当事人意愿，要求必须有仲裁协议的情况不同。

三是在仲裁与诉讼的衔接上，裁后可诉。《农村土地承包法》第 52 条规定："当事人对农村土地承包仲裁机构的仲裁裁决不服的，可以在收到裁决书之日起三十日内向人民法院起诉。逾期不起诉的，裁决书即发生法律效力。"即对农村土地承包仲裁裁决不服的，双方当事人均可向人民法院提起诉讼，可起诉期限相对较长——"30 日"。这与商事仲裁的"一裁终局"、劳动仲裁的终局裁决和非终局裁决相结合的方式不同。在劳动仲裁中，当事人对依法可以起诉的劳动争议案件的起诉期限是"15 日"。另外，与商事仲裁中当事人在法定情形下可以起诉要求撤销仲裁裁决不同，根据 2014 年《最高人民法院关于审理涉及农村土地承包经营纠纷调解仲裁案件适用法律若干问题的解释》规定，当事人对农村土地承包仲裁裁决不服的，只能就原纠纷向人民法院提起诉讼，不能请求撤销仲裁裁决。

有观点认为，农村土地承包仲裁制度是商事仲裁和民事诉讼制度的简单拼接物，存在着制度性缺陷。对此观点，笔者难以认同。从制定目的上，农村土地承包仲裁是为了弥补已有的纠纷化解途径不足以有效应对农村土地承包经营纠纷化解现实需要而产生。它没有机械套用商事仲裁制度，是吸收借鉴仲裁理念和诉讼模式，进行有针对性的调整完善，使制度设计更符合农村实际情况和农村土地承包经营纠纷特点。

（二）制度优势

从农村土地承包仲裁机制设置上看，农村土地承包仲裁制度具有以下优点。

一是注重保护农民土地合法权益。《调解仲裁法》第2条规定,农村土地承包仲裁受理范围包括土地承包合同纠纷、土地流转合同纠纷、确权纠纷等。因征收集体所有的土地及其补偿发生的纠纷不属于农村土地承包仲裁委员会的受理范围,可以通过行政复议或者诉讼等方式解决。农业部2010年至2016年统计数据显示,土地承包和流转纠纷占农村土地承包经营纠纷的90%以上。这两类纠纷主要发生在村集体经济组织或村委会与农户之间。相对而言,农民是弱势一方,尤其是在土地承包过程中,缺乏与村委会或村集体平等协商的机会。因此,调解仲裁法规定,与纠纷有关的证据由作为当事人一方的发包方等掌握管理的,该当事人应当在仲裁庭指定的期限内提供,逾期不提供的,应当承担不利后果。农村土地承包仲裁委员会日常工作由农村土地承包管理部门,一定程度上,后者既是政策执行者又是裁判者。法律设置"可裁可审""裁后可诉"机制,以司法为后盾,对农民权利救济进行保障。明确仲裁工作经费纳入财政预算予以保障,不向农民收费,可以减轻农民负担,减少农民申请仲裁时的顾虑。

二是最大限度地贴合了农村实际情况。与商事仲裁和劳动仲裁调整的纠纷标的物不同,土地具有不可移动性,这决定了农村土地承包仲裁面对的当事人主要是农民,纠纷涉及的土地主要用于农业生产,纠纷发生、解决和裁决执行均在农村。农村地区尤其是偏远山区,地广人稀,纠纷仲裁机制设置必须方便农民申请和参加仲裁。因此,调解仲裁法规定,在农村土地承包仲裁中需要签字的地方,农民可以按手印。开庭地点选择上,"可以在纠纷涉及的土地所在地的乡(镇)或者村进行,也可以在农村土地承包仲裁委员会所在地进行。当事人双方要求在乡(镇)或者村开庭的,应当在该乡(镇)或者村开庭"。针对农业生产具有很强的季节性,土地耕作层破坏后恢复难度较大等特点,农村土地承包仲裁制度规定"可以先行裁定维持现状、恢复农业生产以及停止取土、占地等行为",以有效保护耕地,维护农业生产正常进行。

三是注重法律规定的可执行性。农村土地承包经营纠纷多涉及历史遗留问题,数量大、涉及面广、标的额小、取证难、执行难。看似简单,但涉及农村土地承包法律政策沿革和各地具体实践,政策性强。农村社会是人情社会,与农民群众打交道,如果不熟悉当地实际情况,刻板执行法律规定,很难有效化解农村土地承包经营纠纷。农村土地承包仲裁利用现有人才资源，使《农村土地承包经营纠纷调解仲裁法》具有很强的可执行性，保证了法律的实施成效。如法律明确规定仲裁委员会组成人员需包括农村集体经济组织代表、农民代表以及法律、经济等相关专业人员；农村土地承包仲裁日常工作由农村土地承包管理部门承担；仲裁员需从"从事农村土地承包管理工作满5年，从事法律工作或者人民调解工作满5年，在当地威信较高，并熟悉农村土地承包法律以及国家政策的居民"中聘用等。

四是有助于构建自治、法治、德治相结合的乡村治理体系。考虑农村是人情社会，明确调解优先，并贯穿农村土地承包仲裁程序始终。改变仲裁以不公开为原则的规定，《调解仲裁法》第30条第3款规定，除涉及国家秘密、商业秘密和个人隐私以及当事人约定不公开的外，开庭应当公开进行，以期通过公开开庭审理案件，向农民宣传国家土地承包法律政策，推动农村社会法治进程。道德是农村社会极为重要的行为规范，在农村各种关系的规范中发挥着主导作用。调解仲裁法强调农村土地承包仲裁要尊重社会公德，聘用德高望重的当地居民作为仲裁员，在实践中注意案件裁决既合情又合法，有助于弘扬传统美德，推动乡村德治发展。

三、机构人员在实践中的困境

(一)困境

从农村土地承包仲裁委员会与有关部门关系以及仲裁人员状况可以看出，仲裁制度设计充分考虑了90年代各地农业部门的仲裁实践基础，利用农村土地承包管理部门现有资源，解决了社会组织缺乏组建农村土地承包仲裁机构基础薄弱、缺乏积极性等问题，又避免单设政府服务机构造成的行政资源浪费等问题，借助行政力量推动了农村土地承包仲裁的起步和发展，实现了法律实施后较短时间内的仲裁机构、仲裁人员基本到位，"乡村调解、县市仲裁、司法保障"的土地承包经营纠纷化解体系基本建立。但随着工作开展，行政体制决策运行机制与农村土地承包仲裁理念冲突严重，农村土地承包仲裁带上了浓厚的行政色彩，造成仲裁本身所具有的自治、灵活等优点被消耗或掩盖，人员兼职化、专业性不足等问题较为突出。

一是人员重叠，仲裁沦为众多经管工作之一。农村土地承包仲裁机构在农经机构内部办公,工作人员与农经人员重合,造成许多人角色转变不到位,部分人员认为农村土地承包仲裁是本部门新增加的职能。在仲裁过程中习惯用行政思维处理农村土地承包纠纷,有的甚至对申请人没有提出仲裁请求,但属于农村土地承包管理部门职能范围内的事项,在仲裁裁决中一并做出处理。很多当事人也分不清仲裁与行政的区别,把二者当作一回事。同时,由于人员重叠,农村土地承包仲裁工作受农经部门行政工作影响较大。尤其是近几年,随着农村土地改革深入推进,经管工作任务繁重,人员十分紧张,而仲裁工作要求高、程序严、环节多、时效强,一个案子要牵涉很多精力,一旦开展起来,其他许多重要任务势必难以落实,从而导致仲裁被暂缓开展或者搁置。这些均不利于农村土地承包仲裁的专业化、规范化发展。

二是仲裁活动独立性受到影响。实际从事农村土地承包仲裁的工作人员受行政体制管辖,仲裁工作经费依赖于财政拨款,仲裁委员会组成人员主要是政府有关部门代表,导致农村土地承包仲裁活动开展受行政决策运行机制影响较大,难以严格依法保持独立性。实践中,我们发现,一些地方政府领导习惯采用行政命令,如做批示等方式,要求农村土地承包仲裁委员会受理某一具体案件;对仲裁裁决不服应依法到人民法院起诉的,批示仲裁委员会继续处理等,违反了法律规定和仲裁制度设计初衷。

三是仲裁队伍专业性不足。首先,仲裁员多数不是法律专业人员。农村土地承包仲裁涉及农村土地承包法律政策,合同法、物权法等实体法和民事诉讼法等程序法的有关规定,要求仲裁员具有较高的法律素养。除少数仲裁员聘自律师、退休法官等外,多数仲裁员由农经人员兼任,法律知识严重不足,仲裁能力有限,造成部分农村土地承包仲裁委员会尚未实际启动仲裁工作,不愿裁、不敢裁、选着裁的现象比较普遍。部分仲裁员通过学习和培训掌握了一定的法律知识,但对法律精神理解不够深入,一知半解,乱用法律术语,成为影响农村土地承包仲裁裁决执行的重要因素。其次是学习动力不足。按照财政经费管理有关规定,农经人员兼任仲裁员无任何补贴,聘用的律师等外部人员只有少量案件补贴,加之农经人员老化现象严重,导致仲裁员学习法律知识动力不足,缺乏积极性。

(二)出路

土地是农民赖以生存的基础。农村土地承包经营纠纷政策性强、敏感度高、标的额小,如何化解关系农村土地基本经营制度的维护和农村社会和谐稳定。[②] 从目前情况看,完全脱离行政体制,把农村土地承包经营纠纷的解决交由社会组织承担,不具有现实可行性。短期内,农村土地承包仲裁机构只能依托行政机构设置。解决机构设置面临的问题,笔者认为需要从以下几个方面努力:

一是提高基层干部法律意识。党的十八届四中全会提出要全面依法治国,建设社会主义法治国家。推进全面依法治国,必须抓住领导干部这个“关键少数”。如果基层领导干部不转变意识,切实认识到依法行政的重要性,在农村土地承包管理工作由行政部门承担的前提下,无论仲裁机构如何设置,都很难排除行政机关的影响。因此,农村土地承包仲裁的独立性依赖于基层法治建设的开展和干部法律意识的提高。这将是一个比较缓慢的过程,需要时间。

二是推动仲裁人员专职化。目前,农经人员兼任仲裁工作人员、仲裁员,一人多角色,各个角色定位和处理纠纷方式理念相异,很难保持仲裁的专业性。推动仲裁工作人员、仲裁员专职化,建立相应的工资和职称激励机制、人才培养和储备机制,方能减少行政工作影响,推动仲裁工作规范化。

三是加强仲裁员培训。《调解仲裁法》第16条规定,农村土地承包仲裁委员会应当对仲裁员进行培训。省、自治区、直辖市人民政府农村土地承包管理部门应当制定仲裁员培训计划,加强对仲裁员培训工作的组织和指导。目前,各级农村土地承包部门已在积极开展培训,基本每年将仲裁员轮训一遍。但各地培训标准和内容不统一,未形成规范的培训体系。应在现有培训规范基础上,制定分级培训标准,按照仲裁员的不同水平,建立多层次培训体系,以满足仲裁实践需要。

四、案件仲裁方面几个问题的思考

目前,各地农村土地承包仲裁委员会受理的案件以调解为主、仲裁结案为辅。仲裁裁决量逐年增长,但总体数量仍然偏少。据农业部统计,农村土地承包仲裁纠纷数由2010年的1.27万件增加到2017年的2.27万件。

---

② 最高人民法院民事审判第一庭编著:《最高人民法院农村土地承包纠纷案件司法解释理解与适用》,人民法院出版社2016年版,第15页。

2010年至2017年,30个省(区、市,不含西藏)累计仲裁农村土地承包经营纠纷案件15.45万件。从各地受理的案件情况看,选择仲裁方式的都是争议较大、意见严重对立、对抗性较强、当事人难以达成合意的纠纷,仲裁纠纷数量虽然占纠纷总量比重不高,但对化解矛盾发挥了重要作用。随着农村土地承包受理案件增多,一些制度缺陷逐渐暴露,与司法衔接不畅、仲裁自我纠错机制缺乏等问题有待解决。

(一)案件范围

农村土地承包仲裁实行"裁后可诉"机制,用司法保障当事人的权利救济。实践中,在确权类纠纷上,农村土地承包仲裁与诉讼受理范围不一致,出现衔接不畅。《农村土地承包法》第5条规定,农村集体经济组织成员有权依法承包由本集体经济组织发包的农村土地。许多农民据此申请仲裁或诉讼,要求获得承包地。《调解仲裁法》第2条规定,农村土地承包经营纠纷仲裁受理范围包括因订立、履行、变更、解除和终止农村土地承包合同发生的纠纷;因确认农村土地承包经营权发生的纠纷等。是否对调解仲裁法规定做扩大解释,将未实际订立合同、取得承包经营权的纠纷,各地理解和做法不一致。《最高人民法院关于审理涉及农村土地承包纠纷案件适用法律问题的解释》(法释〔2015〕6号)第1条第2款规定,集体经济组织成员因实际未取得土地承包经营权提出民事诉讼的,人民法院应当告知其向有关行政主管部门申请解决。主要考虑是,集体经济组织成员未实际取得土地承包经营权时,在其与村委会或者村集体经济组织之间没有形成实际的民事法律关系,且该问题涉及集体经济组织成员资格认定问题,在法律法规没有认定标准的情况下,不宜受理。实际操作中,人民法院多据此对未实际取得承包经营权的纠纷不予受理。

现实情况是,在一轮土地承包到期,二轮土地承包开始后的一段时期内,农业税费重、农产品价格低,许多农民放弃承包地进城务工。2006年取消农业税,土地增值,惠农政策力度不断加大,农民纷纷返乡要地,这类纠纷大量涌现。如果将此类纠纷排除在仲裁受理范围外,就会造成农村大量矛盾积压,不符合纠纷现实化解需要。调解仲裁法规定较为笼统,集体经济组织成员因未实际取得承包权而产生的纠纷现实中往往陷入"进退两难"的境地。是否受理各地农村土地承包仲裁委员会做法不一。即使仲裁委受理了此类纠纷,当事人对仲裁裁决不服提起诉讼时,人民法院均以不属于法院受案范围驳回起诉,导致该类案件陷入“仲裁裁决不生效、诉讼途径不能走”的尴尬境地。山西省太谷县仲裁员介绍说:“对这类纠纷,为维护农民权益,我一般先搁置,这样起码还有解决的可能。一旦受理并仲裁,当事人起诉,裁决不能生效,法院又不受理,纠纷解决就陷入死局。”

在此问题上,笔者认为既要考虑符合法理,也要考虑农村土地承包经营纠纷化解的现实需要,具体如何认定比较合适,还需要进一步探讨和明确,以解决仲裁实践困境。

(二)裁决效力

《调解仲裁法》第48条规定,当事人不服仲裁裁决的,可以自收到裁决书之日起30日内向人民法院起诉。逾期不起诉的,裁决书即发生法律效力。法律仅规定逾期不起诉的,裁决书生效。但对仲裁委员会做出裁决后,当事人一方在法律规定期限内向人民法院提起诉讼,人民法院不予受理或驳回当事人诉讼请求的,仲裁裁决书效力如何法律没有规定。

有的学者认为,对此处的理解应作反向推理,即不起诉生效,则起诉不生效。无论人民法院对当事人的起诉做出何种反应,只要任何一方当事人在法定期限内有起诉行为,农村土地承包仲裁裁决书就不发生法律效力。[③]目前,各地农村土地承包仲裁委员会和人民法院在实践中也是如此执行的。问题是,仲裁裁决书不发生法律效力,仲裁程序对当事人再无任何拘束力,不仅造成资源浪费,影响仲裁威信,而且在某些情况下还可能造成农村土地承包经营纠纷解决陷入死循环。因为民事诉讼法虽然规定人民法院依法撤销仲裁裁决的,当事人可以重新申请仲裁或向有管辖权的人民法院提起诉讼,但一般认为此规定仅适用于商事仲裁。即使农村土地承包仲裁参照执行,在现实中也会遇到问题。首先是法律没有规定人民法院可以判定农村土地承包仲裁裁决的效力。根据2014年最高人民法院做出的司法解释,当事人不服农村土地承包仲裁裁决的,只能就原纠纷提起诉讼。其次是农村土地承包仲裁委员会认为已经对该纠纷做出了裁决,重新受理走仲裁程序可能只是简单重复,不具有实际意义,不愿再重新受理。最后,当事人的起诉被法院裁定不予受理时,除有法定情形外,当事人无法再次通过诉讼渠道

③ 王丹:《〈农村土地承包经营纠纷调解仲裁法〉实施中的若干问题》,载《民事审判指导与参考》第67辑。

解决该纠纷。

上述情形下的农村土地承包仲裁裁决书效力问题,尚无明确的法律规定。从有利于解决纠纷的角度看,宜明确在法院对当事人不服仲裁裁决提起诉讼被裁定不予受理等情况下,认定裁决书发生法律效力,以节约资源,避免纠纷搁置,无处解决。

(三)纠错机制

当前农村土地承包仲裁人员法律知识水平有待提高,仲裁经验较为缺乏,在仲裁中出现错误在所难免。从实践看,农村土地承包仲裁裁决出现的错误可以分为两类:一是裁决中文字、计算错误或者遗漏事项等非实质性错误。农业部、国家林业局共同制定的《农村土地承包经营纠纷仲裁规则》第53条规定,对裁决书中的文字、计算错误,或者裁决书中有遗漏的事项,仲裁庭应当及时补正,补正构成裁决书的一部分。此类错误在实践中容易解决。二是仲裁裁决事实认定、法律适用等方面出现错误。《调解仲裁法》仅规定了对仲裁裁决不服时可以向人民法院提起诉讼,并未规定在农村土地承包仲裁委员会或者当事人发现仲裁裁决出现重大错误时,应当如何纠错的问题。民事诉讼法规定,在法定情形下,当事人可以向人民法院申请撤销仲裁裁决;仲裁裁决被依法撤销或者裁定不予执行的,当事人可以重新申请仲裁或者提起诉讼。但人民法院对仲裁效力或执行进行审查裁定的前提是双方当事人之间有仲裁协议。这与目前农村土地承包仲裁不需要提前签订仲裁协议的规定不一致。因此,可以认为民事诉讼法有关规定只针对商事仲裁,已排除了对农村土地承包仲裁的适用。因此,在仲裁裁决出现重大错误时,农村土地承包仲裁委员会往往无所适从。

对此,有的观点认为,农村土地承包仲裁法规定了当事人不服仲裁裁决的,可以在30日内起诉。这种起诉并未设置任何限制性条件,只要对仲裁裁决不服即可提起。仲裁裁决错误时,当事人完全可以提起诉讼,使仲裁裁决不发生效力,这相当于已经给了当事人权利救济渠道。如果当事人不起诉,相当于其对自身权利的处分,外人不必干涉。此观点有一定的道理,但忽略了农村土地承包仲裁的特点。农村土地承包经营纠纷当事人多为农民,受文化知识水平等因素限制,难以充分领会法律精神,及时提起诉讼维护自身权益。农村土地承包经营纠纷涉及面广,往往关系到一类群体利益。农村是熟人社会,农村土地承包仲裁结果起到的示范作用很强,错误的裁决若不能得到及时纠正,就会在较大范围内造成不良影响,影响党在农村土地承包政策的贯彻落实。因此,应当参照人民法院的纠错机制,赋予农村土地承包仲裁委员会纠错职能,完善农村土地承包仲裁的主动纠错机制,在发现错误时主动纠正,以体现法律的公平公正,更好地树立农村土地承包仲裁权威性。

Analysis on Practice and Arbitration System of Rural Land Contract Disputes

Hu Qian

(Department of Rural Economic System and Management of MOA, Beijing, 100125)

Abstract: In the case of disputes over the contracted rural land, the parties involved may apply to the rural land contract arbitration commission for arbitration, or directly lodge a lawsuit in the people's court. If they chosed arbitration, and dissatisfied with the arbitral award, he may lodge a lawsuit in the people's court within 30 days from the date on which he receives the arbitral award. The routine work of the arbitration of rural land contract disputes is undertaked by the local rural contract administrative department. This mechanism makes effective use of existing resources, makes settling disputes convenient and efficient, and accord with actual condition of the country completely. The disadvantage is the administrativization of the arbitration, lack of professional and authority. To make full use of the arbitration to resolve disputes over the contracted rural land, it depends on the improvement of legal consciousness of grassrotts cadres and famers, also depends on system improvement of the arbitration of rural land contract disputes, higher staffing levels and strengthening the connection with justice.

Keywords: the arbitration of rural land contract disputes; the local rural contract administrative department; administrative color.

2019年《中国仲裁论丛》稿约

《中国仲裁论丛》(以下简称《论丛》)是西南政法大学中国仲裁学院主办的学术出版物,每年一辑。

《论丛》刊发仲裁研究相关文章,特别重视仲裁理论研究、前沿问题研讨与仲裁实践考察,也欢迎其他优秀的仲裁研究成果。

《论丛》以稿件质量为用稿之唯一标准。来稿不拘形式,论文、调查报告、案例研究、评论、书评、译文、文献综述皆可。稿件字数无上限,且论文原则上不少于1.5万字。来稿注释依本书体例。

投稿以未在国内外公开发表为限(依惯例,会议宣读除外)。一律以电子邮件投稿,以Word文档,用附件发送。

《论丛》不排斥一稿多投,但反对一稿多发。若稿件被其他刊物采取,请及时告知。

一旦投稿,即视为作者向《论丛》承诺该稿件不存在任何版权争议。若出现版权问题,本书概不负责。

《论丛》实行三审定稿制:一审由专栏编辑审稿;二审由专家匿名审稿;三审由主编、副主编会议定稿。若自投稿之日起15日未收到初评结果或3个月届满未告知用稿者,可自行处理。

凡在《论丛》发表文章,视为作者同意本书在西南政法大学中国仲裁学院官网上发表该文。

稿件一经刊用,将支付稿酬并奉送样书。

《论丛》邮箱：CA_Review@ 163. com。

《中国仲裁论丛》编辑部

2018 年 11 月 1 日

附：《中国仲裁论丛》注释体例

一、一般规定

1. 注释为脚注，连续计码。文中及页下脚注均用阿拉伯数字，文中标注于标点符号外。

2. 注文中的信息顺序：作者、文献名称、卷次（如有）、出版者及版次、页码。

3. 定期出版物的注释顺序：作者、文章篇名、出版物名称年份及卷次、页码。

4. 引用网上资料的注释顺序：作者、文献名、网址、访问时间。

5. 引用之作品，文章、书、刊物、报纸及法律文件名，用书名号。

6. 译作的注释顺序为：国籍外加中括号、作者、文献名称、译者、出版者及版次，页码。

7. 同一文献两次或两次以上引用者，第二次引用时，若紧接第一次，则注释为“同上注，第 N 页”；若两次引用之间有间隔，则注释为“同注 N，第 N 页”。

8. 非引用原文者，注释前加“参见”；非引自原始出处者，注释前加“转引自”。

9. 引用外文的，遵循该语种的通常注释习惯。

二、范例

1. 著作类

汪祖兴:《中国仲裁制度的境遇及改革要略》,法律出版社 2010 年版,第 48 页。

《马克思恩格斯选集》(第 3 卷),人民出版社 1972 年版,第 26 页。

2. 论文类

汪祖兴:《论无权仲裁的司法救济》,载《法学评论》2014 年第 4 期。

常怡:《民事程序价值之管见》,载《现代法学》1999 年第 2 期。

3. 文集

李浩:《关于建立诉讼上和解制度的探讨》,载马俊驹主编:《清华法律评论》(第 2 辑),清华大学出版社 1999 年版,第 12 ~ 20 页。

毛泽东:《抗日根据地的政权问题》,载《毛泽东选集》(第 2 卷),人民出版社 1965 年版,第 226 ~ 277 页。

4. 译作类

[奥]欧根 · 埃利希:《法社会学原理》,舒国滢译,中国大百科全书出版社 2009 年版。

[美]P. 诺内特、P. 塞尔兹尼克:《转变中的法律与社会:迈向回应型法》,张志铭译,中国政法大学出版社 2001 年版,第 58 页。

5. 报纸类

习近平:《关于〈中共中央关于全面深化改革若干重大问题的决定〉的说明》,载《人民日报》2013 年 11 月 15 日,第 1 版。

6. 网络类

周强:《最高人民法院工作报告》,载 http://cpc. people. com. cn/n/2014/0318/c64094 - 24664468. html,最后访问日期:2015 年 12 月 25 日。

图书在版编目(CIP)数据

中国仲裁论丛. 第一卷 / 杨建学主编. -- 北京：法律出版社，2019

ISBN 978-7-5197-3031-4

Ⅰ. ①中… Ⅱ. ①杨… Ⅲ. ①仲裁法-研究-中国
Ⅳ. ①D925.704

中国版本图书馆 CIP 数据核字(2019)第019851号

中国仲裁论丛(第一卷)
ZHONGGUO ZHONGCAI LUNCONG (DI YI JUAN)

杨建学 主 编

策划编辑 黄琳佳
责任编辑 黄琳佳
装帧设计 鲍龙卉

出版 法律出版社
总发行 中国法律图书有限公司
经销 新华书店
印刷 天津嘉恒印务有限公司
责任校对 马 丽
责任印制 陶 松

编辑统筹 学术·对外出版分社
开本 720毫米×960毫米 1/16
印张 15.75
字数 254千
版本 2019年3月第1版
印次 2019年3月第1次印刷

法律出版社/北京市丰台区莲花池西里7号(100073)
网址/www.lawpress.com.cn
投稿邮箱/info@lawpress.com.cn
举报维权邮箱/jbwq@lawpress.com.cn
销售热线/010-83938336
咨询电话/010-63939796

中国法律图书有限公司/北京市丰台区莲花池西里7号(100073)
全国各地中法图分、子公司销售电话：
统一销售客服/400-660-6393
第一法律书店/010-83938334/8335　西安分公司/029-85330678　重庆分公司/023-67453036
上海分公司/021-62071639/1636　深圳分公司/0755-83072995

书号:ISBN 978-7-5197-3031-4　**定价**:68.00元